Das waren unsere 80er

Christoph Quarch
Evelin König

Das waren unsere 80er

Bassermann

ISBN 978-3-8094-4011-6

1. Auflage

Titel der Originalausgabe: Wir Kinder der 80er. Porträt einer unterschätzten Generation

Projektleitung: Dr. Sarah Rafajlovic
Umschlaggestaltung: Atelier Versen, Bad Aibling
Herstellung: Reinhard Soll

Verlagsgruppe Random House FSC® N001967

MIX
Papier aus verantwortungsvollen Quellen
FSC® C106600

Druck und Bindung: DZS Grafik, Ljubljana

Printed in Slovenia

360501540113

Inhalt

Wir sind dran! Warum wir Kinder der 80er das Zeug haben, Champions zu sein

Prolog

Wissen Sie, was eine Schallplatte ist? – Ja? – Gut!

Haben Sie noch welche daheim? – Nein? – Macht nichts!

Aber CDs haben Sie? Oder wenigstens ein paar Musik-Downloads im Rechner? Oder immerhin eine Ahnung, wie man auf Youtube einen Song hören kann? – Bestens.

Dann geht's jetzt los! Denn bevor Sie lesen, sollen Sie hören: »We are the Champions« von Queen aus dem Album »News of the world«. Sie dürfen gerne auch mitsingen. Wenn Sie dieser Song sofort packt und irgendwo ganz tief im Inneren trifft, dann sind Sie einer oder eine von uns. Egal, wann Sie geboren wurden. Dann gehören Sie zu der Generation, die noch eine Hymne hat. Denn dieser Song bringt in uns eine Saite zum Klingen, die andere Generationen nicht haben. Eine Saite, die im täglichen Leben der »Um-die-Fünfziger« und »Mittvierziger« allerdings eher selten klingt. Denn oft wissen wir gar nicht, dass wir eine Generation sind. Und schon gar nicht, dass wir eine besondere Generation sind: We are the champions!

Womit wir bereits beim Thema wären. Denn darum geht es uns in diesem Buch: uns an uns selbst zu erinnern – an die Champions, die in uns stecken. Die vielleicht noch schlummern, aber doch darauf warten, geweckt zu werden. Und zwar genau jetzt! – Warum? – Weil wir jetzt an der Reihe sind. Weil wir jetzt in den besten Jahren sind, um die fünfzig. Man nennt uns auch »die starken Jahrgänge«, da wir so viele sind. Aber stark sind wir nicht nur deshalb. Stark sind wir vor allem, weil wir etwas zu sagen haben. Deshalb ist es Zeit, uns zu Gehör zu bringen.

Platz da! Wir sind dran!

Klingt selbstbewusst, nicht wahr? Und ziemlich forsch und nach vorne gerichtet. Aber stimmt das auch? We are the champions – dürfen wir das im Ernst für unsere Generation geltend machen? Haben wir es zu Champions – zur Meisterschaft – gebracht? Oder ist das nicht doch eher ein uneingelöstes Versprechen, eine vage Hoffnung, eine pubertäre Fantasie aus unserer Jugend?

Wir glauben: Das ist mehr als eine Fantasie. Das ist mehr als eine Illusion. Das ist ein

Auftrag – eine Chance. Wir könnten die Champions sein, wenn wir denn wollten; und wenn man uns ließe. Denn wir sind gut. Und auf jeden Fall besser, als die meisten denken. Vielleicht trauen wir uns nur einfach nicht genug zu: weil uns unsere Lehrer nicht so viel zugetraut haben; weil unsere Eltern mit uns nichts anzufangen wussten; weil die jüngeren »Digital Natives« uns für vorsteinzeitliche IT-Neandertaler halten. Oder einfach nur: weil wir anders sind als andere Generationen.

Und das sind wir ganz sicher. Einfach deshalb, weil wir zu einer bestimmten Zeit geboren wurden und bestimmten Einflüssen unterlagen. Machen wir uns nur klar: Die Welt, in die wir hineinwuchsen, war ganz anders als die Welt von heute. Es war eine langsamere Welt, eine Welt ohne iPhone und Internet. Der Zweite Weltkrieg war noch keine 20 Jahre her, als die Ersten von uns geboren wurden. Unsere Eltern hatten als Kinder den Weltuntergang erlebt – und dann als junge Erwachsene eine neue Welt gebaut. Auch wenn sie es nicht gerne hören: Das ist die *Goldene Generation* (geboren zwischen 1930 und 1945), die Generation des Wirtschaftswunders. Sie lebten und leben in der Gewissheit, dass alles immer besser werden würde. Fortschritt hieß ihr Credo – und ihre größte Sorge war, dass sie irgendwann noch einmal Hunger und Not leiden müssten. So gingen Angst und Zuversicht eine wunderliche Symbiose in ihnen ein. Der Kalte Krieg ließ sie bibbern, aber sie feierten die Mondlandung von Apollo 11. Bis heute heißen ihre obersten Werte: Sicherheit und materieller Wohlstand.

Manche von uns sind ihren Eltern treu geblieben: Sie haben den Fortschrittsglauben genauso wie die Verlustängste, die Fixierung aufs Materielle genauso wie den Hunger nach Sicherheit übernommen. Aber viele ticken inzwischen anders, haben Aufbrüche gewagt und das Risiko gesucht. Sie leben nun gerade nicht mit dem Gefühl, dass alles immer besser wird, sondern glauben, es gehe kontinuierlich bergab. Sie fürchten, dass die ökologische und finanzielle Katastrophe unausweichlich ist, wir aber in einer künftigen postmateriellen Welt gut leben und alt werden können. Es ist zwar schade, denken sie, vielleicht aber auch gar nicht so schlimm, dass die fetten Jahre längst vorbei sind. Was das angeht, sind wir zu spät gekommen. Von wegen »Gnade der späten Geburt«.

Das Gefühl des Zu-spät-gekommen-Seins haben wir auch im Blick auf die Generation vor uns: die Generation unserer Lehrer. Sie lässt sich gut durch eine Zahl beschreiben. 1968. Das ist ihr magisches Datum. Sie selbst hatten vom Krieg nichts mitbekommen, aber ihre Eltern hatten sich als Nazis schuldig gemacht. Die Väter, die den Krieg überlebt hatten, schwiegen sich genauso aus wie die Mütter, die als Trümmerfrauen in die Geschichte eingehen sollten. Eltern und

Kinder standen sich fremd gegenüber. Die neue Generation wurde rebellisch. Es ist die *Generation 1968* (geboren zwischen 1945 und 1960). Sie erntete die Früchte des Wirtschaftswunders und veränderte das gesellschaftliche Klima in Deutschland mit Verve: »Wer zweimal mit derselben pennt, gehört schon zum Establishment.«

So etwas sagten sie damals, inzwischen aber gehören sie selbst zum Establishment. Ach was, sie sind das Establishment. Sie beherrschen den öffentlichen Raum. Sie haben die Parlamente ebenso im Griff wie die Chefredaktionen der meinungsbildenden Medien. Die politische und die mediale Macht liegen in ihren Händen. Für uns ist davon nicht viel übrig geblieben. Wieder sind wir zu spät gekommen. Als wir in die Schule kamen, war die Revolution gelaufen und die große Party vorbei. Und als wir von der Schule abgingen, waren alle guten Jobs vergeben. Wieder hatten wir das Gefühl, dass es bergab ging – dass wir irgendwie zur falschen Zeit lebten.

Und so ging es weiter. Als wir hätten Karriere machen können, geschah das vollkommen Unerwartete: Die Mauer fiel – und plötzlich drängelten sich noch mehr von uns Babyboomern auf dem deutschen Arbeitsmarkt. Unter Karrieregesichtspunkten war die Wiedervereinigung für uns nicht so der Bringer. Die Welt, für die wir ausgebildet waren und in der wir uns langsam einzurichten begannen – diese Welt war von heute auf morgen verschwunden. So jedenfalls stellt sich die Geschichte aus der Perspektive der Wessis dar – ein Begriff, den es in unserer Jugend noch nicht gab.

Die Wiedervereinigung war der eine gravierende Schnitt, der andere war die technologische Revolution. Wir hatten in der Schule noch mit Matrizen gearbeitet und auf Schreibmaschinen getippt. Nach uns wuchs eine Generation heran, denen Tipp-Ex und Tonbandkassetten wie archäologische Fundstücke einer untergegangenen Welt erschienen. Nun kamen jene *Digital Natives* (geboren zwischen 1975 und 1990), die Eingeborenen des digitalen Zeitalters: Menschen, die bereits mit Computern aufwuchsen und sich deshalb nie die Finger an den ausgelaugten Farbbändern einer Schreibmaschine schmutzig gemacht haben. Sie sind wenige, denn der pharmazeutisch-technische Fortschritt hat sie zu Pillengeknickten gemacht. Dafür exekutierten die älter gewordenen 68er-Lehrer an ihnen umso hemmungsloser ihre pädagogischen Menschenversuche. Heute sind sie oft bindungslos als Freelancer unterwegs – oder angepasst und brav, zu ihren Eltern in strenger Opposition (so viel haben sie dann doch von ihnen übernommen). So richtig erwachsen werden sie nicht – und im Job sind sie die Ersten, die ausbrennen. Richtig belastbar scheinen sie nicht zu sein. Dafür kann man jede Menge Spaß mit ihnen haben.

Und dann wären da noch die ganz Jungen, die *Generation Praktikum*, von misanthropen Berufszynikern auch »Generation doof« genannt (geboren zwischen 1990 und 2005). Sie sind mit der virtuellen Welt aufgewachsen und wissen besser als wir, wie man Computerprogramme schreibt, iPhones bedient oder auf Facebook chattet. Da können wir nicht mithalten. Viele von ihnen haben ADHS, aber ansonsten scheinen sie ganz nett zu werden. Kein Wunder, denn sie sind ja unsere Kinder …

So sieht es aus – vor und nach uns. Wir sind die Generation dazwischen. Diejenigen, die das Wirtschaftswunder und die große 68er-Sause verpasst haben. Und zugleich sind wir »die letzten Mohikaner der analogen Ära« *(Badische Zeitung)*, der vordigitalen Welt: die Letzten, die noch vor der wohl größten und tiefgreifendsten technologischen Revolution seit der Erfindung des Buchdrucks groß geworden sind. Das ist unser Schicksal. Und zugleich unser Schatz. Vor allem ist es unsere Aufgabe: all das Gute von einst zu bewahren und dabei doch mit der Zeit zu gehen. Wenn wir sie erfüllen, dann können wir in unseren Alten-WGs zu Recht jeden Abend vor dem Einschlafen singen: »We are the champions«. Freddie Mercury sei Dank.

Aber davon sind wir im Augenblick noch ein gutes Stück entfernt. Von der Alten-WG genauso wie vom Championsein. Irgendwas scheint uns zu bremsen. Irgendwie sind wir nicht so richtig bei uns angekommen. Vielleicht, weil wir nicht genau wissen, wer wir eigentlich sind – und worin unsere ganz speziellen Qualitäten und Kompetenzen liegen. Deshalb fragen wir in diesem Buch: Wer sind wir? Und wenn ja, wie viele?

Oberflächlich ist die Sache klar: Wir sind die Generation derer, die zwischen 1960 und 1974 geboren wurden. Und wir sind viele! (Stichwort: Babyboomer). Wir stehen in der Mitte der Gesellschaft – und wir stehen in der Mitte unseres Lebens. Und doch sind wir bislang noch nicht so recht zur Geltung gekommen. Wir sind eine Generation im Standby-Modus, die sich bisher noch nicht wirklich eingeschaltet hat. Aber warum? Was bremst uns? Und was schlummert in uns? Um diese Fragen geht es in diesem Buch: um eine Art Psychogramm unserer Generation.

Dafür blicken wir zurück in die Jahre, die uns prägten. Wir erinnern uns an die späten 70er und an die 80er, um dort die Signaturen zu finden, die unser Lebensgefühl bis heute bestimmen. Und wir bringen uns die Qualitäten zu Bewusstsein, deren Keime damals in unsere Seelen gepflanzt wurden: durch unsere Eltern und Lehrer, durch den Zeitgeist, durch die Musik, die wir hörten, durch die politischen Zeitläufte, durch die historischen Ereignisse, durch die Medien …

Sie werden sehen, dass dabei eine ganze Menge zusammenkommt. Um diese Qualitäten aufzustöbern, haben wir in unseren privaten Erinnerungen (und Fotoalben) gesucht: wie wir groß geworden sind, was bei uns »hängen geblieben« ist aus den Tagen unserer Jugend. Zugegeben, es waren keine besonders außergewöhnlichen Jugendjahre. Wir hatten keine Jetset- oder Künstler-Eltern, wohnten an unspektakulären Orten. Unsere Kindheit und Jugend verliefen ziemlich »normal«. Wir hatten Eltern und Freunde. Schule und Hobbys. Machten kleine Urlaube und keine großen Sprünge. Aber war das nicht bei den meisten so? Mag dieses normale Großwerden manchmal auch fast peinlich sein, wenn man irgendwo mit einem spannenden Lebenslauf glänzen will, für dieses Buch ist es ein Vorteil: Denn so dürften sich viele in ähnlichen Erinnerungen und Erlebnissen wiederfinden.

Zumindest glauben wir das. Und nur deshalb haben wir die Chuzpe, bei dem, was wir zu erzählen haben, einfach mal so zu tun, als wäre es repräsentativ für eine ganze Generation – völlig ungedeckt durch statistische Erhebungen, soziologische Studien oder empirische Daten. Sie dürfen hier also kein wissenschaftlich fundiertes Buch erwarten – eher eine Geschichtensammlung, die Sie dazu einladen will, ein bisschen in der eigenen Vergangenheit zu stöbern. Etwas von dem Staub der Jahrzehnte wegzuwischen und Ihre gut gerahmten und hinter Glas versiegelten Träume, Fantasien und Visionen auszukramen. Vielleicht lösen unsere Geschichten ein Echo in Ihnen aus. Egal, was das für Assoziationen sind: Vielleicht erleben Sie eine gewisse Resonanz mit unseren Geschichten. Umso besser! Vielleicht denken Sie aber auch: Was geht mich der Scheiß von denen an? Auch gut – zumindest dann, wenn es Sie dazu veranlasst, sich mal wieder mit Ihrem eigenen Sch… zu befassen.

Will sagen: Wir wissen, dass wir mit diesem Buch nicht allen gerecht werden können. Wir wissen, dass es komplett einseitig ist: die Sicht einer Frau, die in Oberschwaben auf dem Land aufwuchs, die Sicht eines Mannes, der im Rheinland in der Stadt aufwuchs. Wir sind beide Wessis und haben nicht die leiseste Ahnung davon, wie es um 1980 herum auf der anderen Seite der Mauer aussah. Darum bitten wir unsere Leser aus dem deutschen Osten von vornherein um Nachsicht. Sollten Sie doch das Gefühl haben, dazuzugehören – umso besser. Auch was alle die angeht, die womöglich damals bei uns um die Ecke groß geworden sind oder die Grundschulbank mit uns drückten, sind wir uns darüber im Klaren, dass sich nicht alle mit unserer Sicht werden identifizieren können. Die Lebenswege laufen unterschiedlich, und nicht alle haben die Erfahrungen gemacht, von denen wir hier erzählen. Nehmt uns das nicht krumm, liebe Leute. Aber wischt es auch nicht einfach vom Tisch. Denn es könnte ja sein, dass wir mit unseren Geschichten eine Saite in euch anschlagen, die längst darauf gewartet hat, in der Melodie eures Lebens mitzuschwingen.

Na ja, und alle die, die ohnehin nicht zu unserer Generation gehören und das »We are the champions«-Feeling nicht kennen – Sie alle sind eingeladen, dieses Buch als eine Art ethnologische Feldstudie zu studieren. Machen Sie sich den Spaß, einige Einsichten in das Leben jener mysteriösen Wesen zu gewinnen, die Sie bislang nur als Ihre Kinder, Schüler, Onkel, Tanten oder Eltern kannten.

Als wir nach einem Titel für dieses Buch suchten, dachten wir erst, wir könnten unsere Generation auf einen neuen Namen taufen. So wie damals Florian Illies mit seiner »Generation Golf« oder andere schlaue Leute, die für die 20-, 30-Jährigen den Begriff »Generation Praktikum« prägten. Für uns haben wir keinen solchen Begriff gefunden. Am ehesten noch wären wir gewillt, uns als »Standby-Generation« zu deklarieren. Weil wir eben noch nicht festgelegt sind. Weil bei uns noch alles möglich ist. Weil in uns noch so manches Potenzial unerkannt schlummert.

Wie dem auch sei. Es kann uns passieren, dass wir zur verschlafenen Generation werden, die nie mehr aus dem Standby-Modus rausgekommen ist. Es könnte sein, dass wir kollektiv das traurige Los von Prinz Charles erleiden und der Strom der Geschichte über uns hinweggehen und die Verantwortung im Lande von den 68ern gleich auf die »Digital Natives« übergehen wird. Dann würden wir vermutlich als fette, aber belanglose Generation in die Annalen eingehen; als eine Generation, die nie in die Verantwortung gekommen ist. Und das wäre schade.

Es kann aber auch ganz anders kommen. Wenn wir uns darauf besinnen, wer wir sind und was wir können, dann – ja dann – können wir Kinder der 80er als die Generation in die Geschichtsbücher eingehen, die den großen Wandel eingeleitet hat: die große gesellschaftliche Transformation, nach der sich heute so viele Menschen sehnen. Es liegt nur an uns. Und zwar jetzt.

Denn die Zeit schreitet voran. In naher Zukunft wird vieles anders werden, ob wir wollen oder nicht: Wir werden in den nächsten Jahren zur Erbengeneration. Dann wird ein großer Teil der Privatvermögen in unsere Hände übergehen. Wenn wir verantwortlich damit umgehen, können wir auf eine bislang nicht gekannte Weise gestalterisch auf unsere Gesellschaft Einfluss nehmen. Aber das ist noch nicht alles: Demnächst werden die 68er in Rente gehen (auch wenn sie das nicht wahrhaben wollen). Dann werden wir Politik machen und zeigen müssen, ob wir Verantwortung übernehmen können.

Wir glauben: Yes, we can! Oder mit Bob, dem Bauermeister (in Sachen Optimismus ein Zwillingsbruder von Barack Obama): Ja, wir schaffen das! Und wir gehen sogar noch einen Schritt weiter und behaupten: Wir sind bestens darauf vorbereitet. Gerade weil wir bislang noch nicht zum Zug gekommen sind. Gerade weil wir bislang auf Standby standen. Wir sind im Stillen gereift. Wir haben einen gewissen Erfahrungsschatz zusammengetragen. Wir verfügen über Kulturtechniken, die den späteren Generationen abhandengekommen sind. Und wir haben einen Traum. Auch wenn wir das vielleicht gar nicht wissen. Wir haben ein Lebensgefühl, das von geteilten Sehnsüchten geprägt ist: der Sehnsucht nach einem naturnäheren Leben, einem weniger komplexen Leben, einem gemeinschaftlichen Leben. Wir haben die Sehnsucht nach Verbundenheit, weil wir der Überindividualisierung der letzten Dekaden überdrüssig sind. Gleichzeitig wollen wir unsere persönlichen Freiheiten nicht drangeben. Wir wollen die Quadratur des Kreises. Wir wollen ökologisch und nachhaltig leben und zugleich nicht auf die Segnungen der Technik verzichten. Wenn wir unsere Generation doch auf eine Formel bringen wollen, dann würden wir sagen: *Wir sind pragmatische Romantiker und romantische Pragmatiker.*

Nun ist es an der Zeit, unsere Träume zu verwirklichen. Noch bleibt uns dafür genug Zeit, doch sollten wir besser heute als morgen damit anfangen. Denn unser Traum ist gut – er passt zu den Erfordernissen unserer Zeit. Er ist eine Antwort auf die Krisen der Gegenwart. Ja, unser Lebensgefühl wartet nur darauf, die Gesellschaft zu transformieren. Dafür ist es höchste Zeit. Wer, wenn nicht wir? Wann, wenn nicht jetzt? Wir sind um die Fünfzig. Die besten Jahre. Jetzt müssen wir aus den Puschen kommen und die Welt nach unserem Bilde formen. Worauf warten wir noch?

Wir sind dran.

Die Standby-Generation schaltet sich ein.

STEHBLUES, SCHWARZLICHT, TROCKENEIS

Wie man trotz Bandsalat eine astreine Fete feiert

Ob New Wave oder Supertramp – die Musik unserer Jugend war romantisch. Das liegt nicht nur daran, dass das Kratzen unserer LPs an knisterndes Lagerfeuer erinnerte. Die Songs sprachen von Liebe und einer besseren Welt. Sie trafen uns mitten ins Herz. Das hat uns geformt.

Status Quo. Dieses Wort beendete meine Kindheit. Es klang exotisch und geheimnisvoll. Und ich hatte keine Ahnung, was es bedeutet. Das tat weh. Denn ich war offenbar der Einzige, der noch nie etwas von Status Quo gehört hatte. Die anderen Jungs wussten Bescheid. Und die Mädchen auch. Nur ich nicht. Shit! Zumal es keinen gab, den ich fragen konnte. Ich hätte mich bis auf die Knochen blamiert. Also gab es nur eins: so tun als ob. »Klar kenne ich Status Quo.« – »Die neue LP, astrein, ja, toll.« (Es musste etwas mit Musik zu tun haben …) Und zu den Mädchen: »Musst du unbedingt mal hören.« Puh, was habe ich mich unwohl gefühlt, damals, beim Treffen meiner ehemaligen Grundschulklasse in Düsseldorf-Benrath, im Herbst 1977, vermute ich.

Am Abend fragte ich meinen großen Bruder. Der war Lateinschüler. »Status Quo? – Klar: Zustand, genauer: augenblicklicher Zustand.« Hm, damit war ich kaum weiter. Die Erlösung kam erst ein paar Tage später, und zwar aus dem Radio, WDR 2: »Rockin' all over the world«, die neue Single von Status Quo. Da dämmerte es mir: Ja, es ging um Musik, Rockmusik, laute Musik, Hippiemusik – die Musik, von der meine Eltern gar nicht begeistert waren. Aber die man kennen musste, ach was: die man gut finden musste, wenn man dazugehören wollte. Und das wollte ich. Unbedingt. Also wünschte ich mir zu Weihnachten eine Musikkassette: »Rockin' all over the World« von Status Quo. LP ging nicht, denn ich hatte noch keinen Plattenspieler. Ich war 13. Die Kindheit war vorbei.

Die Lektion, die ich damals lernte, war prägend: Wenn du zu den Großen gehören willst, musst du deren Musik hören. Das war die Eintrittskarte zur Welt der Pubertierenden. Das war der Schlüssel, der die geheime Tür aufschloss, die zu den Mädchen führte. Das war das Vehikel, das mich aus der kleinen Welt meines Kinderzimmers hinausführen sollte in ein aufregendes und geheimnisvolles Universum, dessen Weite ich überhaupt noch nicht ahnte.

Ich glaube, ich bin nicht der Einzige, der diese Lektion bekam. Ob nun Status Quo, Deep Purple, Pink Floyd, Supertramp oder Genesis – irgendwie sind wir alle damals durch Rock und Pop initiiert worden. Die Bands, deren Namen noch heute ein Lächeln auf die Lippen der Um-die-Fünfziger zaubern, wenn ihre Songs im Radio laufen, schrieben die Begleitmusik zu unserem Weg ins Erwachsenenalter. Freunden, die beim Radio arbeiten, zufolge ist »Stairway to heaven« noch heute der von deutschen Rundfunkhörern am häufigsten gewünschte Musiktitel überhaupt. Kein Wunder, denn die Songs der 70er und 80er sind tief in unsere Seelen eingesickert. Viel tiefer als es die Popmusik von heute tut. Denn damals gab es kaum Konkurrenz. Das Internet war noch nicht erfunden, YouTube in ferner Zukunft, Facebook unvorstellbar. Unsere Identität und unser Lebensgefühl formten sich durch Vinylscheiben und Chromdioxidbänder. Unsere Menschwerdung geschah durch Musik. Und die Musik war gut. Status Quo – unfassbar …

Ehrlich gesagt fand ich Status Quo gar nicht so toll. Und meine erste Musikkassette war Schrott; entweder sie oder mein Uralt-Mono-Kassettenrekorder. Ich hatte dauernd Bandsalat, den ich mühsam mit einem Bleistift entwirren musste. Es machte keinen Spaß. Außerdem waren Musikkassetten uncool. Das sagte man damals zwar noch nicht,

WIE GING DAS NOCH: WIR ENTWIRREN EINEN BANDSALAT

Bandsalat war der Horror. Besonders auf Feten: Plötzlich geht die Mucke aus. Du machst den Rekorder auf und ziehst mit der Kassette fünf Meter schmales Band raus. Natürlich genau das Stück mit deinem Lieblingssong. Oft auch im Knitter-Falten-Look. Da half nur eins: ein Bleistift – am besten einer mit Ecken und Kanten, denn der greift prima in die kleinen Zahnräder der Kassette. Und dann muss man halt sein Ding drehen.

Abbildung 1:
Bandsalat

Abbildung 2:
Der Bleistift wird in ein Zahnrädchen eingeführt.

Abbildung 3:
Mithilfe des Bleistifts wird das Band aufgewickelt.

Expertenhearing bei der BASF: Wie war das mit den Musikkassetten?

Der wichtigste Ausstattungsgegenstand eines Teenagerzimmers der frühen 80er war die Hi-Fi-Anlage im Allgemeinen und das Kassettendeck im Besonderen. Denn mit den kompakten Tonbändern konnte man seine Lieblingssongs aus dem Radio aufnehmen oder von den Schallplatten der Kumpels überspielen. Die gebräuchlichsten Musikkassetten kamen von der BASF. C 60, C 90, Chromdioxid Super II. Wer erinnert sich nicht daran! Aber was genau hatte es damit auf sich? Wir haben in Ludwigshafen nachgefragt – und Sina Westphal vom Unternehmensarchiv der BASF hat freundlich geantwortet.

Von wann bis wann hat BASF Kassetten produziert?

Die BASF hat von 1966 bis 1996 Kassetten produziert. Zwischen 1971 und 1976 war das Unternehmen auch als Musikproduzent mit bespielten Tonträgern am Markt.

Welche Kassettentypen gab es?

Das Portfolio der BASF umfasste ganz verschiedene Typen. Die LH-Kassetten waren auf allen Kassettengeräten einsetzbar und für normale Ansprüche ausgelegt. Die Ferro Super LH-Kassetten genügten höheren Ansprüchen: Durch ein feineres Eisenoxid wurde eine höhere Lautstärke und eine verbesserte Klangreinheit erreicht. Darüber hinaus gab es die Chromdioxid-Kassetten, die schon zur Hi-Fi-Klasse zählten. Sie zeichneten sich durch einen erweiterten Tonbereich und eine kristallklare Höhenwiedergabe aus. Noch einen Tick besser waren die Ferro-Chrom-Kassetten mit einem Mehrschichtband, das die Vorteile von Eisenoxid und Chromdioxid auf einem Band vereinte. Das Highend-Produkt jener Zeit war schließlich die Chromdioxid Super-Kassette, mit der man noch einmal einen erheblichen Dynamikgewinn im Bereich der hohen und höchsten Töne erreichte. Dieser Typ gehörte damals zur Spitze der Technik.

Warum konnte ein Chemiekonzern wie BASF Kassetten herstellen?

Die BASF gehörte zu den Pionieren im Bereich der Magnetband-Produktion. Schon in den frühen 1930er Jahren hatte die damalige I.G. Farben gemeinsam mit der AEG das Magnetband entwickelt, wie wir es heute kennen. Dazu war Know-how aus der Chemie nötig: Seit 1924 wurde in Ludwigshafen Carbonyleisenpulver für Fernsprechleitungen hergestellt. Aus der Farbenproduktion stammte die Erfahrung zur Herstellung feiner Dispersionen. Und im neuen Kunststoffbereich bot sich die Entwicklung von Folien als Träger an. 1934 wurden die ersten 50 000 Meter Band ausgeliefert. Ein Jahr später stellte man die ersten Abspielgeräte auf der Funkausstellung in Berlin der Öffentlichkeit vor. Mit den Compact-Kassetten hat die BASF also an alte Erfolge angeknüpft.

Weshalb hat sich BASF von dem Geschäft getrennt?

Mitte der 1960er Jahre galten Musikkassetten als Wachstumsmarkt. Neben der Schallplatte wurde der Siegeszug der Kassette prophezeit. In den 1970er Jahren gab es dann jedoch einen großen Preisdruck. BASF setzte daher darauf, sich mit Innovationen im Qualitätssektor zu profilieren und die Kosten durch eine stärkere Rationalisierung der Produktion zu senken. Allerdings blieben die Ergebnisse hinter den Erwartungen zurück, und mit dem Erscheinen der CD geriet die Kassette weiter ins Hintertreffen. 1996 entschied sich die BASF daher zum Ausstieg.

Devotionalien der Jugend. Die Single-Kollektion des Autors.

aber so fühlte man. Mit Kassetten konntest du dich nirgends blicken lassen. Es sei denn, du hattest einen Super-Stereo-Radiorekorder – damals das höchste der Gefühle – mit möglichst großen Boxen. Hatte ich aber nicht. Ich hatte einen elenden Mono-Player von Hitachi. Dabei hatte ich mir zur Konfirmation so ein dickes Stereoteil mit vielen blinkenden Lämpchen und tanzenden Nadeln gewünscht – aber nicht bekommen. Große Enttäuschung. Wieder nichts, was bei den Mädchen Eindruck machen könnte.

Aber eines – eines ging doch. Mit einer Sache konnte man beim anderen Geschlecht punkten: mit selbst zusammengestellten Spezial-Mix-Kassetten. Ich sehe mich noch Nachmittage lang vor dem Radio rumlungern, immer mit dem einen Finger auf der REC-Taste und dem anderen auf der PLAY-Taste. Nur um den einen Titel zu erwischen, über dessen Intro dann, echt saublöd, der Radiomoderator quatschte. Unfassbar, wie viel Zeit wir damals hatten! Aber was nahm man nicht alles in Kauf, um ein Lächeln der Angebeteten zu erhaschen …

Später durfte ich dann Platten kaufen. Und Platten waren wichtig. Mit denen konnte man bei einer Fete auftauchen. DJs gab es ja auch noch keine. Und selbst wenn, hätten wir sie nicht bezahlen können. Ergo mussten wir zu den Feten unsere eigenen Platten mitbringen. Und das war super – das war die Chance: Mit den richtigen Platten in der Tasche konntest du bei den Mädchen Türen öffnen. Also brauchte ich diese Scheiben. Mein erstes selbst gekauftes Album war »Even in the quietest moments« von Supertramp – für Feten völlig ungeeignet, aber ich liebte Supertramp. Zum Tanzen dann eher Boston. Boston kam gut: »More than a feeling«. Oder Toto: »Hold the line«. Von mir aus auch »YMCA« von den Village People. Und natürlich Deep Purple mit »Smoke on the water«. Was für ein Song … Das war meine zweite LP. Und Nummer drei war »Hotel California« von den Eagles – unsterblich. Die musste man haben. Für den Stehblues. Ich komme darauf zurück.

Doch gab es ein Problem: Wie macht man überhaupt eine Party? Und wo? Zuhause? – Unmöglich. Im Jugendheim der Kirchengemeinde? – Um Himmels willen. In der Schule? – So gut wie unmöglich. Aber eben nur »so gut wie«. Also: Wer wagt, gewinnt. Oder verliert. Was wahrscheinlich war. Denn erstens war ich auf einer Jungenschule, städ-

WIE GING DAS NOCH: STEHBLUES TANZEN

Beim **Stehblues** (auch Engtanz oder Schieber) legt der männliche Tänzer seine Hände auf den Rücken (in Ausnahmefällen auch auf das Gesäß seiner Partnerin), während die Tänzerin die Arme um Nacken und Schultern des Tänzers schlingt. Die Schrittfolge ist ein einfacher, dem Takt des Liedes folgender Wechsel von links und rechts (siehe Abbildung). Wikipedia bemerkt: »Der Stehblues ist quasi als Fortsetzung der Tanzaufforderung eine sozial akzeptierte Form, jemanden zu körperlicher Nähe oder Intimität aufzufordern.«- Jaaaaaa! Das isses! Und so schön formuliert: so poetisch und romantisch. Aber haben wir das mit der Schrittfolge schon kapiert? Hier noch mal für Anfänger (ab Jahrgang 2000).

»Dance away the heartache.«
Der Autor auf seiner Geburtstagsparty.

tisches Schlossgymnasium für Jungen. Und zweitens hatten wir einen Direx vom alten Schlag. Der hatte die unangenehme Eigenschaft, sein Schlüsselbund mit voller Wucht auf das Pult zu knallen, wenn er schlechter Laune war. Also immer. Und vor diesem Schlüsselbund zitterten Alex und ich, als wir an seine Bürotür klopften, um unseren Antrag auf ein Klassenfest zu erläutern, zu dem wir die 8c aus dem benachbarten Annette-von-Droste-Hülshoff-Gymnasium einladen wollten ... der ehemaligen Mädchenschule, auf der es zwar inzwischen ein paar Jungen gab, aber eben nur ein paar!

Unvergesslich. Der Direx wollte von uns ein Programm sehen. Ein Programm! Verdammt, was für ein Programm? Das Programm hieß: Fenster abdichten, bunte Scheinwerfer, am besten eine Lichtorgel, dann Musik aufdrehen, erst die fetzigen Sachen, später die soften und idealerweise am Ende des Tages ein Mädchen zum Abschied flüchtig auf die Lippen küssen.

Das wäre ein Programm gewesen. Aber das war nicht, was der Direx darunter verstand. Für ihn war klar: Begrüßungsrede durch den Klassensprecher. Links die Mädchen, rechts die Jungs. Tanzschulen-Szenario. Entsprechende Musik. Stilgerechte Aufforderung zum Tanz etc. Alex und ich wurden blass und blasser. Aber wir haben gekämpft. Ja, wir haben für uns und unsere ganze Generation gekämpft. Wir gingen ein paar Kompromisse ein (keine Verdunklung, Mädchen links, Jungen rechts ...), aber das war okay, denn wir durften die Mädchen einladen. Und die Mädchen kamen. Und gingen wieder. Ungeküsst. Es war zu hell. Die Fete war ein Flop. Aber wenigstens war ein Anfang gemacht.

Im nächsten Jahr lief es besser. Immerhin waren wir in der Neunten – und überhaupt, die Zeiten änderten sich. Der alte Direx war im Ruhestand, die 8c (mittlerweile 9c) sprach eine Gegeneinladung aus, wir kamen uns näher. Und fühlten uns immer erwachsener. Gleichzeitig wurden die Rituale verfeinert und die Partykeller der Eltern erobert. Die waren zwar allesamt muffig, staubig und geschmacklos eingerichtet. Dafür musste man aber nicht mühsam die Fenster verdunkeln. Wir hätten sowieso in den finstersten Kellerlöchern gefeiert, wenn sie uns nur den sorgenden Blicken der Eltern entzogen. Außerdem

LEXIKON FÜR NACHGEBORENE: SCHWARZLICHT

Schwarzlicht kam aus violett leuchtenden Röhren (die heutige Kids vermutlich mit Laserschwertern verwechseln würden) und betonte in Discos die weiblichen Konturen auf magische Weise. Bei Jungs brachte es für einen Augenblick selbst die fiesesten Aknespuren zum Verschwinden. Dafür wurden die armen Schweine mit Haarschuppen gnadenlos geoutet ...

konnte man da die Lichtorgel und die bunten Glühbirnen voll zum Einsatz bringen. Metzgersohn Dirk brachte manchmal sogar Trockeneis aus dem Kühlhaus mit. Dann fehlte nur noch eines – das ultimative Tool für die entscheidende Phase jeder Fete: Schwarzlichtröhren. Ihr violettes Licht hüllte alles in eine magische Aura. Dazu Nebelschwaden vom Trockeneis und die richtigen Songs. Mein Spezialgebiet. Jetzt schlug die Stunde von »Hotel California«. Scheibe auf den Teller, Nadel drauf, Herz gefasst und auf zu Corinna: »Wollen wir?« – »Ja.« Und los ging's, eng umschlungen drehte ich mich mit ihr, langsam wie ein Derwisch, immer auf der Stelle, den Duft von Mädchenschweiß und schlichtem Parfüm in der Nase: für einen 14-Jährigen verführerischer als der gesamte Orient. »On a dark desert highway, cool wind in my hair ...« – Meine Güte, war das aufregend.

Und es gab so viele geeignete Songs: »Sailing« von Rod Stewart, »Lucky Man« von Emerson, Lake & Palmer, »Jealous Guy« in der Version von Roxy Music. Manche waren sogar lang genug, um sich entscheidend näherzukommen (»Shine on you crazy diamond«, Pink Floyd, 13:38 Minuten!); lang genug, um die Hand in bislang unerforschte Gebiete zu schieben. Ich glaube, ich hab's noch nie jemandem gebeichtet, aber das konnte so weit gehen, dass es mir beim Stehblues mit ... (bleibt mein Geheim-

»Teenage Dreams« –
wie man sich in den 80ern halt in Schale schmiss.

nis) tatsächlich einmal gekommen ist. Einfach so, nur durch Körperkontakt. Irrsinnig peinlich, aber irgendwie auch irrsinnig schön. So was ging damals noch – ohne Pornos, ohne literarische Kenntnis der Feuchtgebiete, ohne aufgebrezelte Mädels in kurzen Röcken und High Heels; Mädchen wie Jungs bevorzugten damals Adidas-Turnschuhe und Latzhosen. Gewisse ungewollte körperliche Reaktionen konnten durch Letztere immerhin verheimlicht werden … Hatte alles was für sich, dachte ich, bis meine Co-Autorin Evelin mich darüber aufklärte, dass das Gegenteil der Fall war und jede einigermaßen mit der männlichen Anatomie vertraute Tanzpartnerin bestens Bescheid wusste, was bei einem gerade abging. Da habe sich den Mädels nur noch die eine Frage gestellt: die peinliche Berührung vemeiden oder gleich richtig ranrücken?

Der Song, der bei jener denkwürdigen Szene mit … (bleibt mein Geheimnis) lief, kam übrigens von Barclay James Harvest: »Poor man's moody Blues« (6:55 Minuten). Noch bekannt? »Cause I nee-eed you, yes I wa-ant you, yes I lo-o-ove you, lo-ove you!« Große Kunst. Und es passte so gut. Da konnte einem ja nur … Egal, das Großartige, was ich damals natürlich überhaupt noch nicht kapierte, war: Wir hatten eine Musik um und in uns, die zu jeder Lebenssituation passte. Beim Stehblues, wenn bei Schwarzlicht und Trockeneisnebel das Herz windelweich war, da passten »Nights in white satin«, »If you leave me now«, später dann »Careless whisper« oder – wenn's ganz dick kam – »Mandy« von Barry Manilow …

Wenn die Angebetete sich aber mit einem anderen auf der Stelle drehte, war es gut, Nazareth im Köcher zu haben: »Love hurts« oder Kansas mit »Dust in the wind«. Wusste man gar nicht mehr, wo einem Kopf und Herz standen, konnte man sich mit 10cc und »I'm not in love« ausleben (diese wunderbare Ballade, bei der ein offenbar schizophrener Typ seiner Angebeteten ständig ins Ohr haucht, er sei nun aber ganz sicher gar nicht verliebt …). Und wenn man auch mit dieser Phase schon durch war, bot sich als unverbindliche Interessenbekundung nichts besser an als »Can anybodyyy find me-e-e-e somebody to-o … love«, geschmettert vom unsterblichen Freddie Mercury. (Seufz! Gott hab ihn selig.)

»Who wants to live forever …« Trotzdem ein Jammer, dass Freddie Mercury (1946–1991) so früh gestorben ist.

Expertenhearing bei Frank Laufenberg: Wie prägt man den Musikgeschmack einer Generation?

Für alle, die im Süden und Westen der alten BRD lebten, war der Popshop auf SWF3 eine Institution. Diese Radiosendung prägte den Musikgeschmack einer Generation. Der Mann am Mikrofon hieß Frank Laufenberg. Von ihm wollen wir wissen, wie man das eigentlich macht: das Lebensgefühl einer Generation zu prägen. Seine Antwort hat uns überrascht.

»Bei mir geht das so: Ich höre ein Musikstück, und es stellt sich ein Wohlgefühl ein. In der Magengegend, in den Beinen, im Kopf oder sonst wo. Ich wurde immer wieder gefragt, welches Musikinstrument ich spiele – Plattenspieler, habe ich gesagt, und so ist es. Wenn ich also früher in meinen Sendungen bestimmte Interpreten oder Platten besonders gelobt habe, dann nicht, weil ich damit auf Trends setzen oder selbst welche setzen wollte, sondern weil mir die Platte gefiel. Das war alles. Ich habe mich auch nie von Musikzeitschriften oder Journalistenkollegen beeinflussen lassen. In vielen Fällen werkeln da verhinderte Musiker, die sich an erfolgreichen Kollegen rächen wollen. Wer für sich herausgefunden hat, welche Musik einem gefällt, muss das niemandem gegenüber verteidigen. Wie bei so vielen Dingen im Leben gilt: Wenn ich mich immer nur nach dem Geschmack der anderen richte, habe ich irgendwann keinen eigenen mehr. Im Lied »Wellenreiter« zeichnet BAP das Bild vom Typen, der jedem Trend wie ein Komparse hinterherläuft. So lange, bis ›von dir selbst kaum etwas übrigbleibt‹. Von vielen ehemaligen SWF3-Hörern werde ich angesprochen mit den Worten: ›Du hast meinen Musikgeschmack geprägt.‹ Das tut mir leid, das habe ich nicht gewollt. Ich habe doch immer nur meine Wohlfühlmusik gespielt (mit Ausnahme der Hitparaden, die ich auch moderierte).«

Fragen an Stefanie Tücking

Wenn wir Ende der 80er über »Formel Eins« sprachen, dachte dabei keiner an Schumi oder Vettel. Nein, »Formel Eins« war Musik – unsere Musik im Fernsehen, vorgestellt von Peter Illmann, Ingolf Lück, Kai Böcking und Stefanie Tücking. Stefanie (Jahrgang 1962) war eine von uns, und wir fanden es toll, dass sie 1987 für ihre Moderation die Goldene Kamera bekam. Wir haben sie gefragt, ob sie uns ein bisschen mehr von sich verraten möchte – und sie hat es getan.

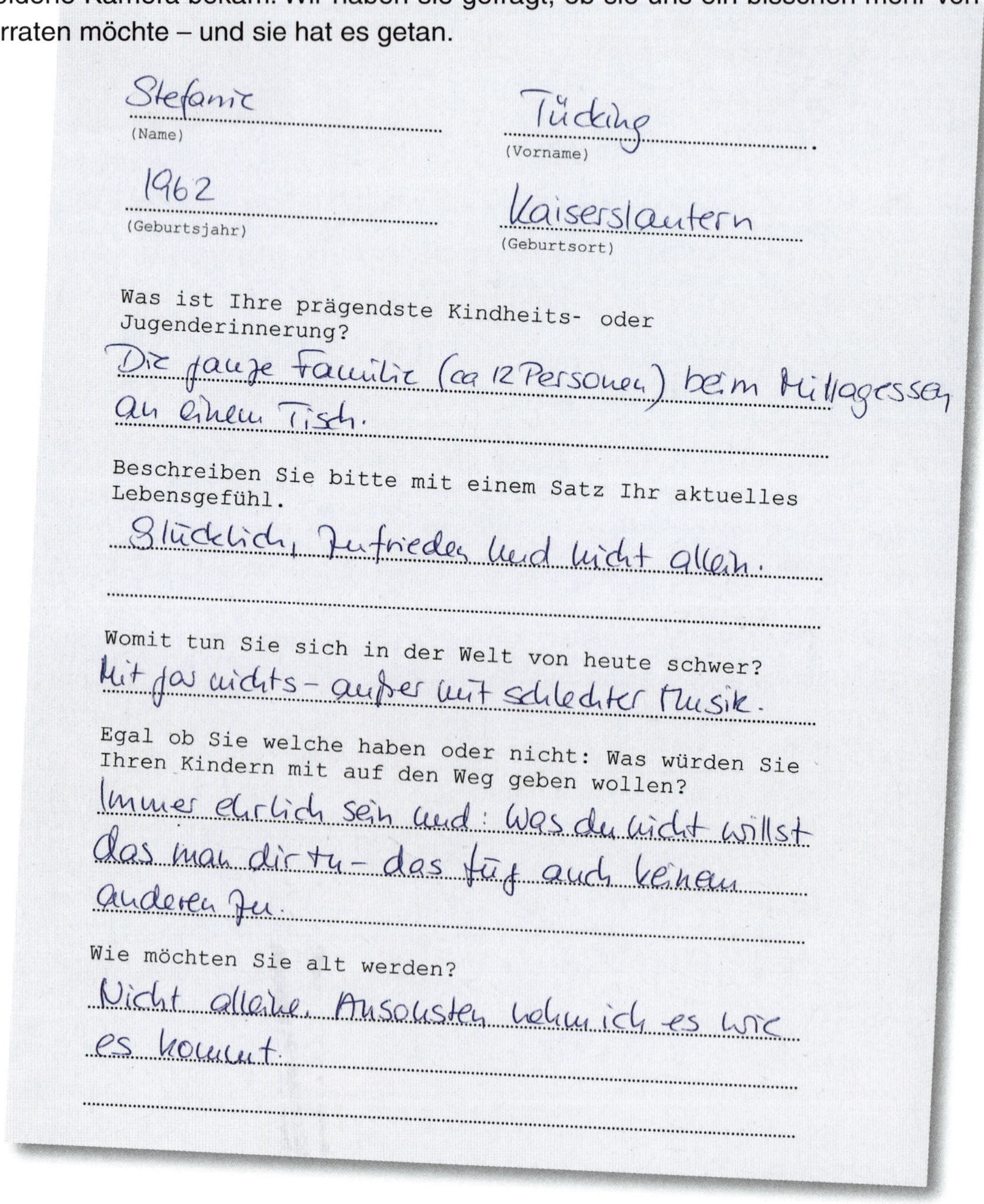

Stefanie
(Name)

Tücking
(Vorname)

1962
(Geburtsjahr)

Kaiserslautern
(Geburtsort)

Was ist Ihre prägendste Kindheits- oder Jugenderinnerung?

Die ganze Familie (ca 12 Personen) beim Mittagessen an einem Tisch.

Beschreiben Sie bitte mit einem Satz Ihr aktuelles Lebensgefühl.

Glücklich, zufrieden und nicht allein.

Womit tun Sie sich in der Welt von heute schwer?

Mit gar nichts – außer mit schlechter Musik.

Egal ob Sie welche haben oder nicht: Was würden Sie Ihren Kindern mit auf den Weg geben wollen?

Immer ehrlich sein und: Was du nicht willst das man dir tu – das füg auch keinem anderen zu.

Wie möchten Sie alt werden?

Nicht alleine. Ansonsten nehm ich es wie es kommt.

Vervollständigen Sie bitte den Satz: Meine Generation ist gut/taugt nichts, weil …

sie aus Menschen
besteht. Alles weitere
wird sich zeigen – wir
sind ja jetzt erst am
Ruder.

Welche Schallplatte(n) würden Sie nie hergeben? Was verbinden Sie damit?

Genesis "The lamb lies down on Broadway"
– meine erste Doppel LP – Abenteuer!
Genesis "Selling England by the pound" weil
"Firth of fifth" mein Lieblingssong ist
Love + Money "Dogs in the traffic" – wunderschöne
zeitlose Songs
Deep Purple "Deep Purple III" weil ich "April"
immer noch mitdirigieren kann.
Pink Floyd "Dark Side of The moon" weil
da die Verbindung Buch + Musik geklappt
hat. Ich erinnere mich immer noch an das
Buch das ich damals gelesen habe

Der Retropapst. Hugh Grant als 80er-Jahre-Expopstar Alex Fletcher in »Mitten ins Herz – Ein Song für dich«.

Lange Rede, kurzer Sinn. Die Popmusik der späten 70er und frühen 80er bot ein unglaubliches Repertoire an Ausdrucksmöglichkeiten. Mit Text und Musik deckte sie das Spektrum dessen ab, was ein junges Herz damals bewegte und berührte. Wir konnten uns in diesen Songs spiegeln, und aus ihnen blickten uns lebenshungrige, leidenschaftlich fühlende Teenager an, die von der großen Liebe träumten, unter der Schule litten (»The Wall« von Pink Floyd, »School« von Supertramp, »I don't like mondays« von den Boomtown Rats), die gegen Unrecht aufbegehrten und von einer machtvollen, aber unbestimmten Sehnsucht bewegt wurden. Für jede Lebenslage gab es den passenden Song. So wurde ein kollektives Lebensgefühl geformt. Ja, es scheint heute so, als sei damals eine ganze Generation – vor den Radios, Kassettenrekordern und Plattenspielern – auf einen eigentümlichen Grundakkord gestimmt worden: einen Grundakkord, der bis heute nicht aufgehört hat, in unseren Seelen zu schwingen. Und der jederzeit, überall neu in Resonanz vibriert, wo die Musik unserer Jugend gespielt wird: im Radio, auf irgendwelchen Revivalkonzerten (neulich bei Supertramp, unfassbar gut! Barclay James Harvest in Fulda dagegen war grottig …), von irgendwelchen Coverbands oder bei den Ü-40-, bald Ü-50-Partys. Diese Mucke funktioniert so gut wie immer. Und sie fühlt sich immer noch gut an.

Wie sehr wir tatsächlich von der Musik unserer Jugend geprägt worden sind, zeigt der Umstand, dass es inzwischen flächendeckend in Deutschland Radiostationen gibt, die rund um die Uhr »Oldies« spielen (Grmpf, »Oldies« haben unsere Eltern gehört, aber doch nicht wir!) – also im heutigen Sprachgebrauch die Songs der 70er und 80er. Und ganz im Ernst: Immer wieder ertappen wir uns dabei, beim Autofahren von den Popwellen wie HR 3 oder SWR 3 (oder was man als »Normalo« sonst so hört) auf eine »Oldiewelle« zu wechseln, weil da die alte Mucke läuft. Eben noch nervt irgendein seriell verfertigtes Pop-Girlie mit dummem

Zeug, nur ein Klick und eine Station weiter: »Twenty-four years just waiting for a chance ...« Richtig: Smokie und »Living next door to Alice«. Da geht ein Lächeln über die Lippen. Da drehst du das Ding auf. Da singst du mit. Oder?

Großartige Einsichten darüber, wie mächtig der Einfluss der Popmusik auf unsere Generation ist, offenbart eine wunderbare amerikanische Kinokomödie mit Hugh Grant in der Hauptrolle. Der Film heißt im Original »Music and Lyrics«, wobei der deutsche Titel eigentlich besser passt: »Mitten ins Herz – Ein Song für dich«. Man ahnt, worum es geht. Die Story dreht sich um Alex Fletcher, einen gealterten 80er-Jahre-Expopstar (englisch: »Has-Been«), der seinerzeit mit der Band »PoP«, einer Art Wham-Verschnitt, große Erfolge feierte. Inzwischen ist seine Zeit vorbei, sein Showpartner Colin hat sich von ihm getrennt und macht große Solokarriere (by the way: Wie hieß doch gleich der Typ neben George Michael?). Alex dagegen tingelt von einem mediokren Auftritt zum andern, wo ihn zwar Heerscharen liebestoller Damen in den Wechseljahren enthusiastisch feiern, ansonsten aber der große Erfolg ausbleibt. Bis er überraschenderweise von Cora Corman, dem »Megastar des Universums«, einer Mischung aus Britney Spears, Shakira und Madonna, den Auftrag erhält, einen Song für sie zu schreiben. Gesetzter Titel: »Way back into love«. Warum gerade Alex? Weil Klein-Cora einst vor dem Radio flennte, als PoP's großer Hit »Dance with me tonight« den Soundtrack zur Trennung ihrer Eltern lieferte und Alex' samtige Stimme das Mädchenherz streichelte.

Der Retortenstar. Haley Bennett als Cora Corman, der Megastar der 2000er, in »Mitten ins Herz – Ein Song für dich«.

Warum ich das erzähle? Weil sich hinter dieser Story eine für unser Thema wichtige Einsicht verbirgt: Einen Song zum Thema »Way back into love« kann – auch in der 2000ern – nur ein 80er-Jahre-Has-Been schreiben. Weil es die 80er-Jahre-Has-Beens sind, deren Songs geradewegs ins Herz gingen und die Leute dabei unterstützten, in die Liebe zu fallen. Was die Songs von heute in der Regel nicht mehr tun. Coras Musik ist cool, rhythmisch, »feucht und glitschig« (Originalzitat) – garniert mit Spiritsoße (ein Song heißt »Buddha's Delight«), bauchfrei und im knappen Röckchen. Sie ist sexy, aber sie trifft nicht ins Herz. Die Popmusik von heute ist auf eine andere Frequenz gestimmt als die Popmusik unserer Jugend. Sie vermittelt ein anderes Lebensgefühl – eines, wonach sich nicht nur Cora sehnt, sondern offenbar ganze Heerscharen von Nach-uns-Geborenen, die ebenfalls auf dem Weg zur Arbeit auf eine dieser »Oldie-Wellen« umschalten, weil die Musik, die dort gespielt wird, etwas in ihnen nährt, was der Zeitgeist sonst nicht berührt: das Herz. Mitten dahinein ging die

Musik unserer Jugend. Sie traf die Herzfrequenz. Und wir behaupten: Deshalb sind wir alle romantisch gestimmt. Ob es uns nun passt oder nicht. Wir sind eine Generation von Romantiker(inne)n.

Vollkommen abwegig ist die These allein deshalb nicht, weil sich Anfang der 80er von der britischen Insel ausgehend ein neuer Musikstil auf unseren Feten etablierte. »New Wave« nannte man das bei uns damals, im Ursprungsland dieser Kunstrichtung heißt dieser Stil treffend »New Romanticism«. Das war eine unglaublich kreative Bewegung. Unmöglich, das ganze Panoptikum der damaligen Bands zu ermessen: ABC, Ultravox, Tears for Fears, Spandau Ballet, Duran Duran, Depeche Mode, A Flock of Seagulls, Simple Minds ... Man sang von Liebe, man schwelgte in Sehnsucht, gab sich exzentrisch und brachte Gefühl und Wärme in die bleierne Zeit der Thatcher-Ära. Und wir pubertierenden Germanen stürzten uns auf diese Songs – Jungen wie Mädchen. Wobei die Jungs natürlich ob ihrer männlichen Integrität auch die härtere Kost konsumierten. Die kam nun aber nicht mehr wie die früheren Herzschmerzballaden von langhaarigen Alt-Hippies à la Uriah Heep, sondern von smarten Revoluzzertypen wie Bob Geldof oder Sting. The Police, die Boomtown Rats oder Depeche Mode trieben beim Tanzen den Schweiß aus den Poren – und im Englisch-LK auf die Stirn. Denn manch schlauer Lehrer hatte kapiert, dass sich unser Lerneifer beträchtlich steigern ließ, wenn wir neben Shakespeares Sonetten auch die neuesten Songs der Sex Pistols oder von The Who übersetzten.

Das passte den damals an die Schulen drängenden jungen 68er-Lehrer-Kumpels gut ins Konzept, ging es doch bei dieser Musik durchweg um ihre geliebten sozialkritischen Themen – ein Aufschrei gegen Gewalt, Naturzerstörung, Atomenergie etc. Hier kam eine politische Farbe in unser Leben, und wieder dienten die LPs im Plattenschrank als prägnanter Spiegel unserer frisch geformten Teenageridentität.

Aber, und das ist wichtig, auch diese Musik war romantisch bis ins Mark. Sogar die Lieder der Punkbands bebten vor Sehnsucht nach einem besseren, anderen, gefühlvolleren, echteren, lebendigeren Leben. Ob Rock oder Punk, New Wave oder Neue Deutsche Welle, Reggae oder Disco – unsere Musik spritzte uns diese Sehnsucht intravenös. Täglich neu, täglich tiefer. Bis sie uns durchdrungen hatte. Bis heute. Manche haben diese Sehnsucht vergessen – sie feiern ihre Partys nur noch um der Partys willen. Andere haben sie verdrängt. Viele aber haben sie irgendwann in ihren Vierzigern wiederentdeckt. Und suchen seither ihren ganz persönlichen »way back into love«. Sei es vor dem Radio, sei es auf der Ü-40-Party, sei es mithilfe von YouTube oder iTunes. »Mitten im Herz«, da wollen wir berührt sein. Weil da seit den Tagen unserer Jugend eine Saite gespannt ist, die in Herzfrequenz schwingt und deren Vibrations uns glücklich machen.

Womit wir noch einmal bei Hugh Grant alias Alex Fletcher und dieser sehenswerten Komödie wären. Denn darin gibt es eine Szene, die besonders nahegeht. Die Sache ist nämlich so, dass Alex für Cora einen Song schreiben darf, damit aber einigermaßen überfordert ist, weil er zwar komponieren, nicht aber Texte schreiben kann. Wunderbarerweise nun entpuppt sich seine Blumenpflege-Vertretung Sophie als verkannte Poetin, was nicht nur eine höchst romantische Lovestory nach sich zieht, sondern auch letztlich den Erfolg der Komposition sicherstellt. Gleichviel. Irgendwann jammert die Dame darüber, dass aus ihren literarischen Ambitionen nichts wurde, weil irgendein erfolgreicher Romancier sie ausgebeutet hat – was Alex zu einer bemerkenswerten Replik veranlasst: »Was ist schon ein Roman«, sagt er sinngemäß, »gegen einen Popsong? Ein Popsong zaubert dir innerhalb von 20 Sekunden ein Lächeln auf die Lippen. Ein Roman schafft das nie.«

Wer hier genau hinhört, dem geht ein Licht auf. Genauso ist es. Popmusik hat tatsächlich diese Prägekraft. Sie kann binnen Sekunden die Seele umstimmen, neu stimmen, einstimmen. Je nachdem, worauf sie gestimmt ist. Die Seele unserer Generation jedenfalls ist romantisch gestimmt – in ihr lebt noch immer diese vage Sehnsucht, die Alan Parsons Project und Supertramp, Roxy Music und David Bowie, Queen und The Police, Spandau Ballet und die Talking Heads in uns pflanzten. Vielleicht geben wir es nicht immer zu, ja, vielleicht wissen wir es noch nicht einmal. Aber wir versprechen Ihnen: Wenn Sie zu Ihrem Platten- oder CD-Schrank gehen und darin rumkramen (greifbar und sinnlich – unmöglich bei Downloads), finden Sie darin ein altes Schätzchen, von dem Sie wissen, dass es Ihnen in 20 Sekunden ein Lächeln auf die Lippen zaubern oder eine Träne ins Auge treiben wird – einem Anflug von Romantik, Nostalgie oder Herzschmerz geschuldet?

Im Ernst: Das wäre nicht das Schlechteste. Denn etwas mehr Herz wird uns allen nicht schaden. Die Geiz-ist-geil- und Jetzt-bin-ich-dran-Mentalität der Gegenwart macht uns nämlich alle nicht froh, oder? Und das seelen- und herzlose »Ey, ich bin cool, du bist cool, Alter, mach mich nicht an«-Gedröhne hirnloser Rapper braucht niemand außer den Aktionären der Zerstreuungsindustrie. Selbst Lena Meyer-Dingenskirchens Liedchen (Moment, ich muss googeln … ah …) »Satellite« ist so flüchtig wie eine Sternschnuppe. Stehen wir also zu unserer Romantik! Es könnte sein, dass ihre Zeit wieder gekommen ist. Es könnte sein, dass unsere Zeit gekommen ist. Womit auch die Frage geklärt wäre, welche CD jetzt in den Player kommt: Queen, News of the World, Track 2, »We are the champions«.

PETTING STATT PIERCING

Wie man miteinander geht und bei Kerzenlicht kuschelt

Wir waren nicht geil und auch nicht cool. Styling war nicht so wichtig. Man schrieb sich Liebesbriefe. Wir waren romantisch und scheuten uns nicht, unser Herz zu verschenken. Aufgeklärt wurden wir von Dr. Sommer und der* Bravo*. Sex war ein bisschen unheimlich und konnte guten Gewissens auf die lange Bank geschoben werden. Dafür erlaubten wir uns, genüsslich und spielerisch die erogenen Zonen der oder des Liebsten zu erkunden. Denn Kuscheln war ja auch nicht schlecht. Petting wurde zu unserem Lieblingsspiel.

In die Liebe fiel ich über einen braunen Bikini. Okay, es war eher ein Stolpern als ein Fallen, jedenfalls aber ging es Richtung Liebe oder zumindest das, was ich dafür hielt. Damals, im Freibad. Der braune Bikini gehörte Claudia. Viel gab es nicht, was er hätte ver-

WIE GING DAS NOCH: FLASCHENDREHEN

Also, jetzt noch mal ganz langsam. Wie ging das noch gleich mit dem Flaschendrehen? Hier kommt die Spielanleitung:

Bedarf:

- eine leere Flasche (wahlweise kann auch ein iPhone mit Flaschendreh-App verwendet werden);
- ein Kreis von spielwilligen und erotisch gestimmten Menschen (sollte die Spielwilligkeit bzw. erotische Stimmung sich in Grenzen halten, kann man eine volle Flasche hochprozentiger Spirituosen verwenden, wobei dann die erste Aufgabe darin besteht, diese Flasche gemeinschaftlich zu leeren).

Durchführung:

Schritt 1: Die Gruppe verständigt sich auf eine Aufgabe, die der/die Mitspieler/in zu verrichten hat, auf den/die am Ende des zweiten Schrittes die Wahl gefallen ist. Üblicherweise besteht die Aufgabe darin, einer der anwesenden Personen einen Kuss zu geben. Bei der Variante »Wahrheit oder Pflicht« kann die betreffende Person wahlweise dazu verpflichtet werden, wahrheitsgemäß auf eine intime Frage zu antworten.

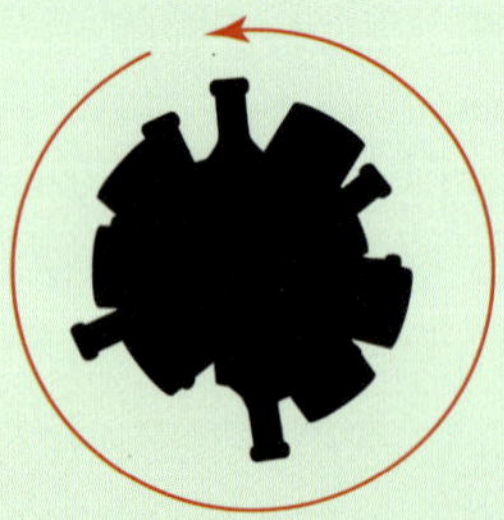

Schritt 2: Ein Spieler versetzt der Flasche einen Drehimpuls, so dass sie sich auf der Stelle dreht. Kommt die Drehung zum Ende, zeigt die Flasche mit der Öffnung auf eine der im Kreis sitzenden Personen.

Schritt 3: Diese Person muss umgehend die zuvor formulierte Aufgabe erfüllen.

Schritt 4: Nachdem die Aufgabe erfüllt ist, beginnt mit Schritt 1 eine zweite Spielphase. Schritt 2 wird sodann von der zuletzt ausgewählten Person vollzogen.

Auf »Wikipedia« erhält man einen interessanten Hinweis: »Kinder und Jugendliche spielen Flaschendrehen oft, um erotische und/oder sexuelle Erfahrungen zu machen. Die Spiele werden deshalb meist in unbeobachteten Situationen, manchmal an geheimen Orten gespielt. Ob der zu Küssende an die Wahl gebunden ist oder sich verweigern darf, wird von den Spielenden unterschiedlich gehandhabt. Die Art des Kusses wird entweder vorher bestimmt oder zwischen Küsser und Geküsstem ausgehandelt.«

bergen müssen. Aber das, was er meinen Blicken entzog, genügte schon, um mein frühpubertäres Teenagerblut in Wallung zu bringen. Damals im Juni '78. Wir waren jung, die Sonne schien, ein ganzes Leben lag noch vor uns … und es war Sommer. Das erste Mal im Leben.

Eigentlich waren wir noch Kinder, die sich gegenseitig ins Wasser schubsten und untertauchten. Die Mädchen kreischten, die Jungs machten einen auf dicken Max, und über allem lag eine heitere und ausgelassene Vorferienstimmung. Unschuldig, irgendwie. Auch dann noch, als die Verwegensten unter uns zum Angriff übergingen: zum Angriff auf die Mädchen – mithilfe einer leeren Colaflasche. »Wahrheit oder Pflicht« hieß das Spiel bei uns, andernorts bekannt unter dem Namen »Flaschendrehen«. Angeblich soll es auch heute noch bei jungen Leuten in Gebrauch stehen, ja, es gibt derweil sogar eine App fürs iPhone.

Ob die digitale Variante aber noch den Zauber von damals hat, wage ich zu bezweifeln. Denn damals war »Wahrheit oder Pflicht« die ultimative Chance, über seine Grenzen zu gehen, über diese schier unüberwindliche Grenze zum anderen Geschlecht. Verbal und physisch. Zur Erinnerung: Beim Flaschendrehen geht es darum, Mitspieler anderen Geschlechts dazu zu nötigen, entweder auf eine gestellte Frage (der Klassiker: Bist du verliebt in X?) eine ehrliche Antwort zu geben oder – worauf die einen spekulierten und wovor die anderen zitterten – einer bestimmten anderen Person im Kreis der Beteiligten einen Kuss zu geben. Einen Kuss! Himmel, einen Kuss! Was, wenn es mich treffen würde! Was, wenn ich Claudia … nicht auszudenken!

Flaschendrehen, das können Sie mir glauben, war ein Abenteuer – eine Art emotionales Bungee-Springen, bei dem die Ausschüttung eines würzigen Hormoncocktails so sicher war wie das Eingreifen des Bademeisters, wenn wir es zu toll trieben.

Nun, was soll ich sagen: Ich blieb verschont. Ich wurde nur zu halblebigen Lippenbekenntnissen gezwungen. Aber Claudia … Claudia wurde zu einem volllebigen Lippenbekenntnis der anderen Art genötigt: »Küss einen Jungen aus der Runde!« (Kicher, kicher …) Und sie küsste MICH. Halleluja. Rums, da fiel ich in die Liebe, und die Liebe fiel in mich.

Das Problem bestand natürlich darin, dass ich mit der Liebe, in die ich da gefallen war, zunächst mal wenig anfangen konnte. Denn wie um alles in der Welt sollte ich ihr das sagen? Und selbst wenn ich es ihr sagen würde: Was wäre dann zu tun? Ich meine, wir waren – wie gesagt – noch Kinder, und wir waren auch nicht solche Kinder wie die heutigen. Wir hatten kein Internet, wir hatten keine Aufklärungssendungen im Fernsehen. Dafür hatten wir Eltern, die sich zu den Themen, die uns bewegten, herzlich wenig ausließen. Das Einzige, was wir hatten, wa-

Begleiterin in der Pubertät. Mädchen *war für weibliche Teenager die Alternative zur* Bravo.

ren entweder ältere Geschwister (mein Latein-Schüler-Bruder fiel allerdings aus) oder die *Bravo*. Na ja, und für die Mädchen gab's dann auch noch als identitätsstiftendes Einsteigerblatt die Zeitschrift *Mädchen*.

Dem Himmel sei Dank für die *Bravo*. Die brauchten wir damals. Sie war das Nadelöhr, durch das hindurchmusste, wer ins Himmelreich wollte. Denn in der *Bravo* gab es nicht nur die legendäre Aufklärungsseite von Dr. Sommer. Da gab es auch die Foto-Lovestory, bei der sich selbst Legastheniker eine gewisse Grundkenntnis davon aneignen konnten, wie es geht: Was man so macht, wenn man … also, so wie ich … da so ein Mädchen … na ja, wie soll ich sagen … ähm, mal einem Mädchen etwas näherkommen will. Was man so sagt, üblicherweise. Also etwa: »Äh du, äh, sag mal, äh, willst du mit mir gehen?« Und was man auf solche Fragen niemals antworten durfte. Also etwa: »Wohin?«

In die Liebe zu fallen war leicht und tat anfangs auch kaum weh. In der Liebe zu sein dagegen war die Hölle. Ich hatte ja noch Glück, weil ich auf eine Jungenschule ging und deshalb nicht mit einer Dauererektion im Unterricht sitzen musste. Aber irgendwie sah man sich ja doch, an der Straßenbahnhaltestelle, vor der Eisdiele, bei der Frittenbude – oder eben im Freibad. Und dann musste man irgendetwas tun. Das Leben war ja kein dauerndes Flaschendrehen, und der Schutz des Spiels war beschränkt. Irgendwann wurde es ernst. Dann musste man aus eigener Kraft über diese vermaledeite Grenze kommen – mit heißen Ohren und rotem Kopf und – genug davon! Das Leben war hart. Aber auch unfassbar aufregend. Es war ein einziges Abenteuer, damals, im Sommer '78.

Dann kam der Herbst. Das Freibad machte dicht, aber wir blieben am Ball. Der neue Tempel unseres frühpubertären Minnedienstes war das Kino. Großartig, denn da war es dunkel, da konnte man hinten in der letzten Reihe schon mal verstohlen seine

Expertenhearing bei Jürgen Stollberg: Was ist eine Foto-Lovestory?

Für uns Jugendliche der 80er Jahre war die *Bravo* das Aufklärungsorgan par excellence. Denn dort bekam man Antworten auf Fragen, die einen umtrieben, die zu stellen man aber nicht gewagt hätte. Was uns damals schon interessierte: Wer ist eigentlich dieser Dr. Sommer? Damit wir diese Frage nicht mit ins Grab nehmen müssen, haben wir Jürgen Stollberg befragt. Er war von 1999 bis 2004 Chefredakteur der *Bravo*.

Wer war eigentlich Dr. Sommer?

Dr. Sommer hat es nie gegeben. Zumindest nicht als Person. Dr. Sommer war ein Team von Psychologen und Pädagogen, die für die *Bravo* Leserfragen beantwortet haben. Die Fragen, die im Heft behandelt wurden, waren dabei eigentlich nur die Spitzen eines Eisbergs, denn es gab einen außerordentlich intensiven Kontakt zwischen den *Bravo*-Leserinnen bzw. -Lesern und dem Dr.-Sommer-Team. Anfangs nur per Post oder am Telefon, später auch per E-Mail, stellten sie Fragen an das Team, das die wichtigsten, drängendsten und meistgestellten dann im Heft beantwortete. Es gab Zeiten, an denen täglich Waschkörbe voller Post in der Redaktion eintrafen.

Wie viele Mitarbeiter hatte das Dr.-Sommer-Team?

Das variierte. In der Regel arbeiteten dort fünf oder sechs Kolleginnen und Kollegen. Diese Leute waren voll ausgelastet.

Neben der Dr.-Sommer-Seite hat uns immer besonders die Foto-Lovestory interessiert. Hier wurden Themen der jugendlichen Liebe noch einmal auf eine andere Weise behandelt. Wie sind diese Storys zustande gekommen?

Die Ursprünge der Lovestory reichen zurück in die 50er Jahre, als die *Bravo* noch eine Film- und Kinozeitschrift war. Damals erschienen in dem Blatt Fortsetzungsgeschichten, meistens Krimis oder Abenteuergeschichten. Erst in den späten 60ern und 70ern, im Zeichen des Siegeszuges der Popmusik, hat sich die *Bravo* dann gewandelt und wurde zu der damals einzigartigen Zeitschrift für Jugendliche, als die wir sie noch heute kennen. Im Zuge dieses Prozesses veränderten sich die Inhalte. Eine neue Optik und Ästhetik setzten sich durch. Poster wurden zu einem integralen Bestandteil der Hefte – ein provokanter Gegenentwurf zum Hirsch am Bergsee, der damals noch die elterlichen Räume schmückte, mit dem die Jugendlichen nun ihr eigenes Reich deutlich markieren konnten. Zugleich wichen die alten Fortsetzungsromane der Foto-Lovestory. Foto-Love, das war so etwas wie fotografiertes Fernsehen, eine Weiterentwicklung des Comics, der nun mit Bildern und Erfahrungen aus dem täglichen Leben gefüllt wurde.

Wie wurden diese Geschichten produziert?

Sehr aufwendig. Man brauchte dafür ein ganzes Team, ähnlich wie bei einer Filmproduktion. Es gab Storyliner, ein Produktionsteam, Visagisten, Fotografen, Schauspieler, die extra gecastet wurden und bei denen man genau darauf achten musste, nicht gegen das Jugendarbeitsrecht zu verstoßen.

Worum ging es bei den Storys?

Eigentlich immer um Themen aus der Lebenswirklichkeit der Jugendlichen: Liebe, Eifersucht, Abenteuer. Das Ganze wurde übrigens sehr genau von der Prüfungsstelle für jugendgefährdende Schriften überwacht. Wir mussten darauf achten – genau wie bei den Aufklärungsseiten –, dass nicht zu viel Fleisch bei den Jungs und Mädchen zu sehen ist.

Hand auf ein benachbartes Knie legen – und das im Schutze der Masse. Manchmal gab es sogar Sessel, wo man ohne Armlehne zu zweit drauf sitzen durfte … Und dann konnten wir auf der Leinwand sehen, wie's geht. »Saturday Night Fever« mit dem unvergesslichen John Travolta stand damals hoch im Kurs. Wer einmal von dieser neongrellen, Wet-Gel-triefenden Disco-Ästhetik infiziert war, konnte sich kurz darauf bei »Grease« die zweite Dröhnung holen. Später kam dann »La Boum – Die Fete« dazu – der ultimative Klassiker, der unsere romantische Beziehungskultur nachhaltig prägte. Und natürlich »Flashdance« mit der hinreißenden Jennifer Beals. Ich selbst ging mit Claudia auch im Programmkino sonntagmittags in die Lehre und ließ mich bei meiner männlichen Identitätsfindung gerne von den Klassikern inspirieren, etwa von James Dean in »Denn sie wissen nicht, was sie tun«. Selbst »Krieg der Sterne« (so hieß das damals noch, lange bevor der erste Klon-Krieger einem Produzentenhirn entwich und »Star Wars« zum Merchandising-Mythos der 21. Jahrhunderts avancierte) konnte ich unter romantischen Gesichtspunkten goutieren.

Genau wie Claudia. Tatsächlich, wir waren uns nähergekommen. Mehr noch: Wir gingen miteinander. Das muss ich erklären. Gemeint ist damit: Wir begrüßten uns (wenn's keiner sah) mit einem Küsschen. Wir spazierten (wenn's keiner sah) händchenhaltend durch den Schlosspark. Wir besuchten uns sogar gegenseitig zuhause, meist aber unter der strengen Observanz elterlicher Augen. Meine Mutter schickte uns zum Brombeerpflücken in die Rheinauen, was aber gar nicht verkehrt war; denn da war keiner, der uns beobachtete, so dass wir uns ganz viele Küsschen geben und ganz viel Händchen halten konnten. Ein Zungenkuss hinter der Brombeerhecke im Gras war damals das höchste der Gefühle. Und das ging – wenn überhaupt – nur mit geschlossenen Augen. »Loving

Jungs fanden John Travolta furchtbar. Aber die Story von Saturday Night Fever *ging ans Herz, und der Soundtrack von dieser australischen Kastratentruppe namens Bee Gees war für jede Fete ein Muss. Wer den Stimmbruch schon hinter sich hatte, konnte zwar unmöglich mitsingen, aber die Mädels standen drauf – besonders auf »More than a women«.*

is easy with both eyes closed«, hatten uns Barclay James Harvest gelehrt.

Doch dann kam Rod Stewart: »The first cut is the deepest ...« Claudia machte Schluss. Einfach so. Nach vier Wochen ewiger Liebe war ich wieder allein, allein. Wahrlich, davor war's schöner, allein zu sein. Denn jetzt spürte ich zum ersten Mal, wie Recht Nazareth mit »Love hurts« doch hatten. »Himmelhoch jauchzend, zu Tode betrübt« kommentierte das meine Mutter. Toll. Gloria Gaynor wäre besser gewesen: »I will survive.« Das lief damals auf jeder Fete. Na ja, es gab ja zum Glück noch die Kumpels – und den Fußballplatz. Und überhaupt sind Mädchen bekanntlicherweise ja eh doof. Okay, so doof dann aber auch wieder nicht. Da gab es ja noch Ulrike. Und wenn man's genau nimmt, war Ulrike eigentlich auch ganz nett. Claudia ging inzwischen mit Dirk – was okay war, denn Dirk gehörte auch zur Clique. Weshalb wir uns schon bald versöhnt und unsere gemeinsame Arbeit bei der Schülerzeitung erfolgreich fortsetzen. Später gingen wir dann noch mal miteinander, aber jetzt kam eben erst mal Uli. Mit ihr konnte man sich wunderbare Liebesbriefchen schreiben, im Ernst. Und im Winter bei Mondschein Schlittschuhlaufen. War eine schöne Zeit.

War sie nicht schnuckelig? Jennifer Beals verzauberte in »Flashdance« Jungs wie Mädchen. Der Film kam 1983 in die deutschen Kinos – und der Titelsong »What a feeling« brachte jede Fete zum Kochen.

Als der Frühling kam, machte Uli Schluss. Das war hart, aber auch symptomatisch. Es waren fast immer die Mädchen, die Schluss machten. Und fast immer bekam man die gleiche Begründung aufgetischt: weil sie »keine Zukunft« sahen. Shit, welcher Schuft hatte ihnen das eingeflößt? Schluss hieß Katastrophe. Claudia war noch vergeben, Babsi unerreichbar, Anja nicht mein Typ. Wer jetzt? An welche konnte ich mich nur ranmachen? Irgendwie musste das Spiel doch weitergehen ...

Das Spiel? Ja, das Spiel. Denn genau das war es doch, wenn wir ehrlich sind. Wenn wir das Ganze von heute aus mit dem gehörigen Abstand betrachten, dann kommt es einem vor, als sei das alles damals ein Spiel gewesen: ein pubertäres Gesellschaftsspiel, ein schönes, ein aufregendes Spiel. Ein Spiel, das wie jedes andere Spiel für die Mitspieler total ernst war. Wenn uns damals einer gesagt hätte: »Hey, du spielst ein Spiel«, wir wären stinksauer geworden. Nein, nein, wir Jungs nahmen es total ernst, und die Mädchen nahmen es auch total ernst – genauso ernst, wie man ein Spiel nehmen kann und muss, wenn man es wirklich spielen und kein Spielverderber sein will. In aller Unschuld und mit aller Begeisterung – und mit dem brennenden Wunsch, nicht zu verlieren.

Es war ein unschuldiges Spiel – darin lag sein Zauber. Wir benutzten einander nicht. Nicht in dem Sinne »spielten« wir mit unseren Freunden und Freundinnen. Wir spielten nicht miteinander – um unseren Partner oder unsere Partnerin gefügig zu machen oder ins Bett zu kriegen. Das lag den meisten von uns fern. Nein, wir spielten miteinander, so wie wir wenige Jahre zuvor noch mit Puppen oder mit der Eisenbahn gespielt hatten. Oder mit Playmobil, wenn es das damals schon gegeben hätte. Wir spielten miteinander das große Spiel des Erwachsenwerdens. Unsere Welt war ein Abenteuerspielplatz, der täglich neue Entdeckungen bereithielt. »Miteinander gehen« bedeutete, sich eine Zeitlang gemeinsam dort zu tummeln. Der Preis, den es dabei zu gewinnen gab, war die eigene Persönlichkeit – und ein paar aufregende Stunden bei der Erschließung unbekannter Körperregionen des anderen Geschlechts. Das schon. Aber eben spielerisch-unschuldig. Wenn zwei Zungen einander suchten oder eine Hand sich beim Stehblues unter eine Bluse schob und bis zum BH vordrang, dann war das wie eine Landnahme bei »Risiko«. Oder wie beim »Monopoly« ein Hotel auf der Schlossallee kaufen: ein Triumph – der Triumph eines verspielten, abenteuerlichen Herzens auf der Suche nach sich selbst – auf der Suche nach dem Leben.

Küssen oder Knutschen … mit oder ohne Zunge? Vor der Kamera ging's noch nicht ganz in die Vollen.

Was ist eigentlich davon geblieben? Haben wir irgendetwas von diesem spielerischen Geist hinüberretten können in unser Erwachsenenleben, unseren Beruf, unsere Ehen? Wo sind sie geblieben, unsere verspielte Romantik und unsere unschuldige Entdeckerfreude? Haben wir sie unterwegs verloren? Sind sie von den Routinen unseres Alltags verschüttet worden? Sind sie durch die Martyrien von Trennungen, Paartherapien und neuen Trennungen zerbröselt worden? Oder haben wir sie einfach vergessen? Vergessen, obwohl sie eigentlich noch da sind? Vielleicht ist's ja wirklich an der

Stehblues mit vollem Körpereinsatz.
Für uns schon oft das höchste der Gefühle.

Zeit, ein bisschen danach zu suchen – in die Tiefe der eigenen Seele abzutauchen: Tiefseeltauchen, um in irgendeinem verborgenen oder auch gut bewachten Winkel unseres Inneren die Erinnerung an diesen Zauber wiederzuentdecken: den Zauber der spielerisch-unschuldigen Erotik à la Dr. Sommer und »La Boum«. Ein bisschen mehr davon kann der Welt von heute nicht schaden.

Denn was uns, ehrlich gesagt, an der Welt von heute nicht schmeckt, ist, dass sie für verspielte Romantik keinen Ort mehr hat. Vor allem die Jungs können einem nur noch leidtun. Sie müssen immerzu einen auf abgezockt machen, werden dabei von den Mädels an der langen Leine geführt und nach Bedarf rangeholt oder weggeschubst. Vor allem aber müssen unsere Jugendlichen cool sein. Spielen ist da nicht. Man gibt sich ernst, macht böse Miene zum guten Spiel und zeigt unter keinen Umständen viel Gefühl. Man sucht auch keine Nähe, sondern bleibt lieber auf Abstand – ein Abstand, den die glatte und kalte Benutzeroberfläche des Smartphones oder iPads so gerne gewährt. Nein, das alles gab es bei uns nicht. Wir suchten die Nähe, wir schwelgten in Gefühlen, wir waren nicht cool, ganz und gar nicht.

Deshalb sind wir wohl auch mit dem schwierigen Thema Sex relativ gut klargekommen. Es gab damals noch kein AIDS (das wurde erst Mitte der 80er ein öffentliches Thema). Folglich wurden wir auch noch nicht mit flächendeckender Kondomwerbung sozialisiert. Evelin hat mir erzählt, dass sie sich total geniert hat, als sie zum ersten Mal das Wort »Kondom« in der Öffentlichkeit hörte – »mit all den Menschen um mich, die in diesem Moment dasselbe Wort hörten …« Nun, die Sexualaufklärung steckte trotz Oswalt Kolle und Dr. Sommer damals noch in den Kinderschuhen. Die meisten Eltern schwiegen sich zu diesen Themen aus. Trotzdem gab es nicht mehr Teenagerschwangerschaften als in den 2000er Jahren. Wahrscheinlich auch deshalb, weil das »erste Mal« – statistisch gesehen – bei uns deutlich später stattfand als bei heutigen Jugendlichen. Und das ist kein Zufall. Sex war damals einfach noch nicht so normal, so allgegenwärtig, so banal wie heute. Meine Güte, wenn ein 14-Jähriger heute »nackte Weiber« (pardon, aber so sagt es der Jargon) ansehen will, dann braucht er dafür drei Clicks auf seinem Smartphone. Dafür muss er nicht an seine Grenzen gehen. Dafür braucht er keinen Mut. Bei uns war das anders.

Klar, auch mich haben damals die Aufmacherseiten der Sexheftchen an den Kiosken angemacht. Klar, auch ich konnte nicht daran vorbeigehen, ohne einen verstohlenen Blick auf *Sexy* oder *Praline* zu werfen. Klar, auch ich durchsuchte minutiös das väterliche Arbeitszimmer, wenn ich allein zuhause war – angestachelt von der vagen Hoffnung, vielleicht irgendwo zwischen langweiligen Akten einen *Playboy* zu entdecken. Das war dann der ultimative Kick. (Pardon, dass ich das hier ausplaudere!) Ein *Playboy*! Hätte ich damals geahnt, was es sonst so alles in diesem Genre gibt, ich wäre angesichts der Pinups bzw. Centerfolds vermutlich genauso cool und regungslos geblieben wie heutige pornoerprobte Teenager bei dem, was man damals Hardcore nannte. Aber ich kannte das eben nicht und konnte deswegen meine erotischen Streifzüge sogar auf die Damenwäscheseiten in Mutters Quellekatalog ausweiten. Doch wenn mir das alles nicht reichte, dann musste der Mega-Testosteron-Adrenalin-Mix gerührt werden: Dann schlich ich mit klopfendem Herzen zum Kiosk und investierte mein Taschengeld in so ein lächerliches Heftchen, das irgendwie von einem anderen Stern gekommen sein musste.

LEXIKON FÜR NACHGEBORENE: PETTING

Die kürzeste Definition von **Petting** (engl. petting von: to pet, »liebkosen«) ist: Sex ohne Geschlechtsverkehr. Oder, wie in der Internet-Enzyklopädie »Wikipedia« nachzulesen: »Petting umfasst die Formen körperlichen Kontakts außerhalb des Koitus, die sexuelle Erregung hervorrufen.« – Nein, es geht doch nichts über diese technische Lexikonprosa! In Wahrheit war es ein aufregendes Entdeckungsspiel, ein Abenteuer, das einem die Sinne rauben konnte, ein Gespräch der Körper, ein Flirt mit den Händen ...

Immerhin konnte ich mir damit die Achtung meiner Klassenkameraden sichern. Mit Sexheftchen im Ranzen war man für die Dauer einer großen Pause der King. Vielleicht auch noch in der Physikstunde, denn irgendjemand hatte rausgefunden, dass hinten im Physiksaal eine Bodenplatte locker war. Dort konnte man während des Unterrichts wunderbar ein paar Minuten lang abtauchen. Der alte Pauker war halbblind und merkte offenbar nicht, dass die Anzahl seiner Schüler im Verlauf seines Knallgasexperiments erheblichen Schwankungen unterlag – da die wilde Fraktion genüsslich im Untergrund die *Praline* begaffte …

Eine andere, weniger verfängliche, aber nicht weniger aufregende Quelle früh-erotischer Inspiration hieß *Sexfront* und war das erste Aufklärungsbuch für Schüler. Darin gab es Praxistipps für die erfolgreiche Selbstbefriedigung. Und man erfuhr in kindgerechter Sprache, wie die verschiedenen Verhütungsmittel funktionieren. Einer aus unserer Clique hatte es erworben. Wer zu ihm kam, durfte darin blättern. Er hatte viel Besuch damals!

Gleichviel. Sex fand lange Jahre nur in der Fantasie statt. Dafür konnte er sich dort umso mehr austoben. Das Herbeifantasierte mit real existierenden Mädchen zu erproben, überstieg jedoch lange meinen Abenteuersinn und meinen Mut. Was allenfalls ging, das nannte man damals Petting. Darüber konnte man in der *Bravo* alles erfahren. Was nötig war, denn dieser etwas sperrige fremdländische Begriff verbarg mehr als er

LEXIKON FÜR NACHGEBORENE: FLOKATI

Offiziell ist ein **Flokati** ein traditioneller griechischer Wollteppich. Tatsächlich ist er ein Biotop, das Milben und anderen Mikroorganismen eine willkommene Heimat bietet und in den 70ern und 80ern in manchen Jugendzimmern erhebliche Hausstauballergien auslöste. Trotzdem sollten wir den Flokati rehabilitieren, denn mit ihm können wir zwei Fliegen mit einer Klappe schlagen: unser eingerostetes Liebesleben und die griechische Wirtschaft ankurbeln. Also Leute, kauft wieder Flokatis! Bastelt euch ein Retroliebeslager für eure Retroschäferstündchen!

verriet, worum es eigentlich ging, nämlich: »Eine zärtliche Entdeckungsreise auf dem Körper des Partners, das heißt: sich gegenseitig berühren, streicheln, liebkosen, lecken, knabbern und beißen am ganzen Körper – einschließlich der Geschlechtsorgane« (Originalton *Bravo*).

Fürs Erste war das ziemlich gut. Ich weiß noch, wie ich mit Christina (sie war die Erste, die es länger als ein halbes Jahr mit mir aushielt) in meinem damaligen Jugendzimmer bei Kerzenschein auf dem Flokati zu den Klängen von Genesis kuschelte und erstmals die erogenen Kernzonen des weiblichen Körpers erkundete. Das war der Wahnsinn (»geil« sagte man damals noch nicht), aber das genügte auch irgendwie. Dabei waren wir eigentlich gar nicht verklemmt, sondern einfach nur normal. Vielleicht hatten wir einfach bloß einen natürlichen Respekt vor einem Mysterium, das diesen Respekt irgendwie auch verdient. Ich weiß es nicht, aber meine vielen damaligen Freundinnen genau wie meine Kumpel aus der Clique lebten alle irgendwie mit der Vorstellung, mit dem »ersten Mal« noch warten zu müssen – und warten zu können. Worauf genau, war keinem klar, aber wir warteten, weil das erste Mal etwas anderes sein sollte. Vielleicht, weil wir ahnten, dass dann das Spiel vorbei sein würde: dass es beim Miteinander-Schlafen irgendwie Ernst werden würde. Denn es könnte ja sein, dass das mit der Pille doch nicht klappte oder die Spirale … Nicht auszudenken!

Petting war anders. Petting war auch ein Spiel. Eine Art Flirt mit Fingern. Das war kein Koitus, aber es war Sex reinsten Wassers. Und es war irrsinnig erregend, zumal man immer das Gefühl hatte, auf einer Gratwanderung zu sein, bei der einen der Sturm der Lust auch davontragen konnte … Was meistens aber nicht passierte. Es blieb beim Petting, und so konnte nicht viel anbrennen. Und wenn man sich später wieder trennte – gut, dann hatte man immerhin ein paar tolle Stunden geteilt, musste aber keine belastenden Langzeitfolgen fürchten. Petting stimmte für uns. Da konnten wir ungestört spielen und dieses Spiel namens »Verknalltsein« mit Leib und Seele genießen. Wenn ich bedenke, mit wie vielen Mädchen ich damals dieses ernsteste und freudvollste aller Spiele gespielt habe (und wie viele Mädchen dann auch wieder dieses ernsteste und freudvollste aller Spiele beendet haben), muss ich in aller Demut eingestehen, dass sie eigentlich austauschbar waren. Genauso wie ich für sie austauschbar war: ein Gedanke, der mir damals selbstredend nie gekommen wäre und den ich als Interpretation unseres Tuns auch nie akzeptiert hätte – mit Recht! Auch wenn dieser Gedanke aus heutiger Sicht nicht von der Hand zu weisen ist.

Als es dann endlich doch zum Beischlaf kam, war die spielerische Unschuld des Pettings tatsächlich vorbei. Ich wusste das genau. Meine damalige Freundin wusste es auch. Wir waren schon ein Jahr zusammen

Harmlose Erotik. Trotzdem löste »Dirty Dancing« bei uns Mädels der 80er das große Kribbeln aus.

und gingen diesen Schritt absolut bewusst. Sie war – glaube ich – siebzehn, ich war achtzehn. Die reguläre Spielzeit war abgelaufen. Nun musste die Entscheidung fallen: Gehen wir nur miteinander, oder gehen wir darüber hinaus? Wir sind darüber hinausgegangen. Und ich glaube, es war für uns beide ganz gut. Nicht so Wunder-was-Tolles, wie alle Welt behauptete. Aber es ward vollbracht, und das zählte. Nun waren wir wirklich erwachsen. Das Spiel war vorbei.

Und dabei ist es geblieben. Na ja, größtenteils jedenfalls. Denn seien wir ehrlich. So ganz ist der Spieler in mir nicht gestorben. Ich weiß auch von manchen Frauen um die Fünfzig, dass die Spielerin in ihnen mitnichten tot ist. Wie sollte auch das abenteuerliche und spielerische Herz erkalten, wenn es in der eigenen Jugend so stark geformt und so reich beschenkt wurde? Im Ernst, ich glaube, unsere Generation trägt da einen großen Schatz mit sich durch die Zeit – auch wenn wir oft gar nicht mehr wissen, dass wir ihn haben. Wobei das Bewusstsein dafür und die Sehnsucht danach wiederkehren. Gerade jetzt, wo wir langsam grau werden und die eigenen Kinder in das Alter kommen, das für uns damals so aufregend war. Da steigen Erinnerungen auf. Da steigen Sehnsüchte auf, die wir uns oft gar nicht eingestehen. Denn wir sind ja nun mal erwachsen und keine sechzehn mehr – und wollen das auch gar nicht sein. Fragen Sie mal Ihre Altersgenossen, ob einer oder eine von ihnen noch mal Teenager sein wollte. Wenn wider Erwarten doch jemand Ja sagt, dann wäre es an der Zeit, sich über Therapieangebote zu unterhalten. Nein, natürlich wollen wir nicht dahin zurück. Das wäre albern.

Albern ist es aber auch, und das müssen wir an dieser Stelle vielleicht doch selbstkritisch eingestehen, wenn wir krampfhaft versuchten, etwas von der spielerischen Freiheit unserer pubertären Jugendlieben mit Gewalt in die Jetztzeit zu transportieren: den Playboy oder die Playmate zu geben *ohne* die noch halbkindliche Unschuld von einst. Wo so was passiert, da werden aus fröhlichen Spielen angestrengte Spielchen, bei denen es um Taktik und Strategie geht. Irgendwie scheint es unmöglich geworden zu sein, einfach noch mal so in die Liebe zu fallen. Stattdessen bemühen wir auf der Suche nach einem neuen Partner oder einer neuen Partnerin Methoden und Techniken, um einen Zauber zu erzwingen, der sich aber nicht erzwingen lässt. Wir vertrauen mehr dem Kopf als dem Herz und bewegen so gewichtige Fragen wie: Wer lässt wen wie lange auf einen Anruf warten? Ist die Schlagzahl der SMS oder Facebook-Chats ein Indikator für Zuneigung? Wie geheimnisvoll und reserviert muss frau bleiben, damit Mann lange genug etwas abzuarbeiten hat? Kann auch aus schnellem Sex eine tiefe Beziehung entstehen? Früher war's weniger kompliziert, in die Liebe zu fallen. Da sind wir einfach hineingestolpert.

Was wir am Ende dieses Kapitels zu bedenken geben wollen, ist daher, ob es nicht doch lohnend sein könnte, ein bisschen von der alten spielerischen Unschuld wieder in unser Leben zu lassen: ein bisschen mehr zu flirten und ein bisschen mehr Herz zu zeigen; ein bisschen mehr zu wagen und ein bisschen mehr Gefühl zuzulassen, der Coolness der Jüngeren ein bisschen echte Wärme entgegenzusetzen. Und in Anspielung auf einen guten alten Spontispruch »Petting statt Piercing« zu propagieren – Nähe statt Ferne, Zärtlichkeit statt Distanz, flirten statt chatten, Haut statt Touchscreen, küssen statt posten …

VON DER CLIQUE IN DIE WG UND ZURÜCK

Wie man eine Kochgruppe gründet und warum wir die Generation WIR sind

Wir sind nicht so die Familienmenschen. Unsere Eltern waren okay, aber da war oft wenig emotionale Bindung. Die gab es in der Clique. Das war so etwas wie eine Ersatzfamilie. Da hingen wir rum und fühlten uns gut. Da erlebten wir Verbundenheit. Als wir zuhause auszogen, versuchten wir, dieses Gefühl in unsere WGs zu retten. Aber das ging nicht lange gut. Spätestens als wir selbst Familien gründeten, war es aus mit der Ersatzfamilie. Doch der Traum besteht fort: Die Alten-WG ist unsere kollektive Sehnsucht. Wir haben die Schnauze voll von der Einzelanstrengung. Wir wollen WIR.

Unser Treffpunkt war die Orangerie, ein eher harmloser Ort am Rande des Schlossparks. Der gelbe Barockbau beherbergte die städtische Bücherei und eine Ballettschule, wo kleine Mädchen in Tütüs an der Stange herumhantierten. Aber nicht deshalb ging man dorthin. Man ging dort hin, weil man wusste, dass man dort Leute traf, mit denen man – ja, was eigentlich? – konnte. Ehrlich gesagt, weiß ich es nicht mehr. Keine Ahnung, was wir an jenen Nachmittagen auf dem Mäuerchen vor der Orangerie gemacht haben. Wahrscheinlich sind wir dieser auch heute noch unter Jugendlichen üblichen Kulturtechnik des »Rumhängens« (mittlerweile unter der Bezeichnung »Chillen« geläufig) nachgegangen. Will sagen, wir haben unsere Zeit verplempert. Und das war gut so.

Die Orangerie wurde zur Keimzelle unserer Clique. Meiner Clique. Plötzlich war sie da, niemand hatte sie gegründet. Sie war einfach entstanden aus den unverbindlichen und unverabredeten Treffen am Mäuerchen. Es gab keine förmliche Mitgliedschaft, niemand hätte genau sagen können, wer alles dazugehörte und wer nicht. Man kam und ging. Ein bunt gewürfelter Haufen von Teenagern, die aus irgendwelchen Gründen das Gefühl hatten, zusammenzugehören. Jungs und Mädchen aus unterschiedlichen Schulen, aber im Großen und Ganzen gleich alt. Ich glaube, es war schlicht unsere Neugier auf das Leben und aufeinander, die uns zusammenführte, vielleicht auch das Gefühl, die Langeweile besser miteinander ertragen zu können. Und dann war da sicher auch das Bedürfnis nach einer Zugehörigkeit, die man sonst nirgends fand. Okay, ein paar Leute aus meiner Klasse waren im Sportverein, ein paar hatten ihre Heimat in der Kirchengemeinde – aber daneben gab es jede

Die Kunst des Müßiggangs. Bei uns hieß Chillen noch Rumhängen …

WIE GING DAS NOCH: SELFMADE BAILEYS

Manche Hardcore-Baileys-Fans schreckten nicht davor zurück, in Mutters Küche selbst zu werkeln und sich nach eigenem Gusto ein ähnliches Gebräu zu mischen. Hier ein Rezept, das einem Originaltagebuch der damaligen Zeit entnommen ist:

Zutaten:
40 g dunkle Schokolade
120 g Zucker
250 ml Milch
200 ml Sahne
200 ml Whiskey

Zubereitung:
Zunächst werden Schokolade, Zucker und Milch in einen Topf gegeben, verrührt und erhitzt, bis Zucker und Schokolade geschmolzen sind. Anschließend wird die cremig geschlagene Sahne dazugegeben und untergerührt. Zuletzt den Whiskey beigeben und einrühren.
Das fertige Getränk abkühlen lassen und anschließend in eine Flasche geben, im Kühlschank lagern und innerhalb von maximal vier Wochen genießen.

Menge Teenager, die genügend Zeit hatten, miteinander rumzuhängen. Und selbst die Sportler und Messdiener fanden hier und da mal einen freien Nachmittag, an dem sie zur Orangerie schlenderten; unangemeldet, ohne vorherige SMS, ohne Twitter. Die Stundenpläne hatten zu unserer Zeit noch weiße Felder, und das Wort »Terminkalender« kam in unserem Wortschatz nicht vor. Tja, so war das damals.

Manche Eltern waren wohl ein bisschen besorgt und fragten sich, was ihre pubertierenden Kinder denn so treiben, allein da draußen am Rande des Stadtparks. Ob sie sich wohl bei einem subversiven Treffen am Rande eines Elternabends untereinander abgesprochen hatten oder nicht, konnte ich bis heute nicht rausfinden. Eines Tages jedenfalls erschien Metzgersohn Dirk an der Orangerie und verkündete die erstaunliche Botschaft: »Wir können uns künftig bei uns im Hinterhof treffen. Meine Eltern überlassen uns den alten Anbau. Das wird unser neuer Treffpunkt.« Hey, das war was! Ein eigener Anbau allein für uns – wo wir uns auch bei Schnee und Regen treffen konnten. Wo wir Feten feiern und ungestört rumhängen konnten. Was für eine Perspektive!

Na ja, ganz so einfach war es nicht. Ich weiß noch, wie ich zum ersten Mal das große schwarze Schwenktor aufstieß, um den ominösen Anbau in Beschlag zu nehmen. Das Erste, was mir entgegenstürmte, waren Coca und Cola, die wohlgenährten Metzgerhunde, die sich durchaus schwer damit taten, die Schar minderjähriger Invasoren in ihrem Territorium zu tolerieren. Später freilich sollten sie uns noch von großem Nutzen sein – an jenem denkwürdigen Nachmittag, an dem die ortsansässige Rockergang, die den sinnigen Namen »The Loser« im Wappen führte, unsere Klassenfete sprengte und wir uns nach einer wilden Verfolgungsjagd im Anbau verschanzten. Coca und Cola übernahmen die Defensivarbeit auf äußerst effiziente Weise. Coca war eine dänische Dogge, deren knirschend sabberndes Gebiss dafür sorgte, dass auch der kühnste Loser bald die Hosen voll hatte. So gesehen haben die Tierchen ein Denkmal verdient. Hiermit sei es ihnen errichtet.

Zurück zum Anbau. Nachdem Coca und Cola besänftigt waren, kam die zweite Überraschung. Dirk empfing uns mit einer Leiter und ein paar Eimern Farbe. Das Ganze drohte in eine gut getarnte Arbeitsbeschaffungsmaßnahme auszuarten, bei der wir unter der milden Observanz der Metzgersfamilie endlich mal was Gescheites anstellen sollten – anstatt immer nur rumzuhängen. Egal, wir waren motiviert und konnten die Wände streichen, wie wir wollten. So entstand unser Heiligtum, unser Cliquenraum – der Ort unserer ersten Triumphe und ersten Niederlagen. Der soziale Nahraum, in dem wir unsere unvergleichliche Ausbildung in Sachen kommunikativer Kompetenz bekamen, eine sozialpädagogenfreie Zone, in der wir verschont von allen akademischen Konzepten soziale Kompetenz erlernten – erfolgreich, als echte Autodidakten. Selige Zeiten waren das damals, kurz bevor die flächendeckende Sozialpädagogisierung Deutschlands das Land heimsuchte und studierte Profis unsere Clique als Peergroup vereinnahmt hätten: »als Instanz informeller Bildung und Sozialisation, [...] unter anderem zur Emanzipation vom Elternhaus. Die Jugendlichen, [...] die meist aus einer ähnlichen Altersgruppe stammen, erproben untereinander soziale Verhaltensweisen« (Wikipedia). Schnarch ...

Wir kleckten und pinselten also munter drauflos. Rote Fenster, blaue Wände. Zwei

LEXIKON FÜR NACHGEBORENE: EUROPAPOKAL DER POKALSIEGER

Den **Europapokal der Pokalsieger** kann man vergessen. Besonders nach der fürchterlichen Niederlage von Fortuna Düsseldorf gegen den FC Barcelona im Mai 79. Reden wir nicht mehr davon. Gut, dass der Wettbewerb in der Saison 1999/2000 abgeschafft wurde.

Räume gab es, einen oberen für die Feten, einen unteren zum Rumhängen. Mal stand da eine Tischtennisplatte, dann ein Kicker, und irgendwann – später, als wir drohten, Zeit und Geld in den benachbarten Kneipen zu verplempern – fanden wir dort einen echten, funktionstüchtigen Flipper. Wieder eine geschickte Maßnahme der Metzgerseltern, denn es war nicht der Drang nach Alkoholkonsum, der uns damals vielleicht 16- oder 17-Jährige ins »Deutsche Haus« lockte, sondern der dortige Flipper. Jetzt hatten wir selbst einen. Große Zeiten!

Alkohol war bei uns tatsächlich nicht das Thema. Auf den Feten tranken wir hauptsächlich Cola, vielleicht mal ein Bier (alkoholfreies gab's noch nicht), denn für uns Düsseldorfer Jongens gehörte das zum normalen Initiationsgeschehen Heranwachsender unweigerlich dazu. Aber immer in Maßen. Ich selbst kann mich nur an zwei alkoholindizierte Zusammenbrüche erinnern – einmal nach einer Schülerzeitungsfete, bei der ich mich auf das bis dato unbekannte Genre der Maibowle eingelassen hatte und konsequenterweise auf dem Heimweg alkoholgetränkte Pfirsichbrocken in die Gosse kotzte, das andere Mal nach der schmerzhaftesten aller Niederlagen: Europapokal der Pokalsieger, Finale, 16. Mai 1979, Fortuna Düsseldorf gegen FC Barcelona, 3:4 nach Verlängerung. Nicht mehr dran denken!!! Das konnte schon damals nur ersäuft werden. War nicht schön.

Sonst tranken wir nicht viel. Es gab keine Alkopops, es gab keine Cocktails, es gab keine harten Sachen. Wenn, dann Bier. Für Mädchen selbst das nicht. Die hielten sich zuweilen mehrere Stunden an einem

Expertenhearing bei Tanja Abeln-Bil: Welche Klamotten prägten das Outfit der 80er?

Nichts hat uns mehr berührt als die Klamotten, die wir trugen. Aber was war das genau? Jeder erinnert sich an seine Lieblingsshirts, aber was war damals wirklich in Mode? Wir haben Tanja Abeln-Bil gefragt, Bekleidungsingenieurin, Jahrgang 1973.

»Die Mode der 80er Jahre war bunt und vielfältig. Die Zeiten, da junge Menschen ihr Styling vor allem als Ausdruck der Opposition gegen die bürgerliche Gesellschaft inszenierten, waren vorbei. Stattdessen wurde Mode zum Mittel der Identitätsbildung: Über das Outfit bekannte man sich zu einer bestimmten Szene oder einem bestimmten Lebensgefühl – was eine breite Palette an Ausdrucksformen mit sich brachte. Es gab den gegelten Popper, der sich mit seinem Lacoste-Polohemd im Golf II Cabrio fahrend als Vorläufer des späteren »Markenwahns« der Yuppies hervortat. Es gab aber auch die martialischen Punks, die unter dem Motto »No future« gerade als Gegenbewegung zu den Poppern das Establishment mit Sicherheitsnadeln in den Ohren, Irokesenschnitt, Springerstiefeln und Nieten an den Klamotten erschrecken wollten. Dazwischen tummelten sich die Ökos im Schlabberlook mit Latzhosen, Palästinensertuch und Rastafari-Mütze, die mit dem Button »ATOMKRAFT? NEIN DANKE« an der »JUTE STATT PLASTIK«-Tasche für ein neues Umweltbewusstsein und Fairness in der Welt einstanden. Oder die New Waver, die sich gerne ganz in Schwarz zeigten, dabei Synthiepop hörten und sich in diverse Subkulturen (z.B. Gothics) aufteilten, wo es dann für den Normalo richtig unübersichtlich wurde. Und damit wären wir beim Thema: der Normalo. Er bevorzugte ein gemäßigtes Styling. Die allgemeine Richtlinie lautete: oben weit, unten eng – und gerne knatschbunt!

Bei Frauen hieß das: oben weite Sweatshirts oder Schlabberpullis mit Fledermausärmeln (gerne auch selbst gestrickt). Auch das Netzhemd war ein beliebtes Kleidungsstück. Mutige Mädels trugen es im Sommer auf nackter Haut, gängiger war die Variante über einem Sweatshirt. Unten kombinierte man zu den meist zu weiten Oberteilen gerne enge Karottenjeans, Steghosen, Leggins oder enge Röcke. Und das in allen erdenklichen Farben – vor allem Neon – und in wildem Mustermix. Wer es etwas schicker mochte, trug weite Blusen mit Stehkragen und Schulterpolstern, darüber weite, kastig geschnittenen Blazer – ebenfalls mit Schulterpolstern – und hochgekrempelten Ärmeln (!). Auch Blusen mit Schößchen waren sehr gefragt. Dazu die besagten engen Röcke oder Bundfaltenhosen. Der Hosenanzug für die Frau bekam in der Businesskleidung einen neuen, hohen Stellenwert. Als unverzichtbare Accessoires (spätestens seit »Flashdance« und »Dirty Dancing«) standen Haarbänder, gern mit riesiger Schleife, und Stulpen hoch im Kurs. Dazu knallige Armreifen und breite Gürtel mit auffälligen Schnallen. Für das Make-up galt: Bunt ist gut! Greller Lidschatten, kräftiges Rouge und roter Lippenstift. Auch für Kajal und Wimperntusche waren grelle Töne wie Türkis und Blau ein Muss. Auf dem Kopf trugen die Mädels gern riesige Lockenmähnen oder die populäre Lady-Di-Föhnfrisur. Überhaupt ging ohne Haarspray fast gar nichts. Die Füße steckten meist in Stiefeln, Stiefeletten und Turnschuhen. Zu den Hosenanzügen oder Kostümchen bevorzugten die Damen aber eher Pumps.

Modebewusste Normalo-Männer waren eher selten. Vereinzelte Exemplare erkannte man an der Jeans. Da musste es die legendäre Levis 501 oder eine Mustang mit hohem Bund und in einer der vielen verschiedenen Waschungen sein – oder andere hautenge Röhrenjeans, die sich auch zur Thromboseprophylaxe eignen würden. Dazu ein T-Shirt, weiße Tennissocken und Turnschuhe (am besten Adidas) oder Slipper (gerne mit Troddeln) – fertig. Auf dem Kopf eine Meckifrisur oder den Klassiker: Vokuhila (vorne kurz, hinten lang) und die legendäre Ray-Ban Wayfarer. Wer etwas mehr hermachen wollte, komplettierte seinen Look mit einem weißen Hemd, einer schmalen Lederkrawatte und einem extrem weit geschnittenen hellen Sakko (auch hier unbedingt wieder hochgekrempelte Ärmel!), das nur bis zur Taille reichte und doppelreihig mit langem Revers geschnitten war. Oder man trug Blousons. Auch bei den Männern setzten sich zeitweise die Hemden mit Stehkragen durch. Und nach »Miami Vice« trug die Herrenwelt dazu eine karottige Bundfaltenstoffhose, das T-Shirt war bunt mit Knopfleiste, und Slipper. Wer es lieber bequem mochte, schmiss sich in einen glänzenden, pastellfarbenen Jogginganzug, an dem die drei breiten Streifen nicht fehlen durften.«

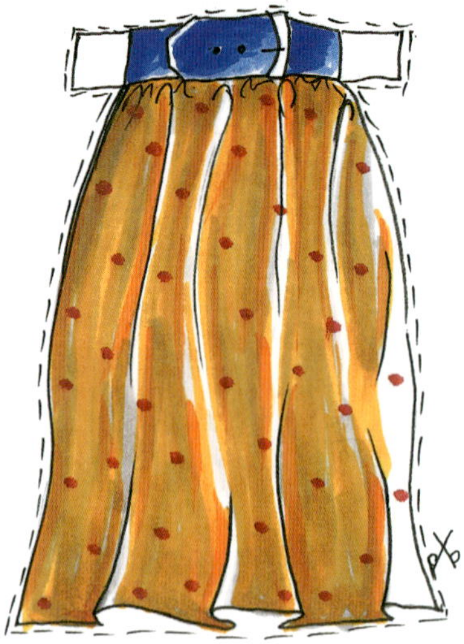

Die Normalo

Der Normalo

Fauler Kompromiss: Der Rollkragenpulli konnte bei der Konfirmation den Schlips ersetzen. Schöner ist unser Autor dadurch nicht geworden …

Gläschen Baileys fest – oder an einem neonblauen Curaçao-Mix. Okay, Bacardi Cola war eine Option, und im deutschen Süden goutierte man Gerüchten zufolge höchst wunderliche Mixgetränke wie »Korea« (ein aus Rotwein und Cola angerührtes Gebräu) oder das legendäre »Bananenweizen«. Sollte es hoch hergehen, kam auch schon mal ein Apfelkorn auf den Tisch. Besoffen waren wir selten. Und das waren eher Unfälle. So wie bei Michael, der sich aus purer Unkenntnis mit einer halben Flasche Wodka ins Delirium soff. Da musste der Notarzt kommen. Aber das blieb eine Ausnahme, sonst fand sich immer jemand, der die Opfer samt Fahrrad nach Hause brachte. In unserem Anbau wurde auch nicht geraucht. Wenn, dann draußen vor der Tür. Schon damals. Aber selbst daran kann ich mich kaum erinnern. Eine Weile war es schick, sich seine Zigaretten selbst zu drehen. Aber mich hat das nicht interessiert. Ich hab's nie versucht. War nicht mein Ding.

Was für unsere Gruppenidentifikation unzweifelhaft eine gewisse Rolle spielte, waren die Klamotten. Merkwürdig genug – und aus heutiger Perspektive kaum mehr nachvollziehbar: Es ging uns dabei nicht darum, irgendwelche Markenklamotten am Leib zu tragen! Noch weniger ging es darum, sich nach Maßgabe halbverhungerter Models in enge Kleidchen zu zwängen oder auf lebensbedrohlichen Pumps zu balancieren. Jungs, die auch nur von ferne den armen Schweinen ähnlich gesehen hätten, die bei der Sparkasse als Azubis frönten, wären wohl bis ans Ende ihrer Tage durch das verächtliche Gelächter ihrer Mitschüler traumatisiert worden. Anzug? Argggggh! Krawatte? Neeeein!

Mann, ich kann mich noch an den Stress vor meiner Konfirmation erinnern. Braver Haarschnitt, Sakko, Bügelfaltenhose. Meine Mama wollte das. Und ich konnte mich nicht im Spiegel anschauen, ohne einen Würgereiz im Hals zu spüren. Der Horror. Nachdem die Nummer durch war, habe ich mich ein Jahr lang nur in Sack und Asche gehüllt: Latzhose, Karohemd, übergroßes Unterhemd, und nicht nur wir Jungs liefen so rum, auch die Mädchen liebten dieses Outfit. Ich glaube, ich habe in meiner Schulzeit (so gut wie) nie ein Mädchen im Rock gesehen, geschweige denn im Kleid. High Heels kannte man allenfalls aus dem Kino (»Dressed to kill«) und Dessous (damals nannte man das noch *Reizwäsche*) waren für unsere Schiesser-beschlüpferten Freundinnen nach meinem Dafürhalten weitgehend unerforscht. Erst mit Kim Basinger und »9 ½ Wochen« wurden Strapse bei den Mädels ein Thema.

Wenn man unser Öko-Outfit mit dem der Teenies von heute vergleicht – unfassbar. Wichtig war übrigens die Schuhmode. Ich hatte den totalen Schuss, denn ich weigerte mich beharrlich, irgendetwas anderes als halbhohe Adidas-Basketballschuhe anzuziehen. Zwanghaft, wenn Sie mich heute fragen, aber so war's nun mal. Die Mädchen liebten flache Wildlederlatschen der französischen Marke Kickers, die zwar äußert bequem waren, deren Sexappeal jedoch etwa dem erotischen Charme einer Wärmflasche gleichkam.

Keine Dessous, kaum Alkohol, kaum Zigaretten – langweilig war's trotzdem nicht. Auch nicht, nachdem der Anbau fertig gestrichen war. Wir hörten Musik und erzählten uns was. Wir flirteten und spielten miteinander. Und zwar kreuz und quer durcheinander. Am Anfang war ich mit Claudia zusammen, Dirk ging mit Elke, Alex mit Yvonne, Uli mit dem anderen Dirk. Später dann ging Dirk mit Claudia, ich mit Uli, und der andere Dirk ging leer aus. Alex blieb immer bei Yvonne. Dirk aber nicht bei Claudia. Er kam mit Uli zusammen und Claudia mit Harald. Elke und ich setzten eine Runde aus. Bevor dann Sue dazukam und Wolfgang bei Elke abblitzte. Jaja, so lief das damals – im Anbau. Da war jede Fete eine Reise mit ungewissem Ausgang. Man wusste nie, wer am Ende mit wem oben in der Ecke mit den alten Matratzen knutschen würde. Sicher war nur, dass sie nicht leer bleiben würde und dass irgendein gebrochenes Herz unten am Flipper stehen und von einem anderen gebrochenen Herzen getröstet werden würde. Ich stand oft unten am Flipper.

Gleichviel, wir haben damals viel gelernt. Wir haben Nähe gelernt, wir haben Hingabe gelernt, wir haben Achtung voreinander gelernt. Wir ließen uns aufeinander ein, gingen ein Stück Weg gemeinsam und trennten uns. Trennung und Neubeginn, Offenheit und Akzeptanz, mit Frust umgehen und Trost spenden, all das haben wir uns gegenseitig beigebracht – ohne Lernprogramm, ohne pädagogische Begleitung und Anleitung. Genau das hat uns stark gemacht. Vor allem im Umgang mit dem anderen Geschlecht. Natürlich waren Mädchen für uns auch die mysteriösen Wesen aus einer anderen Welt, die begehrten Objekte unserer aufkeimenden Sexualität – sie waren aber ebenso einfach nur gute Freundinnen. Mit den Mädchen unserer Clique pflegten wir den vertrautesten Umgang, auch, wenn wir nie miteinander geknutscht hatten. Das blieb selbst dann so, wenn sie sich von uns getrennt hatten und schon längst mit einem

LEXIKON FÜR NACHGEBORENE: D-MARK

Dass das Zahlungsmittel unserer Jugend die Deutsche Mark war, ist noch hinlänglich bekannt. Aber wer weiß noch, dass es zu unserer Zeit verschiedene DM-Noten gab? Machen Sie den Test: Wenn Sie »10-Mark-Schein« hören – woran denken Sie? An den ...

... oder an den?

anderen Cliquenkumpel gingen. Frustrationstoleranz nennt man so was heute, glaube ich. Oder eben soziale Kompetenz.

Frustrationstoleranz mussten natürlich auch die haben, die zu keiner Clique gehörten oder nur ab und zu dabei waren. Clique war halt nicht jedermanns Sache. Zumal dann nicht, wenn man irgendwo anders engagiert war, im Sportverein oder so. Und außerdem konnte Clique ganz schön aufwendig sein. Man musste viel Zeit und eine Menge Herzblut mitbringen, sonst wurde das nichts.

So oder so, die Clique war ein sozialer Nahraum, in dem wir die Kunst des *Wir* gelernt haben. Und die können wir heute gut gebrauchen. Denn seien wir ehrlich: Sozialkompetenz und kommunikative Intelligenz sind mittlerweile eher Mangelware. Und: Wir alle, die wir dieser Generation angehören, sehnen uns nach Gemeinschaft. Wir sehnen uns nach unseren alten Cliquen, wo wir ohne gemeinsame Projekte, Interessen, Geschäfte etc. einfach miteinander rumhängen durften, wo wir mit anderen Jungs und Mädchen einfach wir selbst sein konnten. So viel zu der unter uns heute so weitverbreiteten Sehnsucht nach der Alten-WG: eine Hommage an jene besondere Cliquenerfahrung, die unsere Generation von anderen unterscheidet.

Denn solche Cliquen, wie wir sie hatten, gab es bei den 68ern nicht. Die hatten (Achtung: Vorurteile!) ihre Kommunen, Debattierclubs und revolutionären Zellen, Kifferzirkel und Esogrüppchen, aber nicht diese lässigen Kreise, die wir bildeten. Und solche Girlie-Groups oder virtuellen sozialen Netzwerke wie bei den heutigen Jugendlichen gab es zu unserer Zeit ebenso wenig. Nein, wir waren die Cliquenvirtuosen – und deshalb dürfen wir für uns mit Recht den Titel »Generation Wir« beanspruchen.

Jaja, das ist eine steile These. Vor allem bei euch Älteren, euch 68ern, regt sich da der Widerstand, stimmt's? Ihr seht uns ganz anders, ihr habt uns über Jahre hinweg mit Verve als selbstverliebtes Hedonistenpack diffamiert, als unpolitische Egozentriker und genusssüchtige Individualisten. Stimmt aber nicht. Unser sozialer Sinn ist einfach nur anders – weniger politisch, weniger ideologisch. Wir haben nie von den allein seligmachenden politischen Systemen – ob links, ob rechts, kommunistisch oder konservativ – schwadroniert, wir haben am sozialen Nahraum gearbeitet. Wir haben Nähe gesucht – und sehnen uns bis heute nach einer Gesellschaftsform, die wir in der Clique erprobt hatten: nach dieser Quadratur des Kreises, bei der individuelle Freiheit und verbindliche Gemeinschaft zusammenspielen, verbindlich nicht durch gemeinsame Ideologien und Ziele, sondern verbindlich durch ein geteiltes Lebensgefühl. Deshalb meiden wir Parteien, Gewerkschaften, Vereine, Kirchen und all diese anderen irgendwie so antiquiert daherkommenden

Expertenhearing bei Silvia Frank: Wie lässt sich die Hygiene in einer Wohngemeinschaft sicherstellen?

Es gibt Dinge, die vergisst man leicht. Zum Beispiel, wie man einen Putzplan erstellt. Das zählte – offen gestanden – selbst bei hartnäckigen WG-Fetischisten zu den eher ungeliebten Aufgaben. Deshalb haben wir uns gedacht: Wenn wir jetzt Ernst machen und die Alten-WG planen, dann müssen wir dieses historische Wissen wieder auskramen. Deshalb haben wir Silvia Frank, ihres Zeichens Haushaltsexpertin der Nation und Autorin des Bestsellers »Das ARD-Buffet Haushalts-1x1«, gebeten, uns ein paar Tipps für die WG-Hygiene zu verraten.

»Eine WG (herkömmlich: Wohngemeinschaft) ist kein »**W**iderwärtiges **G**remium«, sondern ein zweckmäßiger **W**ohn-**G**enuss für Jung und Alt – sofern das Mietrecht und die finanziellen Beteiligungen im Voraus geklärt werden und die gemeinsamen Bewohner eine gewisse Sympathie für einander haben. Da aber häufig die Herren oder Damen »Putzteufel« und »Dreckspatz« zusammenziehen, müssen alle zu Kompromissen bereit sein und gemeinsam ihre goldenen WG-Regeln aufstellen.

Das Haushaltschaos lässt sich durch **Putzpläne** eindämmen. Darin werden die hygienischen, also die nicht krank machenden und die nicht ekelerregenden Mindeststandards für die gemeinschaftlich genutzten Räume und Gegenstände festgelegt. Aber natürlich darf auch das individuell genutzte Zimmer keine Belästigung für die Mitbewohner sein. Denn jede Zimmertür wird mal geöffnet, und nicht jeder mag Zigarettenqualm oder den esoterischen Feinstaub aus Räucherstäbchen …

Bewährt hat sich die Unterteilung der Reinigungsbereiche in Küche, Bad, Wohnen und Flur – dabei sollten sich die Bewohner je nach Absprache turnusmäßig mit der Arbeit abwechseln. Die Ausrede »Frauen können besser nass wischen« ist genetisch nicht nachweisbar! Da es immer wieder Mieterwechsel gibt, können die jeweiligen Arbeiten detailliert aufgeführt werden. Klingt kleinlich, erspart aber viele Dauerdiskussionen.

- Je sauberer die Putzlappen, je sauberer das Putzwasser, desto weniger muss gereinigt werden! Deshalb werden aus der gemeinschaftlichen Haushaltskasse die Reinigungsmittel und viele, möglichst verschiedenfarbige, Putzlappen und Trockentücher sowie das regelmäßige Waschen der Putzutensilien bezahlt.
- Eine lohnenswerte Anschaffung gerade für putzfaule WGs ist eine gute große Schmutzfangmatte vor oder hinter der Wohnungstür.
- Wöchentlich einmal überall staubsaugen, alles feucht abstauben und die Böden wischen sorgt für eine gute Basissauberkeit. Diese Routine gilt auch für die Müllentsorgung und die Kontrolle von Vorräten und Kühlschrank.
- Die Toilettenbürste und, wenn erforderlich, der WC-Reiniger sind immer und durch jeden bedarfsgerecht im Einsatz! Küchenkrepp (Papierküchentuch) hilft Missgeschicke rasch auf- oder abzuwischen. Aber: Das Tuch im Restmüll und nicht in der Toilette entsorgen. Diese ungeliebten Tätigkeiten bitte nicht auf den Baddienst abwälzen!
- Waschbecken und Dusche nach Gebrauch kurz abspülen, der jeweils letzte Benutzer reibt Dusche und Armaturen trocken! Das erspart ganz viele Entkalkungsaktionen.
- Herd, Spüle und das Geschirr werden je nach WG-Regel sofort individuell oder täglich vom Küchendienst gereinigt, trocken gerieben und die Lappen ausgewaschen, getrocknet oder ausgetauscht. Der Küchendienst räumt abends alle offen herumstehenden Speisereste weg, damit sich keine ungebetenen Hausgäste wie Ameise und Co. einnisten.

Falls etwas nervt, sofort ansprechen, und wenn sich keine akzeptable Lösung abzeichnet – dann wird es Zeit für eine neue WG.«

Gemeinschaftsformen, die uns irgendwie unter das Joch ihrer Glaubensbekenntnisse zwängen wollen. Deshalb ergreifen wir die Flucht, wo wir etwas von »Beisitzern«, »Tagesordnung«, »Kassenprüfer« und »Satzung« hören. Und deshalb leiden wir alle irgendwie darunter, dass unsere alten Cliquen irgendwann auseinanderfielen.

Mancherorts ist das nicht passiert. Vor allem in Kleinstädten findet man bis heute Cliquen, die sich über die Jahre gehalten haben. Manchmal ist das toll. Manchmal aber auch furchtbar. Furchtbar immer dann, wenn die Beteiligten auf dem Niveau von damals hängengeblieben sind. Dann ist die Clique nur noch eine Erinnerung, vielleicht ein Fluchtpunkt, aber nicht mehr ein lebendiges Spiel. Bei uns war das anders. Bei uns in der Großstadt starb die Clique am Tag der Abifeier. Alex ging nach Heidelberg, Dirk musste zum Bund, Claudia verliebte sich in einen Banker. Die Zeit war vorbei und versprengte uns in alle Himmelsrichtungen. Manche Freunde habe ich nie wiedergesehen.

Auf dem Land lief es ähnlich. Was konnte man dort schon machen: Berufsausbildung? Banklehre? Zahnarzthelferin? Nee! Wer keine Firma oder keinen elterlichen Betrieb zu übernehmen hatte, musste weg. Wer sich weiterbilden wollte, sowieso. Die Cliquenzeit war vorbei. Nach Hause fuhr man nur noch, um die Klamotten zu waschen und Mamas Kühlschrank zu plündern.

Losgelöst von ihren alten Bindungen wurden manche von uns tatsächlich zu Individualisten. Ganz Unrecht haben die Zyniker ja nicht, die uns als Egozentriker gebrandmarkt haben. Was sollten wir auch machen – wir, die wir immer auf Gemeinschaft aus waren, nach dem Ende unserer Cliquen aber nirgends mehr eine Heimat fanden? Wir waren plötzlich vereinzelt, denn die Abneigung gegen die alten Sozialformen saß und sitzt tief. Neue Vereine oder Parteien gründen kam und kommt nicht in Frage. Und bei den durchweg von den Älteren dominierten Gruppierungen mitmachen schon mal gar nicht. Aus Not also, nicht aus Neigung wurden wir egozentrisch, wenn überhaupt.

Und eben deshalb hat uns das auch krank gemacht. Deshalb haben wir alle – wenn wir es uns nur mal einen Augenblick eingestehen – jetzt, wo wir um die Fünfzig sind, die Schnauze voll davon. Schluss mit der Einzelanstrengung! So heißt jetzt die Devise. Blöd nur, dass wir oft nicht wissen, wie das geht – wie eine Art Midlife-Clique aussehen könnte. Wer eine Idee hat: bitte melden! Nur bitte nicht mit dem Vorschlag kommen, über »Facebook« oder »www.stayfriends.de« die alte Clique zu reaktivieren. Was gestorben ist, sollte man nicht aufzuwecken versuchen. Nostalgie ist auch keine Lösung.

Wie gesagt, die alte Clique starb am Tag der Abifeier. Der Wunsch nach Gemein-

LEXIKON FÜR NACHGEBORENE: KOCHGRUPPE

Nix für Gourmets, aber gut für Studis: Originalkochplan aus den 80ern.

Als **Kochgruppe** bezeichnet man einen losen Zusammenschluss von Menschen zum Zweck, gemeinsam regelmäßige Mahlzeiten einzunehmen, wobei die Mahlzeiten von jeweils einem Mitglied (oder mehreren) der Kochgruppe zubereitet werden. Üblicherweise stellen sie zu diesem Zweck einen Plan auf, der festlegt, welches Mitglied zu welcher Zeit für die Bereitstellung der Mahlzeit zuständig ist. Das gesamte Tätigkeitsfeld der Bereitstellung umfasst: Einkauf, Zubereitung, Tischdecken und Geschirrspülen. Besonders beliebt sind Kochgruppen in studentischen Kreisen, um der häufigungenießbaren Mensakost zu entgehen.

schaft aber lebte weiter. Und er trieb erstaunliche Blüten. Ich fing mit dem Studium an und bezog ein kleines Zimmer in einem Studentenwohnheim in Bielefeld, genau wie zwei Dutzend weitere Erstsemester. Wir kamen aus allen Teilen Deutschlands. Wir waren alle partikularisierte Elementarteilchen, die ihre Peergroups verloren hatten. Also suchten wir alle eine neue Clique. Und fanden sie in der … Kochgruppe. Im Ernst, so etwas gab es damals. Junge Männer und junge Frauen verabredeten sich, um mittags im Wohnheim gemeinsam zu essen. Und jeden Tag war ein anderer dran, der den Löffel schwingen sollte. Wenn das kein Ausweis von Sozialkompetenz war, weiß ich auch nicht. Okay, von kulinarischer Kompetenz hatten wir keine Ahnung, aber wie man zueinanderfindet und Spaß dabei hat, davon verstanden wir wirklich etwas.

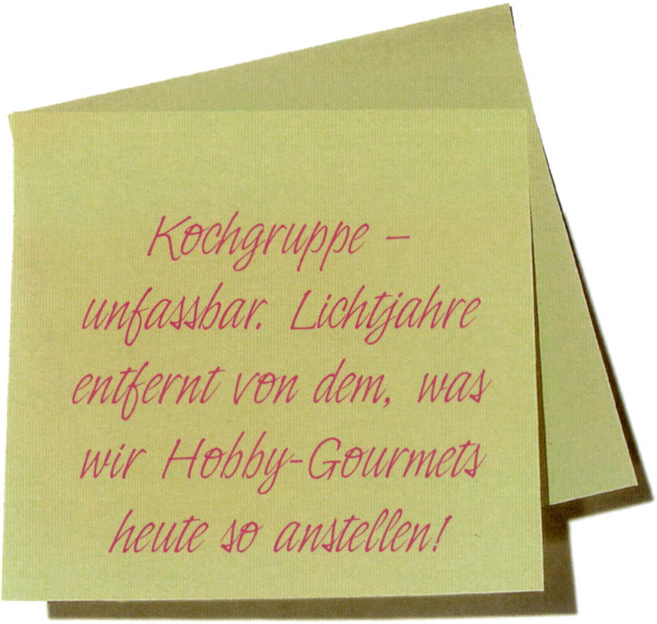

Lange lebte die Kochgruppe nicht. Ob nun das Essen zu schlecht oder die Mitglieder zu unterschiedlich waren – ich weiß es nicht. Vielleicht lag es auch daran, dass einigen der damaligen Mitstreiter diese Sozialform nicht reichte. Sie wollten mehr. Und dieses Mehr fanden sie in der WG. Manche schon nach einem Semester, andere, wie ich, nach dem zweiten. Fünf Männer waren wir – Studenten der Evangelischen Theologie, aber nicht unbedingt die Frömmsten der Frommen. Vielleicht auch nicht die bestorganisierten, denn unsere WG-Besprechungen glichen oft bacchantischen Kultfeiern mit jeder Menge Wein und haufenweise Gyros vom Griechen. Die Dartscheibe an der Küchentür war wichtiger als der Putzlappen unter der Spüle.

Aber wir liebten unser Chaos – und unsere Kommilitoninnen liebten es auch. Jedenfalls war die Bude immer voll. Und es ging immer hoch her. Einer von uns hieß Theo – ausgerechnet er, der einzige Nicht-Theologe. Theo hatte eine Spanierin als Freundin, die sich nicht scheute, nackt durch die Küche ins Bad zu schlendern. Auch Theo war relativ unverklemmt. Eines Abends, als alle anderen bei der WM 86 das unvergessliche Match Frankreich-Brasilien guckten, tat es in Theos Zimmer plötzlich einen mörderischen Schlag. Sekunden später stand Theo im Adamskostüm bei uns in der Küche und rief mit wirrem Haar und wilden Blick: »Männer, wir brauchen ein Bett!« Sozialkompetent wie wir waren, übertrumpften wir einander mit Einladungen an den WG-Genossen, um ihn und seine Gespielin für das eigene Matratzenlager zu gewinnen. Tags darauf schmissen wir alle ein paar Zehn-Mark-Scheine in Theos Hut und kauften ihm ein Secondhandbett mit Eisengestell. Soll noch mal einer sagen, wir seien nicht solidarisch gepolt gewesen.

Wir sind es noch. Die Statistiken zeigen, dass wir teilen können. Wenn's darum geht, gemeinnützige Organisationen zu unterstützen, sind wir vorne mit dabei. Wenn irgendwo die Erde bebt, machen wir die Beutel auf. Wir sind zwar keine Parteifreunde und Vereinsmeier, aber wir sind eine Stütze unserer Gesellschaft – und wir hätten das Zeug dazu, noch viel mehr Verantwortung für sie zu übernehmen, wenn man uns ließe. Wir sind nicht unpolitisch. Nur teilen wir nicht das Politikverständnis der 68er, weil wir keinen Bock auf fruchtlose Debatten und parteipolitisches Gestichel haben. Politik ist für uns nicht eine Frage von Meinungen und Ideologien, sondern von Verbundenheit und Solidarität. Deshalb träumen wir für unsere Zukunft auch nicht von den Kommunen alten Schlags, in denen lauter Gleichgesinnte eine Art Urkommunismus im Kleinformat leben. Nein, wir träumen von der Alten-Clique, bei der jeder ganz er selbst sein und ohne formelle Mitgliedschaft dazugehören kann. So wie damals. In der Clique, in der WG. Immerhin haben wir damals schon geübt. Und wenn's hart auf hart kommt, erinnern wir uns vielleicht sogar daran, wie man einen Putzplan erstellt.

VON MÜSLIS UND ÖKOS

Wie man sich ein Bett im Kornfeld macht und eine Rastamütze strickt

Wir sind die grüne Generation. Kaum etwas hat uns so nachhaltig geprägt wie Waldsterben, Atomkraft, FCKW. Heute sind wir es, die man in Naturkostläden findet. Nachhaltiger Konsum ist unsere Erfindung. Vielleicht liegt das daran, dass wir als Kinder noch von unseren Eltern in den Wald gezerrt wurden. Und dass wir dazu verdonnert wurden, jeden Dreck in einen Mülleimer zu werfen.

Schöner hätte der Tag nicht sein können. Der Himmel strahlte in leuchtendem Blau, die Natur um uns herum explodierte in tausend Blüten und frischem Grün, die Sonne brannte noch auf der Haut, als Ina und ich abends heimradelten. Da erreichte uns die Nachricht: Der Tag hätte durchaus schöner sein können. Denn einige Tausend Kilometer südöstlich strahlte die Erde. Ein Atomreaktor war explodiert, und in Tschernobyl brannte nicht die Sonne, sondern der nukleare Fallout auf der Haut der Einsatzkräfte und Anwohner. Der Kalender zeigte den 26. April 1986 – ein Tag, der sich tief in unser Gedächtnis eingebrannt hat. Und nicht nur in unseres, sondern in das Gedächtnis unserer Generation. An diesem Tag wurde sie grün. An diesem Tag fanden wir unser Thema. Oder besser: Unser Thema fand uns. Wir wurden Ökos.

Ina war meine damalige Freundin. Kurz nach dem Abi hatten wir zueinandergefunden. Und seitdem hatte sie es mit mir ausgehalten. Das war neu. Das Bäumchen-wechsel-dich-Spiel der früheren Jahre war vorbei. Ich hatte angefangen zu studieren, Ina stand kurz vor dem Abi. Wir waren ein gutes Paar und haben immerhin sieben Jahre miteinander verbracht. Die Liebe zur Natur verband uns von Anfang an. Wenn wir konnten, unternahmen wir Radtouren oder spazierten durch Parks und Wälder. Dann suchten wir uns ein hübsches Plätzchen, rollten die Decken aus, machten ein kleines Picknick und ließen dem gelegentlich ein Schäferstündchen folgen. Alles ganz natürlich, wie sich versteht. Und im Frühling erst recht. Da wuchs und gedieh halt alles. Irgendwie war die Natur unser Zuhause. Irgendwie gehörten wir dazu. Und deshalb fühlten wir uns so wohl im Gras und unter den Wolken. Auch wenn wir nie auf die Idee gekommen wären, eine Platte von Jürgen Drews zu kaufen: Die Sache mit dem Bett im Kornfeld, das immer noch frei ist, leuchtete uns unmittelbar ein. Und bei so mancher Landpartie haben wir uns im natürlich-biologischen Bettenbau versucht.

Allen Pollen zum Trotz: Picknick in den Rheinauen.

Mit wenig Erfolg allerdings. Denn so naturversessen der junge Christoph war, so denaturiert waren seine Schleimhäute. Totaler Heuschnupfen. Von Kindheit an. Das Bett im Kornfeld oder in den Rheinauen konnte zur Folterkammer werden, wenn die Grasblüte in vollem Gange war. Unvergesslich ist mir ein Picknick mit Alex, Dirk, Yvonne, Sue und Claudia. Irgendwann im Juni hatten wir die Satteltaschen unserer Hollandräder mit Sektflaschen und Leckereien vollgestopft und waren in die Kämpen geradelt. Die Pappelpollen tanzten in der Luft, die Frachtschiffe tuckerten gemütlich vorbei. Der Rhein stank längst nicht mehr so wie früher – der perfekte Tag für ein lustiges Picknick nebst naturgemäßer Knutscherei an einem schattigen sichtgeschützten Plätzchen.

Expertenhearing bei Monika Fritz: Wie mache ich mir ein Bett im Kornfeld?

»Ein Bett im Kornfeld, das ist immer frei, denn es ist Sommer, und was ist schon dabei ...?«

Schnitt. Cut. – Hier müssen wir den guten Jürgen Drews unterbrechen. Denn beim Bett im Kornfeld ist eine Menge dabei. So romantisch die Idee, so kompliziert ihre Ausführung – leider. Trotzdem soll niemand darauf verzichten, seine romantischen Fantasien auszuleben. Deshalb haben wir Monika Fritz gebeten, uns zu verraten, wie man sich ein Bett im Kornfeld macht. Sie muss es wissen, denn sie hat jahrelang im Sommer eine Open-Air-Pension im Getreidefeld betrieben. Hier kommt ihre Antwort:
»Sie sind romantisch veranlagt, haben Lust auf viel frische Luft, sind ein richtiger Abenteurer, mögen es gerne rustikal und schrecken vor nichts zurück? Ihr größter Wunsch ist, dass Jürgen Drews' Megahit ›Ein Bett im Kornfeld‹ für Sie Wirklichkeit wird? Dann sind Sie hier genau richtig! Denn ich habe für Sie ein Wunschtraumerfüllungsrezept zum Nachmachen aufgeschrieben – natürlich mit Gelinggarantie!

Zutaten: *(für eine, zwei, drei oder auch vier Personen)*

1	offenherziger Landwirt, der Getreide anbaut
1	schöner Sommertag, auf den ein lauschiger Abend und eine warme Nacht folgen
1	Sense
1	Rechen
1	Schubkarre
1	kleiner Quaderstrohballen
1	regenfester Klapp-Pavillon
1	Schere
1 – 4	Schlafsäcke
1 – 4	Kopfkissen
1	Taschenlampe
	Freizeitbekleidung nach Bedarf

Zubereitung:

Es ist ratsam, schon lange bevor man plant, eine Nacht im Kornfeld zu verbringen, Kontakt zu (s)einem Landwirt aufzunehmen. Da die Bauern ihre Felder mit Traktoren bestellen, sind sie leider meist auch gedanklich etwas festgefahren und müssen sich an die Idee erst gewöhnen, die Sie da an sie herantragen. Haben Sie dem Landwirt Ihrer Wahl allerdings klargemacht, dass Sie keinesfalls sein Feld beschädigen wollen, und haben Sie es außerdem geschafft, dass er Sie vollständig verstanden hat, Ihnen vertraut und seine Zusage gegeben hat, können Sie den Rest ziemlich spontan angehen.

Sie warten auf schönes Wetter. Darauf haben Sie in den Monaten Juli/August die besten Chancen. Im Idealfall gingen schon drei bis vier schöne Tage voraus, und das Feld hat sich ein wenig erhitzt. Wenn der Tag der Nacht gekommen ist, informieren Sie die Personen, die mit Ihnen eine vergnügliche Nacht im Feld verbringen sollen oder wollen.

Dann holen Sie sich eine Sense, einen Rechen und eine Schubkarre vom Landwirt (zwischenzeitlich sind Sie bereits Freunde geworden, und das Ausleihen der Hardware ist sozusagen inklusive) und mähen einen schmalen Gang in das Feld. Am Ende dieses Korridors mähen Sie ein dreimal drei Meter großes Quadrat. Das abgemähte Getreide legen Sie auf den Schubkarren und fahren alles zum Bauern auf den Hof. Dort packen Sie den Quaderstrohballen ein und bringen ihn zu Ihrem Nachtlager.

Wenn Sie sich abends mit Ihren Freunden am Schlafplatz treffen, haben Sie alle weiteren Zutaten im Gepäck. Sie stellen flugs den Pavillon auf und spannen ihn mit Schnüren ab. Danach schneiden Sie den Strohballen auf und verteilen das Stroh gleichmäßig auf der gemähten Fläche. Schlafsäcke und Kissen ordentlich darauf drapieren – fertig ist das Nachtlager unter freiem Himmel!

Zur Verfeinerung der Rezeptur kann man ein paar Spiele, Gedichte oder Geschichten vorbereiten – einfach alles, was sich am besten im Liegen machen lässt. Kinder haben erfahrungsgemäß ein besonderes Faible für Gruselgeschichten …

Ich wünsche gutes Gelingen und eine romantische Nacht in der freien Natur!«

Tja, und dann endete der perfekte Tag beim Notarzt. Nicht wegen des Faberfusels, sondern wegen der Scheißpollen. Bindehautentzündung, allergischer Schock – alles nicht sehr romantisch. Nein, die Natur war nicht nur gut zu uns. Aber so ist sie halt.

Wenn ich's mir recht überlege, ist uns die Liebe zur Natur früh eingepflanzt worden. Dunkle Kindheitserinnerungen lassen schemenhafte Bilder von Sonntagsspaziergängen in mir aufsteigen. Im Schlosspark oder in der Ohligser Heide – heute geläufig als Autobahnraststätte an der A3, damals so etwas wie ein Naherholungsgebiet nebst »Waldschänke«. Das war eine richtige Tagestour, denn man musste mit dem Linienbus dorthin fahren. Dafür konnte man dort einen Sandberg bezwingen – für Kinderaugen ein gewaltiges Gebirgsmassiv, das sich geschätzte 70 Meter ü. NN in den trüben Himmel der rheinischen Tiefebenen türmte, das dessen ungeachtet aber ein perfekter natürlicher Abenteuerspielplatz für uns Großstadtracker war. Aufwendig angelegte Abenteuerspielplätze wie heute gab es bei uns noch nicht, dafür aber reichlich Naturreservate zwischen den ausgedehnten Siedlungsgebieten im Düsseldorfer Umland, wo die Familie ihre Sommersonntage verbrachte. Keine Ahnung, was aus dem Sandberg geworden ist, aber mich würde nicht wundern, wenn da heute eine Shoppingmall oder eine Sommerskibahn stehen würden; oder ein Kinder-Freizeitpark: irgend so ein denaturierter Kasten jedenfalls, wo junge Familien heutzutage ihre Sonntage fristen müssen – mit dem Mief von ranzigem Fett der unausweichlichen Pommesverköstigung in der Nase, dem plärrenden Geschrei der ADHS-Kinder im Ohr und dem unbefriedigenden Gefühl im Herzen, wieder eine Stange Geld dafür ausgegeben zu haben, sich die malträtierten Nerven noch mehr ruinieren zu lassen.

In unserer Kindheit war das anders. Da ging man sonntags nicht shoppen. Da ging man sonntags auch nicht ins »Taka-Tuka-Land« oder wie sonst diese Kinder-Bespaßungszentren am Stadtrand zu heißen pflegen. Nein, man ging raus. Bei Wind und Wetter. Ich glaube, es gab keinen Tag, wo

Draußen ist immer richtig. Auch in der oberschwäbischen Heimat unserer Autorin.

LEXIKON FÜR NACHGEBORENE: BONANZARAD

Der Name **Bonanzarad** hat nichts zu tun mit der gleichnamigen Fernsehserie, sondern ist ein Markenname von Kinderfahrrädern, die sich durch ihr unvergleichliches Outfit hervortaten: langer »Bananensattel« mit Lehne, Imitation einer Federung an der Vorderradgabel, Hirschgeweihlenker und Drei-Gang-Nabenschaltung mit Schalthebel.

wir nicht im Park waren: Kicken auf der Wiese (trotz Verbot nebst Parkwächter mit Schäferhund), Räuber und Gendarm oder Verstecken spielen etc. Wir haben uns in Laub und Matsch gewälzt – war nicht schlimm, denn es gab ja den Weißen Riesen von der Firma Henkel, bei der mein Papa in Lohn und Brot stand. Wir haben auch in fragwürdigen Gefilden gespielt: alte Industriebrachen, wo kaputte Fernseher rumstanden. Kein Mensch störte sich daran. Sondermüll war noch unbekannt, Umweltgift ein Fremdwort und Dioxin jenseits der Vorstellungskraft. Wir spielten unbeschwert. Die Natur war für uns einfach »draußen«. Und »draußen« war in der Vorstellung unserer Mütter immer richtig. Selbst dann noch, als wir – schon etwas größer – ohne mütterliche Aufsicht herumstreunten. Alte Batterien waren hässlich, aber ansonsten kein Grund zur Panik. Wirkliche Gefahr ging allenfalls von den mysteriösen bösen Onkels aus, die Gerüchten zufolge kleine Kinder fraßen. Aber da wir nie so ein Monster gesehen hatten und eigentlich auch nie allein draußen waren, musste man sich keinen so großen Kopf darum machen. Die Natur war dreckiger als heute – aber unser Öko-Gewissen war jungfräulich, naiv und porentief rein.

Aus heutiger Sicht sogar mit gutem Grund. Meine Eltern hatten kein Auto – nicht aus grüner Gesinnung (die liegt ihnen bis heute eher fern), sondern aus der schlichten Überzeugung, als Großstädter so etwas nicht zu brauchen. Es gab Busse, es gab Straßenbahnen, es gab Fahrräder. Ich hatte ein rotes, mein Bruder ein gelbes. Ein Klapprad, damals der letzte Schrei: Die Räder waren viel zu klein, der Lenker viel zu hoch, und eine Gangschaltung gab's auch nicht. Die Erfindung des Mountainbikes lag etwa so weit in der Zukunft wie die Erfindung des Faustkeils in der Vergangenheit. Fahrradfahren war damals noch ein Abenteuer. Und was für eines! Denn Fahrradhelme waren auch noch nicht entdeckt. Leuchtwesten ebenso wenig. Knieschoner – Gott bewahre! Nicht dran zu denken. Man konnte einfach noch so drauflosradeln – auf sogenannten Bonanzarädern: Drahtesel, deren Outfit den Choppern kalifornischer Rockergangs abgeguckt war: »Born to be wild«, selbst im Schlosspark.

Klar, man musste auf Autos achten und die Straßenbahnschienen meiden. Aber ansonsten waren wir weit entfernt von den Sicherheitsvorkehrungen, denen sich junge Verkehrsteilnehmer heute unterwerfen müssen. Okay, bei mir war das etwas anders. Nachdem ich als Dreijähriger mit dem Roller zweimal gegen die Laterne gebrezelt war, beschloss die elterliche Observanz, ich möge einen Helm aufziehen – ein archaisches Gerät, vermutlich aus der Bronzezeit, das mich gleichwohl erfolgreich vor weiteren Gehirnerschütterungen bewahrte. Ich muss dazu sagen, dass mein Papa bei Henkel für den Arbeitsschutz zuständig und in der Firma berüchtigt dafür war, seinen Sturzhelm sogar in der Kantine aufzubehalten. So gesehen war es relativ wagemutig von ihm, uns Knirpse unbehelmt radeln zu lassen. Aus heutiger Sicht ein unfassbares Risiko! Zumal ein gegebenenfalls erforderlicher Notruf höchstens von einem schwer erreichbaren Münzfernsprecher, ganz sicher aber nicht von einem Mobiltelefon abgegeben werden konnte.

Wir haben es trotzdem auf uns genommen und sind mit entblößtem Haupt unter dem trüben Großstadthimmel geradelt. Was hätten wir auch anderes tun sollen – ohne Auto? In den Urlaub fuhren wir mit der Bahn. In die Sommerfrische. Immer an den gleichen Ort: Fischbachau in Oberbayern.

Natur pur in der Sommerfrische mit Lederhose und Matrosenmütze – integrales Denken schon im »Summer of 69«.

Das Hotel war direkt am Bahnhof, und Natur gab es dort im Überfluss: Berge, auf die man steigen konnte; Seen, in denen man baden konnte; Bäche, in denen man Staudämme bauen konnte; Wiesen, in denen man niesen musste – aber das war nicht so schlimm wie in Düsseldorf. Weil die Luft besser war, sagte meine Mama. Die war kein Öko, aber sie hatte Augen im Kopf. Sie sah die Schornsteine in Leverkusen, die Schornsteine in Holthausen, sie roch die Ausdünstungen der Henkel-Werke, die der Familie zwar Lohn, Brot und weiße Wäsche bescherten, aber bei Ostwind eben auch den fischigen Mief von Öl und Fettsäuren. Na ja, und sie sah die Rotznase ihres Zweitgeborenen und dachte sich schon damals, lange bevor das Wort Schadstoffemission die Runde machte, dass es da vielleicht einen Zusammenhang geben könnte. Jedenfalls war signifikant, dass ich in Fischbachau nicht so viel nieste. Allergie hin oder her – so ganz falsch war die Natur nicht.

Sicher war, dass sie etwas Schützenswertes ist. Wenn wir draußen waren, verdonnerte Mama uns mit Nachdruck dazu, keinen Müll in die Gegend zu werfen. Und wenn irgendwelche anderen Leute sich an dieses eherne Gebot zum »Umweltschutz« (das Wort gab es schon) nicht gehalten hatten, dann nahmen wir ihren Dreck mit. Wenn Familie Quarch in die Berge zog, blieb kein Weg schmutzig. Und das, obwohl mein Vater als Ingenieur ziemlich begeistert von der Technikbegeisterung der damaligen Welt war. Ich übrigens auch. Die Mondlandung war neben Tschernobyl sozusagen das kontrapunktische Initiationsereignis meiner Jugend. Damals, im Juli 1969, war der Glaube an die Segnungen der Technik ungebrochen. Da konnte der Rhein stinken wie er wollte. Ich träumte von einer Karriere als Astronaut, sammelte Autobilder und kannte die Seriennummer jeder deutschen E-Lok. Und eine Runde mit meiner elektrischen Eisenbahn war ein fröhliches Ritual im Kult der kindlichen Technikfreude.

Trotzdem schwebte über oder hinter dem allen die leise Ahnung, dass etwas Gefährliches in der Luft liegt, etwas Ungreifbares, das nicht nur aus den qualmenden Schloten von Bayer kam, sondern sich irgendwie versteckt da draußen in der weiten Welt zusammenbrauen würde. Eine erste Ahnung davon erreichte uns im November 1973. Es war ein Sonntag, und mein Papa machte den

Als uns im Herbst 1973 die erste Ölkrise erreichte, konnte man auf der Autobahn radeln. Der Grund: An vier Sonntagen im November und Dezember 1973 verhängte die Bundesregierung ein allgemeines Sonntagsfahrverbot.

LEXIKON FÜR NACHGEBORENE: WALDSTERBEN

Anfang der 80er hatten wir alle Schiss. Das Horrorszenario toter Wälder ging um. Zum Glück hat sich das nicht bewahrheitet. Und auch wenn das etwas hysterisch gewesen sein sollte – es ist sicher nicht verkehrt, dass wir damals zu Waldschützern wurden. Wär schön, wenn die Nachgeborenen da mitziehen würden.

überraschenden Vorschlag, eine Radtour auf der Autobahn zu machen! Wie sollte das gehen, fragte der neunjährige Stophi (so hieß ich damals). Na ja, und dann erzählte er mir von einem fernen Krieg und von Engpässen bei der Erdölversorgung, dass wir jetzt alle sparen müssten und dass diese Ölkrise eigentlich ziemlich besorgniserregend ist (was glaubhaft rüberkam), uns aber eben auch die einmalige Chance eröffnen würde, heute mal nicht auf der Brücke über die Autobahn zu fahren, sondern auf der Autobahn unter der Brücke durchzuradeln. Ohne dass ich ahnte, was da auf mich zukommen würde, wurde ich so in ein Megathema der damaligen Zeit eingeweiht: die Grenzen des Wachstums. Eine schöne Radtour hatten wir trotzdem.

So wuchsen wir Kinder mit und in der Natur auf. Weitgehend ahnungslos, doch irgendwie ahnungsvoll. Es gab noch keine Grünen, und es gab noch keinen Umweltminister. Der große Sturm, der uns am 26. April 1986 heimsuchen sollte, braute sich erst langsam zusammen. Wie eine unterseeische Tsunamiwelle, die uns erst mit voller Wucht erwischen sollte, als wir junge Erwachsene waren. Manche Vorbeben gab es: Im Juli ’76 – ich war gerade zwölf geworden – spukte die Nachricht von der Umweltkatastrophe in Seveso durch die Gespräche der Großen. Doch Seveso lag irgendwo in einem fernen Land jenseits der Alpen, und in Deutschland konnte so etwas nicht passieren. Für uns war die Welt trotzdem in Ordnung – und der Park unser Refugium.

Ganz wichtig wurde er, als die Eisenbahn uninteressant und die Mädchen attraktiv wurden. Mit der Eisenbahn konnte man im heimischen Keller spielen – mit den Mädchen nicht. Da blieb nur »draußen«. Von der Orangerie habe ich schon erzählt, von der legendären Fahrradtour mit Alex und Yvonne auch. Und es gäbe noch viel mehr zu erzählen. Meine pubertäre Liebe war tatsächlich weitgehend eine Open-Air-Veranstaltung. Im Winter gingen wir zusammen Schlittschuhlaufen auf dem Schlossweiher und in den überschwemmten und gefrorenen Rheinauen, im Sommer saßen wir am Fluss und trafen uns zu Fahrradtouren. So oft es ging. Vielleicht der Grund dafür, warum unsere Generation wie keine andere zuvor den Kult des Draußensitzens in deutschen Restaurationsbetrieben eingeführt hat. Die Alt-68er hockten mit Vorliebe in verqualmten »Pinten« (komisches Wort), die Jüngeren lieben stickige Starbucks etc., wo es kostenloses WLAN gibt. Aber wir – wir wollen immer draußen sitzen, auch wenn wir nicht rauchen, auch wenn wir dort offline sind, auch wenn es kalt ist. Egal, dafür gibt es Heizstrahler, idealerweise mit Biogas … Wenn man das alles so Revue passieren lässt, versteht man, warum wir auf lange Sicht Ökos werden mussten: Wir hatten in der Kindheit die Wiesen und Felder, die Wälder und Parks, die Flüsse und Seen unserer Umgebung als Heimat kennengelernt. Wir waren damit groß geworden, und dann brach ab Anfang der 80er Jahre die Woge über uns herein: Die ersten großen Themen hießen Waldsterben und saurer Regen. Ich sehe mich noch mit meinen Klassenkameraden auf dem Pausenhof stehen und über eine Fernsehsendung diskutieren, in der man Fotos deutscher Sehenswürdigkeiten so bearbeitet hatte, dass es schien, als seien sie nur noch von toten Wäldern umgeben. Das Heidelberger Schloss und Neuschwanstein machten besonders Eindruck auf mich. So etwas ging uns damals noch unter die Haut. Wir waren eine Generation, die man noch mit Bildern beeindrucken konnte. Und wir fürchteten allen Ernstes, dass die besorgt dreinblickenden Experten recht behalten würden und wir schon in wenigen Jahren durch kahle Landschaften schlendern müssten. Von blühenden Landschaften sprach damals kein Mensch.

LEXIKON FÜR NACHGEBORENE: FCKW

Seit bekannt wurde, dass **Fluorchlorkohlenwasserstoffe** (**FCKW**) die Ozonschicht schädigen, hatten wir ein Feindbild mehr. Mit dem Zeug wollten wir nichts zu tun haben. Anders unsere Eltern, die standen total auf Deo- oder Haarsprays. Ich sehe noch die langen Röhren auf Mutters Kommode vor mir für den Haarfestiger. Kein Nachgeborener bekommt so was bei uns zu sehen, oder?

Dass der Tod der Wälder ausblieb und die einstige Aufregung aus heutiger Sicht übertrieben war, tangiert uns wenig. Die ersten grünen Injektionen waren erfolgt, und die nächsten folgten auf dem Fuß. Die Kunde vom Ozonloch machte die Runde, und erstmals dämmerte uns die Macht der Verbraucher. Denn wir wussten alle recht schnell, wo der Feind und Zerstörer der Ozonschicht saß: in unseren Drogeriemärkten. Genauer: in unseren Sprayflaschen – und wo sonst überall FCKW verwendet wurde. Wir lernten damals: Wenn wir das Zeug nicht mehr kaufen, können wir das Ozonloch stopfen. Das hat Spuren hinterlassen. Ich behaupte, es gibt heute außer ein paar unverbesserlichen Ignoranten niemanden in unserer Generation, der sich ohne Gewissensbisse sein Deo aus einer Sprayflasche unter die Achseln bläst. Mehr noch: Ich behaupte, wir sind eine Generation von Deorollern! Sprayflaschen waren ein No-Go und sind es bis heute geblieben. Sprayer – ich meine diese Typen, die von dem Wahn besessen sind, alle öffentlichen Flächen mit Graffiti verschandeln zu müssen – sind in unserer Wahrnehmung Klimakiller und Umweltwutze. »FCKW – nee!« – das war unser Credo.

Dicht gefolgt von »Atomkraft? – Nein danke«. Alle hatten die gelben Aufkleber mit der roten Sonne. Alle hatten die Buttons und Sticker. Alle wollten was dagegen tun, dass unsere Heimat verstrahlt werden würde. Denn dass das entgegen der gebetsmühlenartig vorgetragenen Versicherungen der Altvorderen nicht unmöglich sein würde, wussten wir schon seit dem März 1979, als es im amerikanischen Harrisburg zu einer folgenschweren Havarie kam. »Harrisburger – da strahlt die ganze Familie«, titelte damals ein Satiremagazin und zeigte dazu ein nuklear verseuchtes Frikadellenbrötchen … Damit waren wir alarmiert. Der Rest kam von selbst. Bis dahin hatten uns die politischen Sandkastenspiele der Generation vor uns wenig interessiert. Jetzt aber, wo es um unsere Wälder gehen sollte, schenkten wir den bärtigen Lehrerkumpels erstmals Aufmerksamkeit. Gorleben, Wackersdorf, Brokdorf. Da war einiges im Gange. Da wurde unser bürgerschaftlicher Geist geweckt. Da wurde unser romantisch gestimmtes Herz endgültig grün getüncht.

Ich wurde zum Öko. Oder zum Müsli, obwohl ich kein Müsli mochte. Aber ich ließ mir die Haare wachsen und lief mit einer grässlichen blauen Latzhose durch die Gegend. Dazu ein schlabbriges Langarmunterhemd und die obligatorischen Drei-Streifen-Schuhe. Der Schulranzen wurde gegen eine Jutetasche getauscht, die nun mit lauter Buttons vollgepeppt wurde. Ich sah aus wie der letzte Hänger, aber das musste so sein. Und um das Erscheinungsbild perfekt zu

WIE GING DAS NOCH?
WIR STRICKEN EINE RASTAMÜTZE

Wer Öko sein wollte, musste stricken können. Eines der beliebtesten Accessoires war die Rastamütze im rot-gelb-grünen Reggae-Styling à la Bob Marley. Man trug die Stücke gern bei Demos, aber auch bei passenden Musikdarbietungen. Leider sind kaum noch Original-Exemplare im Umlauf. Deshalb haben wir Handarbeits-expertin Christine Teufel (*1969) gebeten, uns zu sagen, wie man so ein Ding macht. Sie weiß es noch ...

Material: 1-2 Knäuel nicht filzende Wolle (in den 80ern meist aus Acryl), ca. 70 gr. Dazu passend eine kurze Rundstricknadel Stärke 4 und ein Nadelspiel Stärke 4.

Anleitung: Der Maschenanschlag bemisst sich nach dem Kopfumfang, d.h. so viele Maschen auf die kurze Rundstricknadel aufnehmen, wie der Kopfumfang in Zentimetern beträgt (ca. +/- 84 Anschlagsmaschen mit der Rundstricknadel entsprechen 54 bis 58 cm). Die Anschlagsmaschen gleichmäßig auf das Nadelspiel verteilen und drei Reihen Rippenmuster (eine rechts, eine links) stricken. Danach 56 Runden glatt rechts, in der 56. Runde gleichmäßig verteilt drei Maschen abnehmen. Anschließend neunmal jede neunte Masche markieren und an diesen Stellen achtmal in jeder zweiten Runde zwei Maschen rechts zusammenstricken. Die restlichen Maschen mit dem Fadenende fest zusammenziehen und vernähen. Fertig ist die Retromütze.

Glanzleistung der Strickkunst: der Autor im selbst entworfenen und eigenhändig gefertigten, egozentrischen Meisterwerk aus der Kollektion Kartoffelsack.

machen, erlernte ich die hohe Kunst des Strickens, die ich nach einer Weile mit Virtuosität beherrschte. Rastamützen standen hoch im Kurs, aber Socken waren meine Spezialität, konnte ich doch sicher sein, dass die Mädchen meine Fertigkeiten bewundern würden. Denn Socken waren am schwierigsten. Aber auch der achtzehn Nummern zu große blaue Selfmade-Wollpulli mit einem großen »C« auf der Brust erfüllte mein Öko-Herz mit Stolz. Darin konnte ich mich bei Stromausfall im Doppelpack mit meiner Süßen wärmen. Als Öko musste man für alle Fälle gerüstet sein.

Respekt vor meinen Eltern, dass sie das durchgestanden haben – und Respekt vor meinen Freundinnen, dass sie sich nicht vollends von mir abkehrten. Aber wenn ich genau zurückdenke – ich glaube, die liefen zum Teil genauso rum … Jungen und Mädchen in übergroßen Unterhemden, die an Kartoffelsäcke gemahnten, Latzjeans und kragenlosen Hemden. Das alles wurde in einem Anflug beinahe dadaistischer Ironie unter olivegrünen Bundeswehrparkas verborgen, deren militantes Erscheinungsbild noch durch das unverzichtbare Accessoire eines Arafattuchs gesteigert wurde; oder man trug als Halstuch – in seiner Bedeutung nicht zu unterschätzen – eine (vorzugsweise lila) gefärbte oder gebatikte Windel.

Egal, ich wurde zum Öko, und bei der ersten Bundestagswahl, bei der ich mitmachen durfte, setzte ich mein Kreuz bei den Grünen! Das war 1983, gut zwei Jahre nach der Gründung der Öko-Partei. Damals machte bei uns in Düsseldorf kein Geringerer als Joseph Beuys Wahlkampf. Blöd bloß, dass ich zu der Zeit die Bedeutung des kauzigen Wahlkämpfers mit dem großen Hut noch nicht ermessen konnte. Jedenfalls war der Damm gebrochen. Von allen Seiten bekam das grüne Herz des Abiturienten neue Nahrung. Im Kino lief »Koyaanisqatsi« – ein Film, der mit großer Bildgewalt, ohne gesprochene Worte, aber mit mystischer Musik von Philip Glass dem Öko-Bewusst-

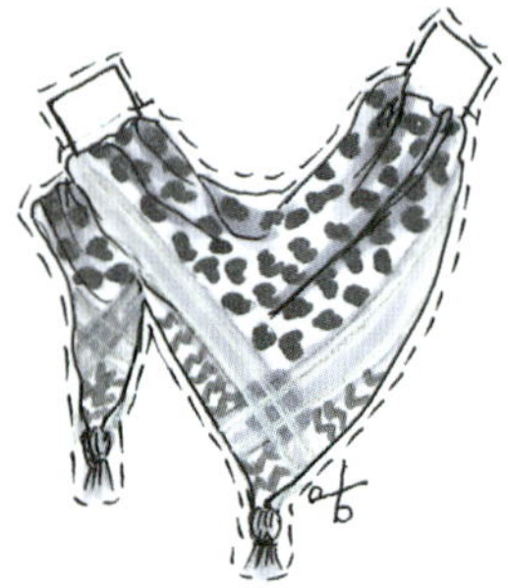

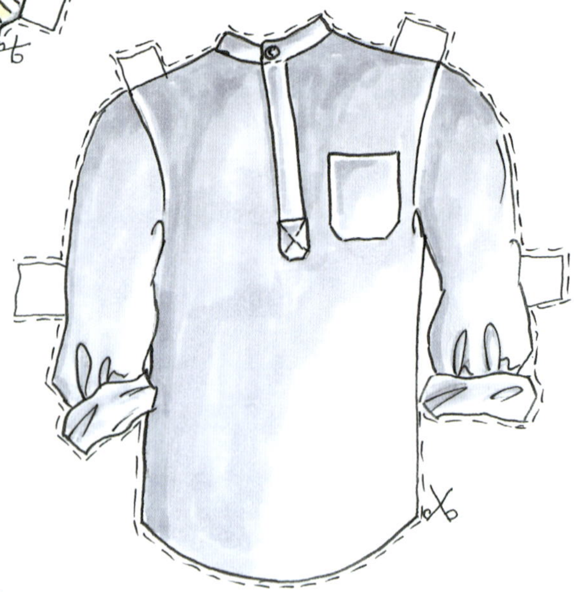

Der Öko

Die Öko

Versenkt im Hafen von Auckland. Die »Rainbow Warrior«, das Flaggschiff von Greenpeace, wurde am 10. Juli 1985 von Agenten des französischen Auslandsnachrichtendienstes (DGSE) versenkt.

sein einheizte. Die britische Punkband The Vapours lieferte mit »New clear days« den Soundtrack zur Anti-AKW-Bewegung, und Greenpeace wurde für uns zu einer Truppe von nachahmungswürdigen Helden – besonders, als die Franzosen 1985 die »Rainbow Warrior« versenkten.

Die große grüne Welle riss uns mit. Ja, ich glaube, erst mit uns nahm sie so richtig Fahrt auf. Denn wir waren ja viele. Und wir waren alle auf Natur und Romantik gestimmt. Jetzt hatten wir endlich ein Thema, mit dem wir uns von unseren Eltern und Paukern absetzen konnten. Nun konnten wir unseren 68er-Lehrern zeigen, dass wir auch keine Memmen sind – zwar keine APO und keine Spontis, aber immerhin Ökos und Grüne. Das waren wir. Und als solche traf uns Tschernobyl mitten hinein ins grüne Herz, das seither bebt und immer neu in heiligem Zorn entflammt, wenn Öko-Skandale die Welt erschüttern – zuletzt in Fukushima. Ohne uns wäre Frau Merkel wahrscheinlich nie in ihrem hartnäckigen Widerstand gegen den rot-grünen Atomausstieg eingeknickt. Ohne uns würden die Kids von heute nicht bei »Pur+« und »Wissen macht Ah!« in grünem Bewusstsein erzogen werden. Ohne uns gäbe es nicht all diese Solarparks und Windräder. Das Öko-Thema fiel uns genau an der Schwelle zum Erwachsenwerden zu. Da haben wir es willig aufgegriffen und uns von ihm prägen lassen.

Genau darin liegt heute aber auch unsere Verantwortung. Denn seien wir ehrlich: Viele von uns haben ihre Kindheit vergessen. Viele haben den Bezug zur Natur verloren. Viele haben ihr Öko-Gewissen verraten und sich von der Automobilindustrie diese Monster-PKWs aufschwatzen lassen, die kein Mensch braucht und die irrsinnig viel Sprit verbrauchen. Viele haben sich die verhängnisvolle Geiz-ist-geil-Denke eintrichtern lassen und dem bewussten Konsum den Rücken gekehrt, um möglichst billige Schnäppchen zu erstehen – unter Ausblendung des Umstandes, dass das ganze Zeug aus Fernost unter Öko-Gesichtspunkten äußerst fragwürdig ist.

Im Ernst, Leute! Wir haben zu oft unser grünes Herz verleugnet. Warum auch immer. Darüber wollen wir gar nicht spekulieren. Bringt eh nichts. Was es bringt, das wäre, das grüne Herz wieder zu entdecken. Es wieder aufzumachen. Die alte Liebe zur Natur neu zu befeuern. Beim Einkauf das Gehirn wieder einzuschalten und die Biobauern – ebenso wie alle anderen, die Hirn und Anstand haben – zu unterstützen. Hey, wir haben die AKWs abgeschafft! Soll das schon alles gewesen sein? Die Energiewende braucht uns. Wir sind genug Leute, um den Automobilherstellern einzuheizen und sie dazu zu bringen, endlich auf neue Öko-Technologien umzusatteln! Wer soll das denn machen, wenn nicht wir? Und wann, wenn nicht jetzt? Leute, die ökologische Revolution ist noch lange nicht zu Ende. Und wäre es nicht eine tolle Sache, wenn wir sie voranbringen würden? Damit könnten wir uns den Platz in den Geschichtsbüchern sichern und verhindern, dass wir irgendwann so enden wie Prinz Charles, dem Vorzeige-Öko, über den der Strom der Geschichte einfach hinwegfließen und all die Wahrheit seiner Überzeugungen ungehört mit sich fortreißen wird – weil er nie in die Verantwortung gekommen ist oder sie nie wirklich gesucht hat. Es wäre ein Jammer, wenn uns das gleiche Schicksal treffen sollte. Das können wir nicht wollen! Unser Herz ist grün – egal, wo wir bei der Wahl unser Kreuz machen! Stehen wir dazu! Wir sind die Ökos der Nation, und das ist gut so! Natürlich!

EIN BISSCHEN FRIEDEN

Wie man eine Menschenkette formt und was bei einer Demo nicht fehlen darf

Es ist ja nicht so, dass wir unpolitisch wären. Wir sind einfach anders politisch. Wir mussten unsere Themen erst finden. Und unsere Themen fanden uns: Erst wurden wir Friedensfreunde, dann mutierten wir zu Ökos. Unseren 68er-Lehrern erschien das suspekt. Wir waren nämlich nicht gegen Establishment und Bürgertum, sondern für Frieden und Umwelt. Wir trugen Jute statt Plastik, hatten keinen Bock auf Widerstand, aber Spaß am Engagement. Wir wollten uns nicht mit den Bullen kloppen, sondern machten Symbolpolitik: Lichterketten und Ostermärsche.

Gestatten, wir sind das neue Bürgertum – wir repräsentieren die neue Bürgerlichkeit. Im Ernst: Wir sind am Gemeinwohl orientiert und Demo-

kraten bis ins Mark. Wir haben Werte und Ideale. Die einen verspotten uns deshalb als Gutmenschen, die anderen als Wutbürger. Wir sind beides, aber genau das macht uns aus. Wir sind die Gut-Wut-Bürger. Auch wenn es die anderen noch nicht gemerkt haben sollten, und sogar, wenn wir selber es noch nicht gemerkt haben. Etwas hat sich verändert: Inzwischen sind wir die tragende Säule der bürgerlichen Gesellschaft. Ausgerechnet wir sind die, vor denen uns unsere Lehrer immer gewarnt haben.

Unsere Lehrer tickten anders. Zumindest die jungen, die gerade von der Uni kamen. Die wollten nicht, dass wir bürgerlich werden. Die wollten uns zu Revoluzzern erziehen, sie wollten, dass wir bei ihrer permanenten Revolution mitmachen und ihnen beim Marsch durch die Institutionen den Rücken freihalten. Wir haben das gemacht – mit dem Erfolg, dass sie in den Institutionen angekommen sind, während wir draußen bleiben mussten. Als wir kamen, hatten sie schon alle Posten besetzt. Und dabei ist es geblieben. Sie regieren unser Land, sie beherrschen die Medien, sie bestimmen den öffentlichen Diskurs. Sie haben Deutschland sozialpädagogisiert und in das Raster ihrer politischen Landkarten gezwängt. Uns als Nachgeborenen trauen sie nicht. Vor allem trauen sie uns nichts zu. Sie schimpfen uns unpolitisch, was aber nicht stimmt. Wir sind durchaus politisch, nur anders. Für uns ist Politik nicht ein Spiel um Macht. Für uns ist Politik nicht ein Kampf der Ideologien. Für uns ist Politik die Kunst des Kompromisses. Weil wir eben pragmatische Romantiker sind; weil wir was gegen Schubladendenken haben, weil wir lieber integrieren als polarisieren.

Deshalb können wir sowohl sozial und öko als auch konservativ und liberal. Am ehesten aber ticken wir Schwarz-Grün. Wir sind konservative Ökos. Konservativ im ursprünglichen Sinne des Wortes, also nicht merkelhörig, auch nicht wirtschaftshörig, sondern bewahrend – und zwar dasjenige, was wir als Jugendliche und Kinder als bewahrenswert kennengelernt haben: unsere bürgerliche, demokratische Kultur. Ich kenne genau *einen* Politiker, der – auch wenn er altersmäßig nicht zu uns gehört – das als Person ziemlich genau verkörpert: Winfried Kretschmann. Ausgerechnet der schwäbische Landesvater bedient unser Lebensgefühl. Mit grünem Vorzeichen. Mit schwarzem Vorzeichen hätte Norbert Röttgen so einer werden können. Röttgen, das war dieser CDU-Umweltminister, der schon vor der Fukushima-Katastrophe für den Atomausstieg plädierte, dann aber von Frau Merkel abgesägt wurde. Altes Schablonendenken. Selber schuld. Das rächt sich noch. Ohne mich als Prophet aufspielen zu wollen, sage ich voraus: Wer die Masse unserer Generation hinter sich bringen will, muss sich schwarz-grün gewanden. Damit kann man künftig Wahlen gewinnen. Schon jetzt zeichnet sich ab, dass Schwarz-Grün auf lange Zeit die einzige solide Mehrheit in Deutschland sein wird.

Und das ist vielleicht nicht mal das Schlechteste, denn es gibt wirklich einiges zu bewahren. Vor allem die Sphäre des Politischen selbst. Die Demokratie. Die Natur. Die Menschlichkeit. Das Miteinander. Materieller Wohlstand ist für uns gar nicht so wichtig. Wir könnten auch weniger materialistisch leben. Und weil wir alle in Zukunft gar nicht anders als weniger materialistisch werden leben können angesichts knapper werdender Ressourcen und dem wachsenden Ungleichgewicht von Arm und Reich in diesem Land, setze ich noch eins drauf und behaupte einfach mal frisch von der Leber weg: Wir sind für die Zukunft gut gerüstet. Wir können Deutschland! Ihr müsst uns nur mal ranlassen!

So, das war doch jetzt mal ein anderer Auftakt! Ein echtes Bekenntnis! Eigentlich müssten wir nun ein paar Aufkleber oder Buttons drucken lassen: »Wir können Deutschland« oder »Wir sind das neue Bürgertum!« So wie damals, als wir alle unsere Überzeugungen vor uns her trugen – angenadelt, aufgebügelt, festgeklebt auf Satteltaschen und Schulranzen: »Atomkraft? – Nein Danke«, Friedenstauben, »Petting statt Pershing«, »Schwerter zu Pflugscharen« oder »Stoppt Strauß!«. Kaum einer, der keine bunte Button-Sammlung gehabt hätte.

Kann sich da noch jemand dran erinnern? »Stoppt Strauß!« Ich hab's noch vor Augen. Mein Kumpel Harald hatte diesen Button vorne an seiner Jeans-Latzhose. Das wäre ihm fast zum Verhängnis geworden. Denn als er eines Abends im Herbst 1980 damit vor unserer Haustür stand, wollte mein Vater ihn nicht reinlassen. »Der kommt mir nicht ins Haus!« – Na ja, kam er dann doch, aber ich hielt fortan meinen eigenen »Stoppt-Strauß!«-Sticker lieber versteckt. Ich war halt nicht auf Revoluzzer geeicht. Ich wollte es irgendwie allen recht machen.

Und nicht nur ich. Ich glaube, die meisten von uns hatten keinen Bock auf Klassenkampf. Wir standen mehr auf Symbolpolitik. Wir haben unsere Überzeugungen nie versteckt, uns aber auch nicht so wie unsere 68er-Lehrerkumpel organisiert, um sie durchzusetzen. Wenn wir auf die Straße gegangen sind, dann haben wir Menschen- und Lichterketten gebildet. Randale war nicht unser Ding. Und Radikale können wir auch heute noch nicht ausstehen. Dafür sitzt das Trauma dann doch zu tief: das Trauma vom Deutschen Herbst 1977. Ich war damals dreizehn und interessierte mich ehrlich

LEXIKON FÜR NACHGEBORENE: DEUTSCHER HERBST

Am 5. September 1977 wurde Arbeitgeberpräsident Hanns Martin Schleyer von RAF-Terroristen entführt. Bei dem Überfall wurden sein Fahrer und drei Leibwächter erschossen, Schleyer selbst wurde verschleppt. Nachdem sich die Bundesregierung weigerte, auf die Forderungen der Entführer einzugehen, ermordeten sie ihre Geisel. Auch bei der Entführung der Lufthansa-Maschine »Landshut« am 13. Oktober 1977 blieb die Regierung bei ihrer harten Haltung und ließ die gekaperte Maschine auf dem Flughafen von Mogadischu von der Grenzschutzgruppe 9 stürmen. Bei dem Einsatz konnten alle Geiseln befreit werden.

gesagt herzlich wenig für Politik. Schließlich war ich voll mit dem mühsamen Geschäft des Pubertierens ausgelastet.

Doch was dann abging, ließ keines von uns damaligen Teenagerkindern unberührt: Hanns Martin Schleyer wurde von RAF-Terroristen entführt, seine Begleiter erschossen. Es folgte die Entführung einer Lufthansa-Maschine mit knapp 100 Menschen an Bord nach Mogadischu. Deutschland hielt den Atem an. Wir auch. Und wie ganz Deutschland atmeten auch wir durch, als die Nachricht von der Befreiung der Geiseln durch die GSG 9 kam. Doch dann wurde Schleyer ermordet. Ich glaube, an diesem Tag sind wir alle zu Terrorgegnern geworden. Und gleichzeitig wurden die Älteren, die immer noch mit der RAF sympathisierten, für uns total unglaubwürdig. Es könnte sein, dass das einer der Gründe für den mentalen Graben ist, der uns von den 68ern bis heute trennt. Wir sind absolut nicht radikal. Wir sind integral.

Auch das hat was mit der Schule zu tun. Was uns sehr geprägt hat, war die – wenn man das so sagen kann – Ungleichzeitigkeit unserer Erziehung. Als ich aufs Gymnasium kam, fand ich dort eine brisante Kombi von Lehrern. Vielleicht wurde das Ganze dadurch verschärft, dass am städtischen Schlossgymnasium für Jungen anfangs noch keine Frauen unterrichteten. Das ging gerade erst los. So heiße Feger wie meine geliebte Grundschullehrerin mit ihrer hochtoupierten 70er-Frisur, die sich trefflich in Minirock und Plateaustiefeln ausnahm (schwärm!!!), gab's am Gymnasium nicht. Dafür gab es Typen wie den alten B., der Kunst und Turnen unterrichtete. Einst hatte dieser Recke am Reck für Führer, Volk und Vaterland um olympisches Gold gerungen. Später scheuerte er seinen Zöglingen ungezwungen die eine oder andere hinter die Ohren. Der war Hardcore. Die anderen Pauker alter Schule waren moderater, belohnten gute Aufsätze mit Sammlerstücken für die Briefmarkensammlung oder Fußballbildchen. Trotzdem waren sie Autoritätspersonen. Bei unserem wackeren Deutschlehrer wäre keiner auf die Idee gekommen, über Stühle und Bänke zu hüpfen. Bei dem ihn vertretenden vollbärtigen Referendar war das anders.

Oh Mann, der tut mir heute noch leid. Unvergesslich, wie wir dreißig Jungs zu seinem Empfang im Klassenzimmer eine Saalschlacht imitierten: alle auf einem Haufen am Boden. Riesenrandale. Der Ärmste war total hilflos. Er hatte zwar Blochs »Geist der Utopie« gelesen und wollte uns Büchners »Woyzeck« nahebringen. Aber mit seiner antiautoritären Pädagogenmasche lief er bei uns komplett ins Leere. Welche Demütigung muss es für ihn gewesen sein, dass er den Direx um Hilfe bitten musste, der dann durch seine bloße Erscheinung die Ordnung wiederherstellte. Verdammt. Lieber Freund, sollten Sie das hier jemals lesen, nehmen Sie's als Entschuldigung. Und ebenso all die anderen gut meinenden Lehrerkumpel, die wir damals fertiggemacht haben! Damals waren wir noch nicht so nett wie heute. Tut mir echt leid.

Was ich damit eigentlich sagen wollte: Wir lernten als Schüler die unterschiedlichsten Sichtweisen kennen. Vom Alt-Nazi bis zum SDS-Veteranen war alles dabei. Die alten Pauker respektierten wir. Keine Ahnung, wie sie das machten, aber die hatten Autorität. Auch wenn wir sie nicht mochten und ihre Meinungen oft nicht teilten. Die jungen Typen waren dagegen Lachnummern. Mit ihren Vollbärten (fast alle hatten damals einen Vollbart) und kumpelhaftem Gebaren erwarben sie sich zwar unsere Sympathie, aber fertiggemacht haben wir sie trotzdem. Sie hatten einfach keine Autorität, und das passte schlecht zu dem Anspruch, den sie mitbrachten. Ihr Hauptproblem war wohl, dass sie meinten, mit uns auf Augenhöhe umgehen zu sollen. So etwas hatten wir aber nicht gelernt. Die Lehrerkumpel wollten sich mit uns gemein machen, aber wir wollten uns nicht von ihnen vor den Karren spannen lassen. Das ging nicht zusammen.

So also war das in der Schule: Alte, ungeliebte, aber respektierte Autoritätspersonen hier, junge, freundliche Hanseln da. Und alle versuchten, uns ihr Weltbild beizubringen. Das war eine Herausforderung für unsere gerade erwachende Intelligenz. So haben wir Kompromissfähigkeit gelernt. Irgendwie mussten wir ja mit allen klarkommen. Also haben wir es uns angewöhnt, alle irgendwie gelten zu lassen, die Perspektiven zu wechseln und andere Sichtweisen anzuerkennen. Mir scheint, die Situation an unseren Schulen erklärt tatsächlich, warum wir eine so überaus tolerante und integrationswillige Generation geworden sind. Irgendwie können wir mit allen. Außer vielleicht

LEXIKON FÜR NACHGEBORENE: SDS

Der **Sozialistische Deutsche Studentenbund (SDS)** war ein linker Studentenverband, der ursprünglich der SPD nahestand und später zur Plattform der linksgerichteten Studentenbewegung der 60er Jahre wurde. Als wir an die Uni kamen, bedeutete SDS »Sieben Dutzend Semester« oder »Studierende DinoSaurier« – jedenfalls der Inbegriff für hängengebliebene Typen, die uns das Studium madig machen wollten.

WIE GING DAS NOCH: WICKELANLEITUNG FÜR EIN ARAFATTUCH

Das **Arafattuch** (auch als Palästinensertuch bekannt) war Ende der 1970er Jahre eines der beliebtesten Modeaccessoires. Von seiner politischen Bedeutung und Rolle im Palästinenserkonflikt hatten wir wenig Ahnung. Wir fanden's schick, und im Winter wärmte es den Hals. Aber wie zieht man es richtig an? Ganz einfach:

Schritt 1: Das Arafattuch einmal diagonal falten, so dass ein rechtwinkliges Dreieck entsteht.

Schritt 2: Die rechtwinklige Spitze des Dreiecks vor die Brust legen, die beiden Zipfel des Tuchs jeweils um den Hals schlingen.

Schritt 3: Die Zipfel vor der Brust verknoten und unter die dreieckige Frontansicht des Tuchs stecken. Alternativ lassen sich die beiden spitzen Zipfel aber auch offen vor der Brust tragen.

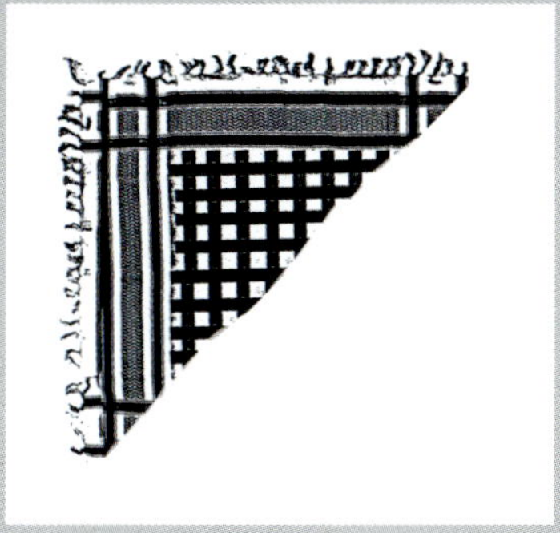

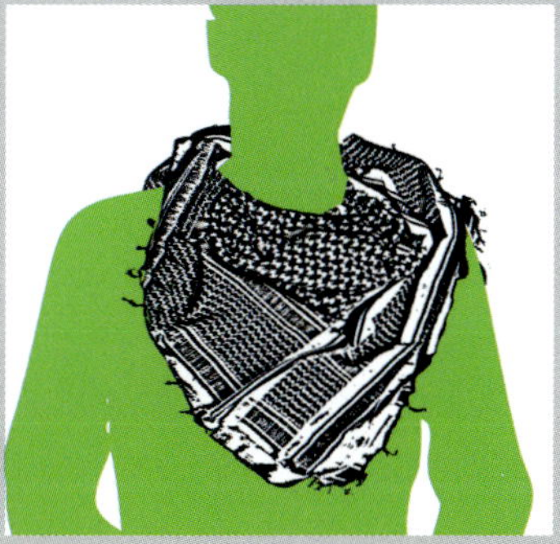

Expertenhearing bei Heiner Grysar: Was ist eine »Jute-statt-Plastik«-Tasche?

Die Jutetasche war eines der wichtigsten Accessoires aller Öko-Bewegten. Das ging so weit, dass sie irgendwann sogar den guten alten Schulranzen ersetzte. Doch was war eigentlich die Idee dahinter? Wie kam es, dass aus Kartoffelsäcken plötzlich Identitätsmerkmale wurden? Wir haben dazu einen der Begründer der Aktion »Jute-statt-Plastik« befragt. Heiner Grysar, der damals für das katholische Hilfswerk *Misereor* arbeitete.

»Ein schöner Herbsttag im Oktober 1977: Wir sitzen in Herne im Garten bei Harald Rohr unter alten Obstbäumen, seine Frau Karin hat uns einen kräftigen Gemüseeintopf gekocht. Wir – das sind Leute aus dem Umfeld der Gepa (Importorganisation für Waren aus der Dritten Welt) wie Gerd Nickoleit und die konfessionellen Jugendverbände der kirchlichen Entwicklungsorganisation *Misereor*. Die Schweizer Freunde von der Organisation ›Erklärung von Bern‹ hatten eine super Idee – die Aktion ›Jute statt Plastik‹ – und waren bereit, uns das Copyright abzutreten. Das war es: die Verbindung von Umweltschutz, Bewahrung der Schöpfung und konkreter Entwicklungshilfe!

Schriften wie ›Wenig Zeit für die Dritte Welt‹ des damaligen Entwicklungshilfeministers Erhard Eppler (1971) oder die Studie ›Grenzen des Wachstums‹ des Club of Rome (1972) hatten uns geprägt. Die Auseinandersetzung um Biafra- und Vietnamkrieg hatten unseren Blick für die sogenannte Dritte Welt geöffnet und die Auseinandersetzung um die Notstandsgesetzgebung und den Einsatz der Bundeswehr gegen den ›Feind im Inneren‹ (die aufsässigen Studenten!) unser politisches Bewusstsein geschärft. Menschen wie Hélder Câmara, Ivan Illich, Ernesto Cardenal hatten uns wach gerüttelt. Und uns alle verband das Bewusstsein: Wir müssen was tun und wir können was tun! Vor allem: Wir müssen unseren hergebrachten Lebensstil überdenken, wir müssen anders leben!

Da kam uns die Aktion ›Jute statt Plastik‹ gerade recht! Hier bei uns ein Zeichen setzen gegen den irrsinnigen Verbrauch der Naturreserven (Symbol: Plastiktüten aus Erdöl) und zugleich Frauen in Bangladesch eine Verdienstmöglichkeit verschaffen durch die Herstellung und den Verkauf von Jutetaschen, die bei uns bislang nur als Kartoffelsäcke bekannt waren. So wollten wir Solidarität (damals ein großes Schlagwort!) mit den Menschen in den Entwicklungsländern zeigen.

Der Erfolg überholte uns und gab uns recht: über fünf Millionen verkaufte Jutetaschen, zu Beginn für 1,50 DM das Stück, Faltblätter, Tausende Broschüren mit Hintergrundmaterial, Unterrichtshilfen. Das alles wurde zum Symbol einer Bewegung und prägte die 80er Jahre.

Jahre später hatte ich die Möglichkeit, ›unsere Frauen‹ in Bangladesch zu besuchen. Ich war begeistert, was sie alles in ihren Gruppen mit unseren ›Groschen‹ angestellt hatten: von der besseren Versorgung der Familien angefangen bis zu Investitionen in und für die Dorfgemeinschaft, Erweiterung der landwirtschaftlichen Produktion, Schulunterricht für die Kinder, Gründung von Spar- und Kreditgruppen, Kleintierzucht (Hühner, Schafe, Ziegen …), Anlage von Fischteichen, Verarbeitung von Altmaterial (Plastiktüten und Planen) zu Einkaufstaschen.

Wir hatten den Nerv der Zeit getroffen!«

mit Nazis, Fundis und Radikalos. Und selbst die versuchen wir, wenn's hart auf hart kommt, zu verstehen.

Auch in der Clique war das kein Problem. Ob einer nun links war oder nicht, spielte keine große Rolle. Ich kann mich nicht daran erinnern, dass wir Jugendlichen uns untereinander wegen unterschiedlicher politischer Meinungen angefeindet hätten. Wir hatten ja unsere Buttons und Sticker, unsere Arafattücher und Jutetaschen. So bekundeten wir unsere Meinung und ließen die anderen leben. War das unpolitisch? Ich glaube

Unvergessliches Cover. Titelseite der Zeitschrift Titanic.

nicht. Es war unideologisch, aber durchaus politisch. Nur dass es eben nicht zu dem Politikverständnis passt, das unsere vormaligen 68er-Lehrer bis heute in Berlin vor sich hertragen und mit ihrem leider weitverbreiteten Parteiengezänk und bornierten Festhalten an überholten politischen Farbkombinationen immer noch bekunden.

Man muss sich ja auch eines klarmachen: Die offizielle Politik der BRD war zu unserer Zeit sterbenslangweilig. Sechzehn lange Jahre wurde Deutschland damals ausgesessen. Von 1982 bis 1998. Sechzehn Jahre mussten wir den Dicken ertragen. Birne. Manchen auch als Helmut Kohl geläufig – der ewige Kanzler und Ziehvater der heutigen Kanzlerin. Uargh! Als irgendwann Mitte der 90er die *Titanic* titelte: »Buddhismus bizarr: Kohl droht mit Wiedergeburt!«, schnürte sich uns allen die Kehle zu. Birne noch im nächsten Leben – undenkbar! Okay, irgendwann später haben wir mit Herrn Kohl dann auch unseren Frieden gemacht. Immerhin hat er sich bei der Wiedervereinigung wohl doch einige Meriten erworben; aber so richtig warm sind wir mit ihm nie geworden. Seine Amtszeit war die bleierne Zeit. Wer 1982 vielleicht noch Lust gehabt hatte, sich politisch zu engagieren – 1998 war sie einem ausgetrieben. Man konnte ja eh nix bewegen. Der Dicke saß fest im Amt, und alles perlte von ihm ab. Herbert Grönemeyer hat das damalige Lebensgefühl von uns Jungbürgern 1986 perfekt auf den

Punkt gebracht, als er in seinem Song »Lächeln« mit unverkennbarer Anspielung auf Kohl dichtete:

Die Hintern werden immer breiter
Nur wer aussitzt
Der kommt weiter
Alles halb so wild

Ein Lächeln liegt auf diesem Land
Grinst unerträglich ignorant
Lächeln wird bei uns zur Pflicht
Witz komm raus
Langsam wird's lächerlich

Alles geschönt
Rückschritte verpönt
Selbstgerechte Gefälligkeit
Man tritt kleinste Erfolge breit
Um die Fehler zu kaschieren

Ja, so war das in der späten Bonner Republik. Wir griffen in Watte und wurden immer desillusionierter. Zumal wir bei unseren Themen nicht recht vorankamen. Die schnellen Brüter brüteten immer schneller. Der saure Regen tötete mutmaßlich immer noch den Wald. Und was das Schlimmste war: Die Pershings wurden stationiert. Trotz aller Demos und Blockaden. Da konnten wir Petting machen, so viel wir wollten. Der Dicke hat's einfach ausgesessen. Das war schmerzhaft. Denn wir haben natürlich nicht nur Petting gemacht. Wir waren auch aktiv. Wir, damit meine ich in diesem Fall die Redaktion vom »Schlossspiegel«, unserer Schülerzeitung. Schon um 1980 rum hatten wir das Thema »NATO-Doppelbeschluss« auf der Agenda. Uns wollte einfach nicht in den Kopf, dass ausgerechnet ein SPD-Kanzler den Kriegstreiber geben wollte. Denn es war ja kein Geringerer als Helmut Schmidt, der noch in den späten 70ern den Weg für die Stationierung atomar bestückbarer Mittelstreckenraketen in Deutschland freigemacht hatte: die berühmten Pershings, die den sowjetischen SS-20 entgegengesetzt werden sollten.

Wahrscheinlich waren es ganz andere Motive, die uns bewegten. Aber dieser Schritt zur Nachrüstung hat uns den Schulterschluss mit den 68ern wagen lassen. Wir wollten nicht gleich die Weltrevolution und auch nicht die klassenlose Gesellschaft. Aber wir wollten ein bisschen Frieden. Ganz so, wie die junge Nicole, dank deren selbstlosen Einsatz und triumphalen Erfolg beim Grand Prix Eurovision de la Chanson (so hieß der »European Song Contest« 1982 noch) nun auch der Rest von Europa wusste, dass unser Land vom Pazifismus erfasst war.

So marschierten wir Seite an Seite mit den 68ern bei den Ostermärschen durch die deutschen Innenstädte. Da nahmen sie uns willig als Helfer in ihre Reihe auf, die sich am 22. Oktober 1983 zwischen Ulm und Stuttgart zur längsten Menschenkette der deutschen Geschichte die Hand reichte. Am

Fragebogen Nicole

Wenn wir ehrlich sind, hatten wir ein Problem mit Nicole. Das biedere Mädchen mit der großen Klampfe entsprach so gar nicht unserem Bild von einem Popstar, zu dem man aufblicken kann. Zumal sie eigentlich in unserem Alter war (*1964), nur eben so ganz anders. Und als sie 1982 mit ihrem Song »Ein bißchen Frieden« den Grand Prix Eurovision de la Chan-

Bitte ausgefüllt senden an: Dr. Christoph Quarch, Hellerstr. 7; 36039

Seibert
(Name)

Nicole
(Vorname)

1964
(Geburtsjahr)

Saarbrücken
(Geburtsort)

Was ist Ihre prägendste Kindheits- oder Jugenderinnerung?

Mein eigenes Fahrrad zu Weihnachten

Beschreiben Sie bitte mit einem Satz Ihr aktuelles Lebensgefühl.

Pure Lebensfreude, beruflich wie privat.

Womit tun Sie sich in der Welt von heute schwer?

Computerspiele

Egal ob Sie welche haben oder nicht: Was würden Sie Ihren Kindern mit auf den Weg geben wollen?

Unbeirrbar den eigenen Weg gehen, auch wenn es manchmal der schwerere ist

Wie möchten Sie alt werden?

Im Kreise meiner Familie und Freunden

son für Deutschland gewann, war uns das, offen gestanden, ziemlich peinlich. Erst viel später haben wir begriffen, dass sie irgendwie ziemlich genau unser Lebensgefühl getroffen hat. Deshalb haben wir ihr einen Fragebogen geschickt und sie gebeten, uns etwas von sich zu erzählen. Sie hat postwendend geantwortet. Seitdem finden wir sie gar nicht mehr peinlich – im Gegenteil: Nicole ist eine von uns! Danke, Nicole!

Vervollständigen Sie bitte den Satz: Meine Generation ist gut/~~taugt nichts~~, weil...

die Kommunikation untereinander eine viel persönlichere war

Mit Ihrem Lied „Ein bisschen Frieden" haben Sie 1982 den Grand Prix gewonnen. Was bedeutet „ein bisschen Frieden" für Sie heute?

Die Botschaft ist die gleiche. Dieses Lied ist ein Jahrhundertlied und wird seine Aktualität niemals verlieren. Der Wunsch nach Frieden ist in den Herzen der Menschen ungebrochen und ich werde niemals müde, dieses Lied weiter zu singen und somit die Friedensbotschaft in die Welt hinauszutragen.

Am 22. Oktober 1983 bildete sich auf einer Länge von 108 Kilometern zwischen Stuttgart und Neu-Ulm die größte Menschenkette der deutschen Geschichte. Es war eine Demonstration gegen die Nachrüstung in den Nato-Mitgliedsstaaten. Die Angaben über die Teilnehmerzahl schwanken zwischen 250 000 bis 400 000 Menschen.

Mit ihrem Song »99 Luftballons« aus dem Jahr 1983 schrieb Nena Musikgeschichte. Die Idee zum Liedtext kam ihrem Gitarristen Carlo Karges 1982 bei einem Rolling-Stones-Konzert in Westberlin, als er beobachtete, wie man große Mengen bunter Ballons in den Himmel aufsteigen ließ. Karges fragte sich, was wohl passieren würde, wenn die Ballons über die Grenze nach Ostberlin treiben und dort eine paranoide Reaktion auslösen würden.

gleichen Tag war ich mit drei Kumpels nach Bonn gefahren, um bei einer der legendären Hofgarten-Demos aufzulaufen. Das Jahr zuvor waren wir noch zu klein. Da war gerade dieser amerikanische Westernheld US-Präsident geworden – Ronald Reagan hieß er. Und damals hatte es schon eine Großdemo gegeben, von der uns ein paar ältere Semester Wunder was erzählt hatten. Klar, dass wir jetzt auch dabei sein wollten. Nena hatte im März '83 ihr Lied von den 99 Luftballons in die Charts gebracht und uns alle aufgemischt. Wir wollten keine 99 Jahre Krieg. Wir wollten auch nicht die Welt in Trümmern liegen sehen, so wie es gerade erst der US-amerikanische Film »The day after – Der Tag danach« in schockierenden Bildern dargestellt hatte. Zwei Jahre später, als Stings Song »Russians« herauskam, hätten wir uns vermutlich mit ihm gefragt: »How can I save my little boy from Oppenheimer's deadly toy?«

Auf unseren Bannern stand: »Stell dir vor, es ist Krieg, und keiner geht hin!« In unseren Herzen stand: »Stell dir vor, es ist Demo, und wir sind nicht dabei!« Das sollte uns nicht passieren. Also machten wir uns auf den Weg, banden uns unsere Arafattücher um den Hals, packten unsere Jutetaschen und grölten auf dem Weg zum Bahnhof die vom großen Beuys selbst gedichtete Hymne: »Wir wollen Sonne statt Reagan, ohne Rüstung läbben …« – Den Text haben wir noch mal nachgeschlagen. Große Lyrik! Aufgepasst, auf Seite 102 ist ein Auszug!

WIE GING DAS NOCH: »ICH PACKE MEINE JUTETASCHE«

»Ich packe meine Jutetasche« – ein lustiges Lernspiel für beliebig viele Mitspieler

Ziel des Spiel ist es, eine gemeinsame Wörterkette zu bilden: Jeder Mitspieler nennt dazu einen Gegenstand, den er in seiner Jutetasche zur Demo mitnehmen will. Der Spieler, der an der Reihe ist, muss, bevor er seinen Gegenstand mitteilt, alle Sachen in der richtigen Reihenfolge aufzählen, die seine Mitspieler vor ihm in die Jutetasche gepackt haben. Jeder Mitspieler eröffnet sein Spiel mit dem Satz: »Ich packe meine Jutetasche und nehme mit ...« Begeht ein Mitspieler einen Fehler, muss er ein Pfand abgeben, und eine neue Spielrunde beginnt.

Bespiel:

Mitspieler 1: Ich packe meine Jutetasche und nehme mit ... ein Megafon ...

Mitspieler 2: Ich packe meine Jutetasche und nehme mit ... ein Megafon, einen Wackerstein ...

Mitspieler 3: Ich packe meine Jutetasche und nehme mit ... ein Megafon, einen Wackerstein, einen Verbandskasten ...

Mitspieler 4: Ich packe meine Jutetasche und nehme mit ... ein Megafon, einen Wackerstein, einen Verbandskasten, eine Trillerpfeife ...

Mitspieler 5: Ich packe meine Jutetasche und nehme mit ... ein Megafon, einen Wackerstein, einen Verbandskasten, eine Trillerpfeife, die Telefonnummer vom Anwalt ...

Er will die Säcke im Osten reizen
Die auch nicht mit Atomen geizen
Doch dein Krieg um hirnverbrannte Ziele
Der läuft nicht Reagan – wir sind viele!
Hau ab mit deinen Nuklearstrategen
Deinen Russenhassern
Deinem Strahlenregen
Mensch Knitterface
Der Film ist aus
Nimm die Raketen mit nach Haus!

So fuhren wir im Eilzug nach Bonn. Ehrlich gesagt fühlte ich mich dann aber gar nicht wohl, als wir unter dauerndem Helikoptergebrumme an den Hundertschaften von »Bullen« (das war der Jargon von damals, heute würden wir's nicht dulden, wenn unsere Kinder so von Polizisten sprächen) vorbeischlenderten. Aber das musste jetzt sein, und keiner wollte sich vor dem anderen blamieren. Trotzdem hielten wir uns im Hintergrund. Wir wollten uns nicht kloppen,

Die Friedensdemonstration im Bonner Hofgarten am 22. Oktober 1983 war der Höhepunkt einer Reihe von Veranstaltungen zur Verhinderung der Umsetzung des NATO-Doppelbeschlusses.

hatten auch keinen Bezug zu den ergrauten Kämpen ganz vorne à la Helmut Gollwitzer und Heinrich Böll, selbst Willy Brandt und Petra Kelly waren für uns keine Mythen, sondern ältere Herrschaften. Die niederländische Kombo Bots und Hannes Wader trafen überhaupt nicht unseren Geschmack, obgleich die Altvorderen bei deren Klängen in Ekstase zuckten. Nein, eigentlich war das nicht unsere Welt. Eigentlich gehörten wir nicht dazu. Aber wir hatten alle das Gefühl, wir müssten dabei sein. Das Ganze war ein Event – und es sollte nicht der letzte bleiben. Denn Events mögen wir immer noch. Auch wenn aus dem Bonner Hofgarten später die Loveparade und schließlich die Berliner Fanmeile geworden ist.

Ob Menschenkette im Schwabenland, Sitzblockade vor der Raketenbasis Mutlangen oder Ostermarsch in der heimischen Innenstadt – wir machten Symbolpolitik. Das war unser Ding. Zeichen setzen, damals voll in Mode. Gewaltlos und friedlich. Unaufgeregt. Selbst die Punks tickten so. Meine wilden Kumpels hatten zwar extra ihr grimmiges Punkeroutfit für die Bonnreise hergerichtet, aber von der Begeisterung, mit der sie sich bei den einschlägigen Konzerten im »Ratinger Tor« Pogo tanzend anrempelten, war bei der Demo nichts zu sehen. Bissig waren die anderen. Neulich hat mir eine Freundin als Titel für dieses Buch vorgeschlagen: »Wir können alles außer beißen.« Ich glaube, da ist viel Wahres dran.

LEXIKON FÜR NACHGEBORENE: APO

Wenn von APO die Rede war, leuchteten die Augen der Lehrerkumpel. Für sie war das Mythos pur. Für uns eine Abkürzung, die man nicht recht verstand. Wir wurden dann aber aufgeklärt, dass APO für **Außerparlamentarische Opposition** stand und eine politische Bewegung war, die in Opposition zu der von der großen Koalition durchgesetzten Notstandsgesetzgebung entstanden war.

Denn wir sind wirklich nicht bissig. Vielleicht ist das unser Schicksal. Vielleicht müssen wir uns vorwerfen, bislang nicht laut genug unsere Verantwortung eingeklagt zu haben. Andererseits hat das dazu geführt, dass wir außerhalb der Parlamente unserem Gemeinwesen Gutes getan haben. Unsere APO waren aber nicht die Hörsäle an der Uni, eher die therapeutischen Praxen, die viele von uns irgendwann aufgemacht haben. Wir setzen auf Bewusstseinsbildung im Kleinen. Die großen Weltbeglückungsstrategien à la Sozialismus und Liberalismus langweilen uns. Den einen haben wir schon untergehen sehen, mit dem Untergang des anderen rechnen wir noch zu Lebzeiten. Nein, darauf verwenden wir keine Zeit mehr. Wenn wir die Welt retten wollen, dann fangen wir im Kleinen an. Als Therapeuten oder Pädagogen, Sozialarbeiter oder Coaches, Journalisten oder Autoren …

Mich erstaunt immer wieder, wie viele von uns in sozialen Berufen gelandet sind, wie viele bei der Sozialpädagogisierung Deutschlands mitgemacht haben. Als wir Kinder waren, gab's das noch nicht. Erst ab 1970 schossen an den Unis die entsprechenden Fakultäten aus dem Boden, die dann ab den 80ern mit jungen Männern und Frauen aus unserer Generation gefüttert wurden. Vielleicht, weil viele sich davon versprachen, auf diese Weise unter Umgehung von Birne und den Parteien der allgemeinen Ignoranz entgegenzuwirken. Vielleicht, weil sie sich erhofften, auf diese Weise doch noch die politischen Träume und Visionen ihrer Jugend zu verwirklichen: »Make love, not war«. Vielleicht, weil damals schon dieser wunderliche Charakterzug unserer Generation geprägt worden war: Wir sind nett. Zu nett für die Welt von gestern. Aber vielleicht gerade richtig für die Welt von morgen.

Wer wird denn gleich in die Luft gehen...

WER WIRD DENN GLEICH IN DIE LUFT GEHEN?

Wie man ohne Stress die Schule schafft und sich entspannt durchs Leben wurschtelt

Zu unserer Zeit war Schule noch nicht stressig. Wir hatten neun Jahre bis zum Abi, und der Numerus clausus war nur den Strebern wichtig. Der Rest kam so durch die Penne und hatte noch genug Zeit für Theater-AG, Schülerzeitung, Sportverein und vor allem für die Clique. Das erste große Initiationsritual der männlichen Jugend begann mit der Frage: zum Bund gehen oder nicht? So lernten wir die Kunst des Sich-Durchwurschtelns. Manche Analytiker haben gesagt, weil wir solche Wurschtler seien, fehle es uns an Ernst. Aber das stimmt nicht. Wir sind flexibel und können alle fünfe gerade sein lassen.

Zwei Vieren! Das hatte es noch nie zuvor gegeben! In Physik und Chemie! Und das am Ende des 10. Schuljahrs! Schüler Quarch im freien Fall. In

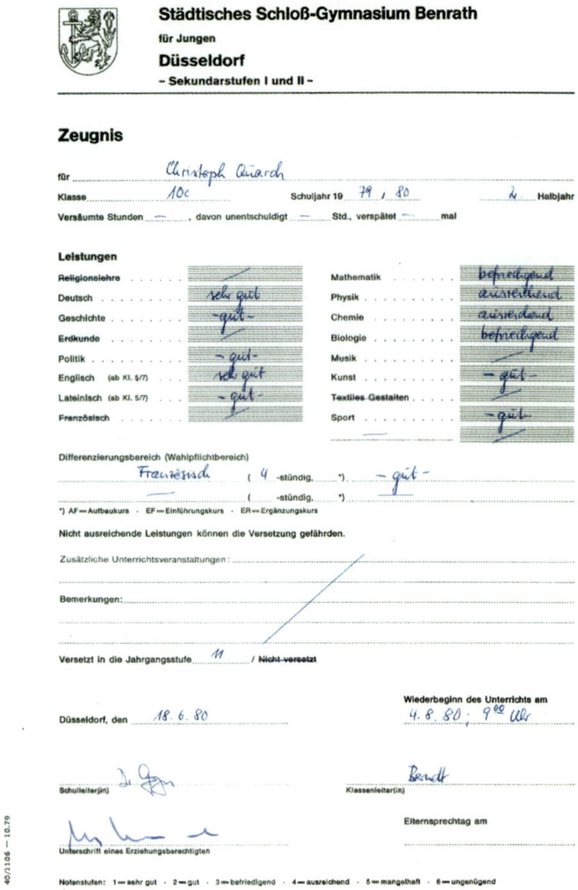

Städtisches Schloß-Gymnasium Benrath
für Jungen
Düsseldorf
– Sekundarstufen I und II –

Zeugnis

für Christoph Quarch
Klasse 10c Schuljahr 19 79 / 80 2 Halbjahr
Versäumte Stunden –, davon unentschuldigt – Std., verspätet – mal

Leistungen

Religionslehre	–	Mathematik	befriedigend
Deutsch	sehr gut	Physik	ausreichend
Geschichte	– gut –	Chemie	ausreichend
Erdkunde	–	Biologie	befriedigend
Politik	– gut –	Musik	–
Englisch (ab Kl. 5/7)	sehr gut	Kunst	– gut –
Lateinisch (ab Kl. 5/7)	– gut –	Textiles Gestalten	–
Französisch	–	Sport	– gut –
		–	–

Differenzierungsbereich (Wahlpflichtbereich)
Französisch (4 -stündig. *) – gut –
– (-stündig. *) –
*) AF — Aufbaukurs · EF — Einführungskurs · ER — Ergänzungskurs

Nicht ausreichende Leistungen können die Versetzung gefährden.

Zusätzliche Unterrichtsveranstaltungen:

Bemerkungen:

Versetzt in die Jahrgangsstufe 11 / ~~Nicht versetzt~~

Düsseldorf, den 18. 6. 80
Wiederbeginn des Unterrichts am 4. 8. 80; 9⁰⁰ Uhr

Schulleiter(in) Klassenleiter(in) Berndt

Unterschrift eines Erziehungsberechtigten
Elternsprechtag am

Notenstufen: 1 — sehr gut · 2 — gut · 3 — befriedigend · 4 — ausreichend · 5 — mangelhaft · 6 — ungenügend

40/1106 — 10.79

Armutszeugnis. Mit diesem Zeugnis starben alle naturwissenschaftlichen Ambitionen des Autors …

der Siebten hatte ich noch lauter Einser und Zweier. Und jetzt das! Wie sollte das erst in der Oberstufe werden? Würde ich das Abi schaffen? Oder war das ein Fanal, mir endlich mal ein bisschen Mühe zu geben? Endlich mal ein bisschen zu pauken? Offen gestanden hatte ich das in der Achten aufgegeben. Ich erwähnte wohl schon, dass zu dieser Zeit die ersten Feten stiegen … Jetzt darf ich nicht verschweigen, dass umgekehrt proportional dazu mein Notendurchschnitt sank … »No woman, no cry!« (Bob Marley, auch schon tot, seufz!)

Aber eigentlich war das kein Problem. Man konnte sich auch so durchwurschteln. Irgendwie reichte es immer für ein akzeptables Zeugnis. Man machte sich deshalb keinen Stress. Selbst meine Eltern blieben locker. Zumindest haben sie sich nichts anmerken lassen, als ich mit meinem peinlichen Zeugnis nach Hause kam. Okay, Ingenieur-Papa war angezählt, weil ausgerechnet die Naturwissenschaften im Keller waren. Aber ansonsten blieben sie gelassen. Vielleicht hatten sie einfach Vertrauen in mich. Oder sie dachten sich: »Geschieht ihm recht, vielleicht kapiert er's ja jetzt mal.« Worauf sie jedenfalls nie gekommen wären: den Lehrern die Schuld zu geben. Dass Eltern sich bei den Lehrern über schlechte Noten beklagt hätten, ist aus meiner Schulzeit nirgends bezeugt. Dieses inzwischen Routine gewordene Schimpfritual heutiger Profieltern war zu unserer Zeit unbekannt. Und sicher hätte man es nicht gutgeheißen. Vollbärte hin oder her – Pauker und Eltern bildeten eine Phalanx. Die konntest du nicht gegeneinander ausspielen, ohne dabei auf die Schnauze zu fallen. Die Noten musstest du schlucken. Auch wenn's manchmal schwerfiel.

Ich kann mich auch nicht daran erinnern, dass meine Eltern je in meiner Gegenwart

Als Schule noch Spaß machte ... und wir Erstklässlerinnen Kopftücher trugen – die von der Verkehrswacht zur Sicherheit auf dem Schulweg ausgegeben wurden.

mit anderen Eltern über unsere Noten diskutiert hätten. Der ganze Notenhype, den wir heute (ja, leider auch wir, liebe Generationsbrüder und -schwestern) veranstalten, war nach meiner Erinnerung noch inexistent. Die Alten machten sich keinen großen Kopf über unsere Zukunft. Sie hatten ja diese Wirtschaftswunder-immer-aufwärts-Denke im Kopf. Und so schlimm wie zu ihrer Kindheit würde es für uns eh nie werden. Schule diente in ihren Augen eben noch nicht dazu, die Kinder möglichst schnell möglichst effizient für den Endsieg auf dem Stellenmarkt zu rüsten. Der Sinn des Lebens lag noch nicht darin, erst aufs Gymnasium und dann in die Führungsetage zu kommen. Realschule galt als absolut ehrenwert, und selbst wenn jemand auf die Hauptschule ging, war er damit keineswegs für den Rest seines Lebens stigmatisiert. Allerdings gab es auch noch keine Berichte von kriegsartigen Zuständen dortselbst, so wie es heute immer öfter vorkommt. Nein, Schule war kein Grund zur Panik. Man ließ uns machen. Und das war gut so.

Denn seien wir ehrlich: Was waren schon zwei Vierer? Das rührte an der Ehre des Chefredakteurs der Schülerzeitung, okay; aber schlimm war es nicht. Die Kumpels standen trotzdem zu einem. Wie auch keiner unserem Primus seine satte Einserreihe neidete. Selbst in Sport war er ganz vorn. Der war einfach gut, der war besser, und der gehörte zur Clique. (Während der Arbeit an

Lernen im alten Stil: So sah es einst in deutschen Klassenräumen aus.

LEXIKON FÜR NACHGEBORENE: MENGENLEHRE

Heute gilt Mengenlehre als grundlegendes Gebiet der Mathematik. Für uns war das Ganze hauptsächlich: bunte Kreise zeichnen und Schnittmengen ausmalen. Das hat Farbe in die Grundschule gebracht, war aber bei den Eltern total umstritten. Warum, weiß heute wohl niemand mehr so genau.

diesem Buch erreichte mich die Mitteilung vom überraschenden Tod von Guido. Verflixt, jetzt wo wir um die 50 sind, gibt's immer mehr von diesen Nachrichten …) Die seinerzeit schon vom unsterblichen Udo Jürgens gebrandmarkte »Pass-auf-dein-Nachbar-ist-dein-Konkurrent«-Mentalität heutiger Schüler lag uns fern. Wir waren die 10c. Und wir wollten beim nächsten Klassenspiel gewinnen – und damit assoziierte zu unserer Zeit noch niemand Mobbing oder so was. Davon abgesehen machten wir uns keinen Stress wegen der Noten. Zumal man die unliebsamen Fächer in der Oberstufe ohnehin abwählen konnte. Da würde sich das Problem von selbst beheben. Was in meinem Fall tatsächlich so war. Aber das tut hier nix zur Sache.

Auch die später unter Pädagogen so beliebt gewordenen Menschenversuche am lebenden Objekt hielten sich zu unserer Zeit noch in Grenzen. Mit Pisa assoziierte man noch den schiefen Turm, auch wenn sogar schon damals manch kühne und umstrittene Methode bei uns Einzug hielt. Hier muss die Mengenlehre erwähnt werden, gegen die sich damals wohl doch auf manchem Elternabend ein gewisser konservativer Widerstand regte. Davon abgesehen praktizierte man häufig noch das heute sogenannte »bulimische Lernen«, also: reinstopfen und auskotzen. Allerdings ließ man uns genügend Zeit zum Verdauen. Weshalb auch niemand kotzte – und Bulimie als Krankheitsbild auch noch nicht verbreitet war.

In Latein hatten sie uns eingetrichtert: »Non scholae, sed vitae discimus« – zu Deutsch: Nicht für die Schule, für das Leben lernen wir. Na ja, das stimmte schon. Nur: Was wir wirklich fürs Leben lernten, stand nicht auf dem Lehrplan: das Sich-Durchwurschteln. Darin wurden wir ausgebildet, und darin brachten wir's zur Meisterschaft. Das nordrhein-westfälische Abi des Jahrgangs 1983 war unzweifelhaft eine Matura der Durchwurschtler: im Strom mitschwimmen, hier und da mal ein bisschen Gas geben, dann wieder durchhängen, immer in Maßen und immer wachsam. So ging's voran. Bis zur Dreizehnten. Dann noch ein bisschen mehr Gas geben, ein paar Vokabeln gepaukt, Mathe vertieft – und siehe da, oh Wunder, oh Wunder: ein Einser-Abi! Hatte gar nicht wehgetan! Wen interessierte da noch das Zeugnis aus der Zehnten? Mit den zwei Vierern?

Nein, die Schule war kein Stress. Bei uns hatte keiner Depressionen. Bei uns wurde keiner gemobbt. Und hätte uns einer von Burnout erzählt, dann hätten wir entweder gedacht, dass sich das auf ein kaputtes Mofa bezieht oder eine neue Punkband sein müsste. ADHS war auch noch nicht erfunden, und Amokläufe gab es zu unserer Zeit an deutschen Schulen ebenfalls noch nicht. Niemand ritzte sich die Arme, niemand piercte sich die Brust. Zumindest habe ich nie davon gehört. Und wenn doch mal ein Punker eine Sicherheitsnadel im Ohr hatte, wurde das bestaunt, aber auch als persönliche Marotte abgetan. Wir waren eigentlich ziemlich normale Schüler, will mir scheinen. Und wir waren ziemlich gelassen. Irgendwie hatten wir wohl schon im Kindergartenalter den Werbeslogan von HB internalisiert: »Wer wird denn gleich in die Luft gehen?« Und ebenso den schon aus den 50ern herrührenden Claim der Firma *Gasolin*: »Nimm dir Zeit und nicht das Leben.«

Gesagt, getan. Wir hatten die Zeit und nahmen sie uns. Wenn ich mir das überlege: Ich habe Hausaufgabenhilfe gegeben, war Chef der Schülerzeitung, spielte in der Theatergruppe, kickte mindestens dreimal die Woche mit den Cliquenkumpels auf dem Bolzplatz, ließ keine Fete aus, ging auf Rockkonzerte

Wir hatten vieeeeel Zeit und vieeeeel Leben …

Expertenhearing bei Dr. med. Reinhard Hellmann: Gab's zu unserer Zeit eigentlich auch schon ADHS?

Wie ist das nun wirklich mit der Aufmerksamkeitsdefizit-/ Hyperaktivitätsstörung (kurz: ADHS), die sich heute dem Vernehmen nach epidemisch unter unseren Kindern und Jugendlichen ausbreitet? Gab's das in den 80ern auch schon? Wir haben dazu Dr. med. Reinhard Hellmann befragt. Er ist Facharzt für Psychotherapeutische Medizin und Kinder- und Jugendanalytiker in Markt Indersdorf.

»Die Frage, ob es das Aufmerksamkeitsdefizitsyndrom (ADS) bzw. ADHS im Jahr 1980 bereits gab, ist sicher mit Ja zu beantworten. Allerdings hatte es damals einen anderen Namen und war als Hyperkinetisches Syndrom bekannt, ein Krankheitsbild, das allerdings relativ selten diagnostiziert wurde; sicherlich viel seltener als heute. Das hat verschiedene Gründe.

Ein Grund dafür ist, dass heute viele Kinder unzulässigerweise die Diagnose ausgestellt bekommen, obwohl sie gar kein ADHS haben. Die ›echte‹ Aufmerksamkeitsdefizit-/ Hyperaktivitätsstörung ist eine organische Störung des Gehirns bzw. eine Stoffwechselstörung, die erfolgreich mit Medikamenten behoben werden kann. Diese Störung liegt jedoch bei vielen der vermeintlichen ADHS-Kinder gar nicht vor, auch wenn die Symptome denen echter ADHS-Patienten gleichen: hohe Ablenkbarkeit, geringe Ausdauer, Impulsivität mit kopfloser Überaktivität, Rastlosigkeit, ängstliches In-sich-gekehrt-Sein, Neigung zu Misserfolgen und häufigen Bagatellunfällen, scheinbare Furchtlosigkeit. Diese Symptome haben bei ihnen aber keine organische Ursache, sondern gründen bei genauer Diagnostik in depressiven, angstbedingten Entwicklungsstörungen. Diese Fälle sprechen auch nachweislich nicht auf die medikamentöse Behandlung an. Die eigentliche Ursache für diese Störungen, das lehrt die Bindungstheorie des britischen Kinderpsychiaters John Bowlby, sind offenbar häufig frühe negative Beziehungserfahrungen. Manfred Spitzer hat darüber hinaus in seinem Buch ›Digitale Demenz‹ gezeigt, das Aufmerksamkeitsstörungen auch durch maßlosen Medienkonsum entstehen.

Diese Symptomatik ist bei den nach 1974 geborenen Generationen deutlich häufiger anzutreffen als bei den älteren. Aus philosophisch-psychologischer Perspektive verdichten sich die Anzeichen dafür, dass diese und kommende Generationen auf eine seelische Aufmerksamkeits- oder auch Achtsamkeitsstörung zusteuern, in deren Folge nun auch die Erwachsenen den ADHS-Kindern immer ähnlicher werden. Der ungarische Analytiker Michael Balint hat das sehr treffend und kurz zusammengefasst: ›Wer Angst hat, der bewegt sich.‹

Man kann also sagen, dass die Aufmerksamkeitsdefizitstörung nicht mehr nur Kindern zuzuordnen ist. Alle Symptome, die wir bei ADHS–Kindern finden, zeigen sich auch bei Burnout-Patienten. Das sollte uns zu denken geben.

Bemerkenswerterweise ist die Generation der jetzt 50-Jährigen davon kaum betroffen. Das könnte damit zusammenhängen, dass der Einfluss der seit Ende der 60er Jahre verbreiteten antiautoritären Erziehung den Tendenzen zur Vereinzelung entgegenwirkte. Auch der Einfluss der elektronischen Medien und der damit einhergehende Konformismus waren deutlich geringer. Dafür hatten die familiären Strukturen noch mehr Bedeutung als heute. Darüber hinaus haben die Flut und die Verbreitungsgeschwindigkeit von Informationen zugenommen. Die Menschen hatten weniger Zukunftsängste. In der Summe ergibt sich, dass der ›Selbststand‹ des Einzelnen besser war als heute. Das heißt: Es gab weniger existenzielle Angstquellen, und das Gefühl, bedroht zu sein, war viel geringer ausgeprägt. So gesehen ist es kein Wunder, dass die Anzahl der Burnout-Patienten unter den heute 30- bis 40-Jährigen höher ist als unter den 50-Jährigen. Gerade das sollte Letztgenannte anspornen, dafür einzutreten, dass der kollektive und individuelle Achtsamkeitsmangel nicht weiter fortschreitet.«

und gönnte mir das zeitintensive Hobby, mit einem Mädchen zu gehen. Eigentlich nicht wenig – aber auch nicht zu viel. Ich hatte keinen Terminkalender – weder auf Papier noch digital. Ich hatte auch keine Manager-Mama, die mich durch die Gegend chauffiert hätte. Nö, ich machte das alles nach der Schule per Fahrrad. Und die anderen ebenso. Ich kann mir das eigentlich nur so erklären, dass damals die Uhren langsamer gegangen sein müssen. Oder dass wir einfach weniger Druck hatten. Denn im Ernst: dass jemand wegen der Schule ins Rotieren gekommen wäre – daran kann ich mich nicht entsinnen.

Klingt irgendwie idyllisch, oder? Vielleicht auch verklärend? Ich glaube nicht. Wir hatten dreizehn Jahre Zeit bis zum Abi, und die haben wir gut genutzt. Gut deshalb, weil wir neben den schulamtlich verordneten Lehrinhalten eben auch wirklich wichtige Dinge lernen konnten. In meinem Fall: Artikel schreiben, Theater spielen, mit Mädchen flirten, Gemeinschaft leben. Für all das war Zeit. Und viel blöder als die gestressten Kids von heute sind wir auch nicht geraten.

Vielleicht liegt's aber einfach auch nur daran, dass wir in der Oberstufe nicht so schuften mussten wie heutige Abiturienten. Diese armen Opfer der Bildungspolitik müssen ja bekanntlich von der Elften an ihre gesamte mentale Energie darauf bündeln, die Abiparty organisiert zu bekommen; vor allem: finanziert zu bekommen. Es heißt, hier habe sich neuerdings eine äußerst lukrative In-

Geschafft! So sah unsere Klasse nach vollbrachtem Abi aus. Krawatten – eher selten!

LEXIKON FÜR NACHGEBORENE: KREISWEHRERSATZAMT

Das **Kreiswehrersatzamt** war ein gesichtslos-nüchterner Verwaltungsbau, den Mann nur mit weichen Knien betreten konnte. Denn darin wurden Schicksale entschieden – sei es bei der Musterung, sei es bei der Gewissensprüfung. Das Unangenehme dabei war: Wer über die Schwelle des KWEA trat, verließ die bürgerliche Welt – und war froh, am Ende diesem unheimlichen Vorposten der Militärmacht wieder den Rücken kehren zu dürfen.

dustrie entwickelt, die davon lebt, dass heutige Abiturienten monatelang Abi-Pre-Events veranstalten, aus deren Einnahmen dann eine Eventagentur finanziert wird, die letztlich den Abiball organisiert: im besten Hotel der Stadt mit Dresscode, Eltern, Reden und dem ganzen Gedöns.

Hört mal Leute, wisst ihr, wie das bei uns war? Die Schule hat in der Aula eine Feierstunde organisiert, da haben alle gesessen und geklatscht – und dann gingen die Eltern nach Hause, und für uns ging an Ort und Stelle die Fete ab. Andy hat den DJ gegeben, und ansonsten lief das Ding von selbst. Smoking? Gröl, darauf wäre kein Mensch gekommen! Abendkleid? Nur wenn frau sich bis auf die Knochen blamieren wollte. Gab's alles nicht. Aber viel Spaß gab's. Und weil's nicht so stressig war, mussten wir uns auch nicht nach der Party erst mal ein Jahr zum Chillen nach Australien verpieseln, sondern – zumindest wir Jungs – konnten gleich das nächste Abenteuer anpeilen: den Bund oder den Zivildienst oder die Berufsausbildung oder doch gleich studieren ... Ganz nach Geschmack – und nach Druck seitens der Eltern. Denn hier machten sie dann doch Dampf. Unbehelligt Abi machen, das war okay. Aber dann musste was gehen. Uninspiriert und nur dem Lustprinzip verpflichtet sein: Das war ihnen ein echter Horror. Da kam dann doch das Credo durch, mit dem sie aufgewachsen waren: Wer was leistet, kann es auch zu etwas bringen.

Zivildienst war allerdings nicht so einfach. Denn da stand so eine Sache im Wege – die war doch ziemlich unheimlich. Man nannte sie: Gewissensprüfung. Die musste jeder junge Erwachsene männlichen Geschlechts ablegen, wenn er dem pflichtmäßigen Dienst an der Waffe zur Verteidigung des Vaterlandes entrinnen wollte. So wie ich. Aber wie gesagt: Das war leichter gesagt als getan. Denn für die Gewissensprüfung musste man zum Kreiswehrersatzamt. Und da gab es keine Lehrerkumpels, bei denen man sich schon irgendwie würde durchwurschteln können. Da wurde es Ernst. Der Ernst des Lebens – jetzt also doch.

Dass ich verweigern würde, war klar. Ich hatte als Kind exzessiv mit Panzern und Soldaten gespielt, mein Taschengeld für Airfix-Kampfflieger-Bausätze vertackt. Das Thema hatte ich durch. Das musste ich nicht noch live und in Farbe haben. Außerdem fand ich die Vorstellung, wenn's hart auf hart kommt, mit der Waffe in der Hand töten zu müssen, nicht wirklich prickelnd. Ich konnte es mir schlicht nicht vorstellen. Und da ich obendrein keine Lederstiefel anziehen und mir nicht die Haare kurz schneiden lassen wollte (»Hair« hatte bleibende Spuren hinterlassen!), kratzte ich meinen Mut zusammen und erklärte meinen Eltern, dass ich von meinem Recht Gebrauch machen wollte, den Dienst mit der Waffe zu verweigern. Ich machte meine Sache ganz gut, unterlegte das Ganze mit ein paar theologischen Einsprengseln, die ich in Reli gelernt hatte, und bekam auf Vermittlung meiner Mutter unseren guten Pastor als Vertrauensperson an die Seite gestellt. Und so dackelte ich mit geistlichem Beistand an einem schwülen Sommertag zur Gewissensprüfung.

Was einen da genau erwarten würde, wusste man ein wenig aus den Erzählungen anderer. Ansonsten hatte BAP alles Entscheidende verraten – die fiesen Fragen, die einen aufs Glatteis führen sollten, einschließ-

LEXIKON FÜR NACHGEBORENE: GEWISSENSPRÜFUNG

Die **Gewissensprüfung** war eine ernste Angelegenheit. Drei grimmig blickende Herren saßen dem Antragsteller gegenüber und zeigten von der ersten Minute an: »Dich kriegen wir!« Die Befragung konnte lange dauern. Neunzig Minuten waren keine Seltenheit. Böse Zungen behaupten, dass bei aller gravitätischen Schwere dem ganzen Prozedere auch eine spielerische Komponente innewohnte: dass Anerkennung oder Ablehnung keineswegs allein der eigenen Glaubwürdigkeit unterlag, sondern allem voran der Quote vom Bundesamt.

lich der passenden Antworten. Hören wir doch mal rein:

Stell dir vor, du sitzt daheim in deinem Garten,
neben dir, da stünde ein Flugabwehrgeschütz.
Oben in der Luft, da käme ein russisches Flugzeug,
das will eine H-Bombe schmeißen, ehe es sich verdrückt.
Ja, was tätst du dann, tätst du machen, Mann?
Sag mir, wehrst du dich, oder ließest du deine Stadt im Stich?

Ich glaube, da täte ich erst ein Stündchen drüber schlafen.
Dann riefe ich meine Freunde an, nach der Reihe:
»Sagt, Männer, könnt ihr mir mal gerade meine Kanone anschieben helfen?«

Und dann käme ich hier bei der Kommission vorbei:
Kreiswehrersatzamt, das wäre dann umgelappt, und es wäre vorbei mit der abgewichsten Fragerei!!

Ganz so lief es nicht, aber immerhin kam ich durch. Wurde freigesprochen – von Bund und Waffe, Feldbetten und Männerschweiß. Ich war erleichtert. Es hatte geklappt – ungewurschtelt und echt. Das war eine starke Erfahrung. Wenn ich's genau nehme: die erste echte Initiation ins Erwachsenenleben. Denn ich musste tatsächlich für mich geradestehen. Verantwortung für mein Leben übernehmen; im Prinzip sogar für mein Land. Das hat mir nicht geschadet. Und ich glaube: Das hat ganz vielen nicht geschadet. Wir jungen Männer hatten damals die Chance, ernstlich über grundlegende ethische Fragen nachzudenken. Was uns übrigens auch den Respekt der Mädchen einbrachte. Die fanden es gut, wenn wir den Mut aufbrachten, auch gegen den Widerstand der Eltern das Ding durchzuziehen. Obwohl wir dafür die Kröte eines zeitlich längeren Zivildienstes schlucken mussten.

Klar, vielen war das alles zu blöd, die sind dann halt zum Bund gegangen. Manche fanden es auch richtig, dorthin zu gehen. Haben wir umstandslos respektiert, kein Thema. Bestaunt aber haben wir diejenigen, die's ganz geschickt angingen und sich ausmustern ließen, indem sie irgendwelche körperlichen Defekte gefaket haben. Was offenbar gar nicht so schwer war, weil es von uns Geburtsstarken ja mehr als genug gab und die Musterungskommission deshalb manchmal ganz großzügig die Wurschtler durchwinkte. Was aber nicht allen bekommen ist. Denn es gibt in unseren Jahrgängen tatsächlich einige, die im Dauer-Durchwurschtelmodus geblieben sind. Manchmal bis heute. Sie pubertieren immer noch, auch

Wie ging das noch: sich ausmustern lassen

Gastbeitrag von Michael Wirbitzky

Die Verwegensten unter uns haben es fertiggebracht, sich ausmustern zu lassen – durch geschickte Inszenierungen, gefakte Gebrechen etc. Einer, der es besonders schlau angestellt hat, ist Michael Wirbitzky, vielen SWR-Hörern aus der »Morning Show« bekannt. Wir haben ihn gebeten, seine Geschichte aufzuschreiben:

»Nur nicht hinknien! Einfach ist das nicht. Aufstehen geht ja noch, aber wenn man erst mal raus ist aus dem Bett, wird's schwierig. Ich ziehe die Unterhose vorsichtig über die nur leicht angewinkelten Beine, dann die Jeans. Am schwierigsten sind die Schuhe. Wie ein Storch stehe ich da. Mit durchgedrückten Knien beuge ich mich nach unten und versuche meine weißen Tennisschuhe zuzubinden. Nur nicht hinknien!

Um 9:30 Uhr muss ich in Bonn sein. Kreiswehrersatzamt. Musterung. Ich steige in den alten Polo meiner Mutter, in den ich letzte Woche direkt nach der Führerscheinprüfung eine Riesenbeule gefahren habe. Ego zu groß, Garagentor zu klein. Heute muss es besser laufen. Als ich die Tür zum Wartezimmer öffne, sind alle Stühle schon besetzt. Das kenne ich: liegt am Jahrgang. Nie wurden mehr Jungen geboren als 1963. Wo immer ich hinkomme, sind die Stühle besetzt. Knapp die Hälfte der Jungs im Wartezimmer hat Schnellhefter, große Umschläge oder lose Blätter dabei. Der, neben den ich mich stelle, hat sogar einen richtigen Aktenordner auf dem Schoß. ›Hast du keine Atteste?‹, fragt er mich, während er den Ordner aufschlägt und blättert: ›Hier, ich habe einen Bauchdeckenbruch, eine Katzenhaarallergie, Astigmatismus, Höhenangst ... Wenn du keine Atteste hast, dann bist du im Arsch. Dann nehmen die dich!‹ Ich habe keine Atteste. Ich habe was Besseres.

Aber es dauert lang, bis ich dran bin. Sehr lang. Das Musterungszimmer ist trostlos und kalt. Auf dem grauen Linoleumboden steht ein einfacher Holztisch. Dahinter die Herren der Kommission und hinter ihnen eine Deutschlandfahne. Sonst nichts. Kein Schrank, keine Vorhänge, kein Bild an der Wand. Mit kalten Fingern werde ich untersucht, kein Befund, alles gut. Sieht aus, als hätte ich das Zeug zum Landesverteidiger. Aber dann: Endlich werde ich gebeten, zügig Kniebeugen zu machen, um anschließend den Puls oder den Blutdruck messen zu lassen. Ich sage, dass das leider nicht ginge, da ich sonst vor Schmerzen nicht mehr aufstehen könne. Der Leiter der Musterungskommission, der mich für einen Simulanten hält (der ALLE 18-Jährigen für Simulanten hält), sagt sinngemäß, dass ich mich nicht anstellen und endlich Kniebeugen machen solle. Na also, das ist mein Moment! Ich gehe zum ersten Mal an diesem Tag in die Knie, und das Krachen der Gelenke erfüllt den kargen, fast leeren Raum mit einem Geräusch, das an das Knicken großer Nordmanntannen erinnert. Das tut nicht weiter weh, hab ich auch schon immer, aber den drei Herren hinterm Schreibtisch steht augenblicklich Panik in den Augen. Ich krümme mich ›vor Schmerzen‹ und bitte darum, mir wieder aufzuhelfen. Da ich ja gesagt hatte, dass ich keine Kniebeugen machen könne und trotzdem dazu aufgefordert wurde, geht nun alles ganz schnell. Mit einem ›Entschuldigen Sie bitte, Herr Wirbitzky‹ und dem Vermerk ›untauglich‹ auf dem Papier bin ich zwei Minuten später aus dem Zimmer. Die nächsten 18 Monate verdiene ich ein bisschen Geld als Kellner, reise mit dem Rucksack durch die USA und beginne mein Studium. Meine beiden besten Freunde sitzen derweil in Kastellaun im Hunsrück und Verden an der Aller, fegen ihre Stuben und bauen ihr Gewehr auseinander und wieder zusammen. Aber die hatten ja auch Atteste.

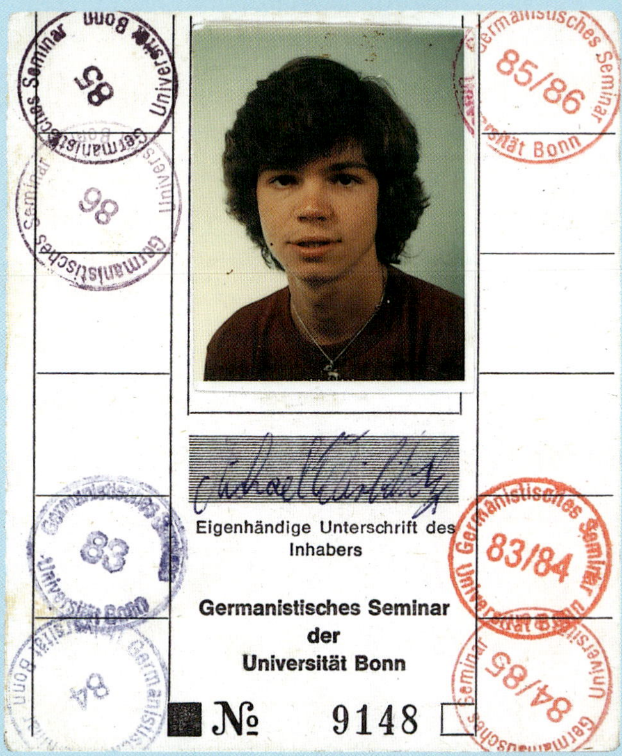

wenn sie sich inzwischen in die Chefetagen hochgewurschtelt haben.

Aber was soll's: Für alle, die sich wirklich die Frage vorlegten, ob sie Bundi oder Zivi werden wollten, war die Zeit um den Musterungsbescheid ein echtes Lehrstück in Sachen Urteilskraft und Entscheidungsfindung. Wenn's nach mir ginge, dann würde ich das heute wieder einführen. Oder das freiwillige soziale Jahr in ein Pflichtjahr ummünzen. Unisex, für Jungs und Mädchen. Einfach, um die Kids mal wirklich auf den Boden zu stellen. Fürs Leben bringt das mehr als ein pompöser amimäßiger Abiball. Unsere Turbo-Abiturienten haben oft gar keine Chance mehr, neben Pauken und Auswendiglernen auch noch Mensch zu werden, zumal dann, wenn es bei der vielen Paukerei zeitlich eng wird und ausgerechnet der Sportverein oder die Musikschule vom Plan genommen wird. Zeit für Freunde, für »Die Älteren helfen den Kleinen im Verein« gibt's nur noch in kleinen Dosen oder gar nicht. Aber lassen wir das. Sonst krieg ich noch das Gefühl, ich werde alt.

Als die Gewissensprüfung durch war, wurde das Leben wieder wurschteliger und gelassener. Ich machte den Zivildienst in Düsseldorf. In einem Kinderheim. Dabei habe ich mich nicht totgeschuftet. Ehrlich nicht. Es war aber auch nicht nur lässig, denn immerhin gab's einiges zu tun. Und es gab Menschen, denen man helfen konnte. Eigentlich hat das Spaß gemacht, und es war unterm Strich eine wirklich sinnvolle Methode, die Entscheidungsfindung, wie es weitergehen sollte, satte 16 Monate hinauszuzögern. Das war willkommen, denn in der Ferne wartete ein echtes Problem: Studieren? Ausbildung? Was tun, verdammt?

Ich war ja noch ein Geburtenstarker. Lange Zeit ein Vorteil. In der Schule hatten wir riesige Klassen, da konnte man sich gut in der Masse verstecken. Wir waren nie allein

LEXIKON FÜR NACHGEBORENE: BAFÖG

BAföG ist ein traumatisches Thema. Kaum dass wir mit der Schule fertig waren, änderte die Regierung Kohl das **Bundesausbildungsförderungsgesetz** (kurz: **BAföG**) und strich die üppige finanzielle Unterstützung von Schülern und Studis. Das heißt: Geld vom Staat gab's jetzt nur noch als Darlehen. So begann unsere Zu-spät-Kommer-Karriere.

und hatten immer Kumpels, die einem beispringen konnten. Erst jetzt, da langsam, aber sicher das erschütternde Thema »Berufswahl« am Horizont zu flimmern begann, wurden wir dessen gewahr, dass die kuschelige Masse durchaus ein Problem darstellen könnte. Weil wir nicht nur viele, sondern leider auch zu viele waren. Zu viele, um an gute Jobs zu kommen. Zu viele, um den Studienplatz zu ergattern, den man gern wollte. Zu viele, um auf BAföG spekulieren zu können. Verdammt, wir waren zu viele!

Die Lehrerkumpels hatten es schon geflüstert: »Werdet bloß keine Lehrer! Es kommt eine Lehrerschwemme!« (Ich glaube, das war purer Protektionismus. Die wollten keine Konkurrenz. Später gab's Lehrermangel …) Auf mich machte das Eindruck. Eigentlich wollte ich auf Lehramt studieren, aber mit diesen Aussichten … Was blieb noch? Theologie. Auf meine Art war ich ja ein bisschen fromm. Warum also nicht? Da konnte man eine Menge lernen. Und Mama war begeistert. Also Theologie! Tja, leider hatte mich keiner gewarnt. Deshalb staunte ich nicht schlecht, als ich mich eines Tages in der Alten Aula in Heidelberg in einer Altes-Testament-Vorlesung wiederfand, die 1000 andere künftige Pastoren mit mir hören wollten. Das war nicht gerade vielversprechend. Na ja, und weil's offenbar eh nicht drauf ankam, auf welchem Weg man seiner Zukunft als arbeitsloser Akademiker entgegentorkelt, habe ich mich dann zu etwas ganz Exotischem verführen lassen und mich bei den Philosophen eingeschrieben. Da konnte ich dann weiterwurschteln. Mit Kant und Platon. Und mit Fritz und Robert, den Kommilitonen, mit denen ich jeden Nachmittag auf der Neckarwiese kickte und anschließend die Programmkinos reich machte. War eine gute Zeit – gut gewurschtelt.

Bis zur Magisterprüfung. Dann ließ sich dieses komische Gefühl nicht länger kleinhalten: das Gefühl, dass jetzt endlich der ganze Schwindel auffliegen würde – dass ich mich eigentlich bislang immer nur durchgewurschtelt hatte, dass ich in Wahrheit ein absoluter Trottel bin, der weiland zu Recht zwei Vierer in Physik und Chemie hatte. Kurz: dass es jetzt ERNST werden würde.

Ob es das wirklich war, weiß ich nicht. Aber mich hat es weitergebracht. Irgendwie war es wieder ein Schritt in Richtung Reife. Und der war mir dann doch wichtig. Ich war immerhin schon 26 Jahre alt. Und ich wollte nicht so enden wie die bärtigen Typen, die man zuweilen in der Mensa sah: die Germanisten im 56. Semester, die immer dann Randale machten, wenn die Immatrikulationskosten stiegen. Die hatten sich für meinen Geschmack schon zu lange durchgewurschtelt. So lang, dass sie gar nicht mehr wussten, dass es auch ein Leben jenseits ihres Gewurschtels geben könnte. Aber wer weiß, vielleicht hatten sie ja auch nur die selbe Angst wie ich – die Angst, dass der Wurschtelschwindel auffliegen könnte.

Ich glaube, es wäre lohnend, mal der Frage nachzugehen, ob viele von uns womöglich deshalb nie so richtig aus den Puschen gekommen sind, weil sie von dieser Angst besessen sind. Weil sie immer noch damit rechnen, dass sie dann, wenn sie wirklich ihren Mann oder ihre Frau stehen müssten – ohne Netz und doppelten Boden, ohne Mamas Brust und Papas Börse –, überführt werden würden. Als enttarnte Meisterwurschtler, geoutet als Falschspieler und Megabluffer. Es könnte ja sein, dass sich viele von uns deshalb nie aus der zweiten Reihe hervorgewagt haben, weil diese Sorge an ihnen nagt. Vielleicht kam es ihnen da ganz recht, dass sie – wie wir anderen auch – überall immer zu spät kamen: dass die goldenen Jahre vorbei und die guten Jobs vergeben waren. Immerhin ließ sich so noch ein bisschen weiterwurschteln. Und als dann Sven Regener in den 2000ern seinen Herrn Lehmann in die Welt setzte, da fanden sie in dieser Figur so etwas wie ihren Schutzheiligen: den Patron der Sich-Durchwurschtler.

Wahlspruch Abijahrgang 1985 am Gymnasium der Autorin in Bad Saulgau.

Ich will das Sich-Durchwurschteln gar nicht schlechtreden. Es ist vielleicht das Privileg von uns romantischen Pragmatikern, dass wir diese Kompetenz erlernen durften. Und es wäre ein großes Missverständnis, darin nichts anderes zu sehen als eine subtile Strategie, sich als hedonistische Egoisten breitzumachen. Nein, das trifft die Sache nicht. Das Sich-Durchwurschteln ist aus Not geboren und nur in seltenen Fällen die Frucht eines unseligen Egotrips. Es ist auch nicht die Überlebensmethode lebensmüder Taugenichtse, die sich aus der Verantwortung stehlen wollen. Mag sein, dass das hin und wieder vorkommt, aber in der Breite ist es schlicht eine pragmatische Form der Lebenskunst, eine gewisse Flexibilität und Anpassungsfähigkeit.

Und jetzt mal ganz im Ernst: Irgendwann habe ich festgestellt, dass die anderen auch nichts anderes machen. Guckt euch die 68er an! Der Marsch durch die Institutionen war auch oft nichts anderes als ein Sich-durch-die-Institutionen-Wurschteln. Vitamin B, Connections, Seilschaften … Erzählt mir doch nix! Inzwischen wissen wir, wie's läuft. Die Jüngeren übrigens auch. Die wurschteln sich auch so durch. Dass nur die Besten und Leistungsfähigsten durchkommen – was für ein Quatsch! Die alte darwinistische Survival-of-the-fittest-Doktrin wurde von uns gründlich widerlegt. Wir haben Evolutionsgeschichte geschrieben! Seit unseren Tagen gilt, weil empirisch einwandfrei bestätigt, das Prinzip vom Survival-of-the-Wurschtler. Stehen wir also dazu, Leute! Wir haben die Wissenschaft im Rücken! Und was noch mehr zählt: die Krankenkassen.

Denn unser pragmatisch-entspannter Lifestyle ist zwar nicht unbedingt heroisch, aber dafür hat er uns davor bewahrt, vor der Zeit in die Knie zu gehen. Und das ist ja auch was wert. Glaubt man den Statistiken der Versicherer, dann sind nicht wir die Hauptrisikogruppe für Burnout. Das sind die Jüngeren. Auch die Herzinfarktrate ist bei uns nicht so hoch wie bei den Generationen über uns. Wir haben eine gewisse Gelassenheit gelernt – und es ist eigentlich jammerschade, dass wir davon so wenig unseren Kindern mitgeben; dass wir stattdessen mitmachen bei dem irrsinnigen Notenhype und Schlachtenlärm, der heute viele Klassenzimmer und Kinderseelen vergiftet. Darüber sollten wir noch mal gründlich nachdenken und uns klarmachen, dass wir es auch ohne Konkurrenzgebaren und Schulstress ganz schön weit gebracht haben. Also, liebe Leute: durchatmen, vielleicht auch noch mal Pink Floyd rauskramen. »The Wall«, ihr könnt doch bestimmt noch mitsingen, oder?

We don't need no education
We don't need no thought control
No dark sarcasm in the classroom
Teachers leave them kids alone …

WIR KÖNNEN DEUTSCHLAND

Wie man die Nazivergangenheit verdaut und griechischen Wein genießt

Wir haben hinschauen gelernt. Die Nazizeit wurde im Geschichtsunterricht keinem erspart. Und im Fernsehen lief »Holocaust«. Man hat uns Kindern damals einiges zugemutet, aber das war gut, denn so konnten wir uns der mühsamen Aufgabe unterziehen, mit unserer Vergangenheit Frieden zu schließen. Wir haben nicht wie die 68er gegen unsere Nazivorfahren rebelliert, sondern als Kriegsenkel den Schrecken der Vergangenheit verdaut. Heute sind wir erklärte Europäer, Nazihasser und Befürworter eines gastfreundlichen Deutschland.

Hitler war wertvoll. Zumindest im Block. Im Viererblock, um es genau zu sagen – im Viererblock mit der Aufschrift »Wer ein Volk retten will, kann nur heroisch denken«. Ich verstand das nicht, aber egal: Das war der Stolz von Omis Briefmarkensammlung. 2500 Mark, behauptete der Katalog. Nur hatte Omis Block leider eine kleine Macke. Deshalb bekam ich ihn geschenkt. Nun war der Führerblock der Stolz meiner Briefmarkensammlung. Nähere Details über den abgebildeten Herrn waren mir nicht bekannt. Ich war ja erst zwölf. Und die Briefmarken schienen schon uralt zu sein. Mindestens so alt wie Omi. Sie kamen aus einem Land, das es nicht mehr gab. »Deutsches Reich« stand darauf. Manchmal tauchten auf Omis Marken absurde Zahlen auf: »1 Milliarde« zum Bespiel. Kaum vorstellbar, dass Briefmarken mal so teuer waren. Am eindrucksvollsten aber waren für mich die Marken mit den Zeppelinen. Ja, Omi hatte vom Deutschen Reich die schönsten Sammlerstücke, doch Geschichten … Geschichten hatte sie keine.

Stolz des Ahnungslosen. Der Hitlerblock in der Briefmarkensammlung des Autors.

Oder nur wenige. Darin ging es meistens um den Krieg – und um die harten Jahre im zerbombten Berlin, in denen sie ihren Mann, meinen Opi, verloren hatte. Davon erzählte sie manchmal, wenn wir sie in Lichterfelde-West besuchten, in ihrer Wohnung im ersten Stock, gleich an der S-Bahn. Hinter dem Mietshaus war ein riesiger Garten, in dem die Bewohner nach dem Krieg Gemüse angebaut hatten. Omi hatte sich tapfer durchgeschlagen mit ihrer Tochter und dem jüngeren Sohn. Gelebt hatte sie eine Weile vom Verkauf der wissenschaftlichen Bücher meines Opis. Der war Historiker und hatte im Geheimen Staatsarchiv Preußischer Kulturbesitz in Dahlem als Abteilungsleiter gearbeitet. Seine Privatbücher hatte er mit den Archivbeständen in irgendeinen Salzstock auslagern können. Das erleichterte der Familie nach seinem Tod das Überleben. Viel mehr wusste ich lange nicht über ihn. Wieso auch? Er war tot. Nur eines hatte mich als Junge interessiert: ob er im Krieg war. Nein, das war er nicht. Warum? Weiß ich nicht. Es hatte wohl damit zu tun, dass er schon im Ersten Weltkrieg an der Front gestanden hatte …

Der Krieg. Er war bei Omi allgegenwärtig, doch nie unmittelbar präsent. »Ausgesprochen unausgesprochen« war er da (ich verdanke das Wortspiel Annett Louisan – damit keiner auf die Idee kommt, hier werde plagiiert!). Man konnte den Krieg noch spüren, fühlen, er hing wie eine unsichtbare Wolke über der Stadt. Auch damals noch, Ende der 60er, lag etwas Gefährliches in der Berliner Luft. Als ob sie noch immer vibrierte vom Donnergrollen der Bomber und den Explosionen der Bomben. Doch ich bekam ihn nie zu greifen. Allenfalls, wenn gelegentlich eine amerikanische Panzerkolonne durch die Drakestraße rumpelte. Oder wenn wir an die Mauer fuhren. Dort war Krieg. Dort hatte er nie aufgehört. Dort hatte ich die Hosen voll – und war zugleich unendlich fasziniert von den Soldaten und Militärfahrzeugen. Wenn man als Sechsjähriger dort stand, war auch sonnenklar, wer die Guten und wer die Bösen waren. Die Guten waren auf dieser Seite der Mauer, die Bösen auf der anderen. Omi sagte das, und Omi musste es wissen.

Tristesse der Hauptstadt. Berlin Anfang der 80er.

LEXIKON FÜR NACHGEBORENE: DDR

Die **Deutsche Demokratische Republik (DDR)** war für uns Wessis ein weitgehend unbekanntes Territorium. Berlinreisende erkannten den sogenannten »Arbeiter- und Bauernstaat« vor allem am Geruch. In den Transitzügen und auch sonst überall in Ostberlin roch es nach so einem komischen Putzmittel, dessen penetranter Gestank sich im Winter mit einer Art Braunkohlesmog vermengte. Dieser Mief hing selbst dann noch über Ostberlin, als die Mauer längst gefallen war.

Denn Omi hatte von den Guten in der schweren Zeit Kohlen geschenkt bekommen. Seither liebte sie die Amerikaner. Und meine Mama teilte diese Zuneigung. Die Russen hingegen hassten beide. Was ich verstehen konnte. Denn ich hatte noch eine andere Oma. Und die lebte auf der anderen Seite der Mauer. In der DDR.

Die DDR war ein anderes Land. Ein finsteres Land, wo man nicht leben wollte. Ein komisches Land auch. Denn es war das Land der Bösen, aber die Leute, die dort wohnten, waren lieb. Sie waren von den Bösen eingesperrt worden, und alles, was man für sie tun konnte, war, ihnen gelegentlich ein Paket zu schicken. Mit Kaffee vorzugsweise – und Damenstrumpfhosen (wieso auch immer ...). Und dann bekamen wir manchmal auch Päckchen zurück. Mit Büchern vorzugsweise. Von Bummi, dem sozialistischen Bärchen, das immerzu nach Moskau reiste. Auf den Päckchen klebten auch Briefmarken. Aber die mochte ich nicht. Mich interessierte mehr das Deutsche Reich.

So sehen sozialistische Bärchen aus.
Bummi ***war zwar ein politisches Indoktrinationsorgan der FDJ, aber der volkseigene Teddy war trotzdem nett.***

Was ich nicht verstand: dass man in der DDR mit der Deutschen Reichsbahn fuhr. Mama hatte mir erklärt, dass es das Deutsche Reich nicht mehr gab. Weil Deutschland den Krieg verloren hatte. Und dass Deutschland von den Siegern in zwei Hälften geteilt worden sei: unsere gute im Westen und die böse im Osten. Aber wieso gab es dann noch die Reichsbahnzüge? War hier die Zeit stehengeblieben? Es schien so, denn die Züge der Deutschen Reichsbahn fuhren mit Dampfloks. Mit echten Dampfloks! Dafür nahm man auch diesen komischen Geruch in Kauf, der damals in allen Waggons klebte. Und nicht nur dort. Überall in der DDR roch es so komisch. Trotzdem: Die alten Züge mit den Dampfloks waren die Attraktion. Genauso wie die Stachelbeeren in Omas Garten. Und die Kirschen. Die waren leckerer als alles, was ich kannte. Na ja, wenn man mal von Omas Eierkuchen absah. Dafür liebte ich Oma. Meinen Opa liebte ich auch. Er las uns immer Geschichten vor. Er war die Ruhe selbst. Er hätte mir bestimmt erzählt, was er im Krieg erlebt hatte. Aber als ich ihn hätte fragen können, da wusste ich noch nichts vom Krieg. Und als ich mehr darüber wusste, da war auch er tot.

Bei Oma und Opa in Erdeborn war die Zeit stehengeblieben. Das war schön. Nicht schön war, dass mein Papa nicht mitkam.

Expertenhearing bei Michael Schneider: Wieso kann man uns als eine Generation von Kriegsenkeln bezeichnen?

Dass die deutsche Geschichte nicht folgenlos für uns sein kann, liegt auf der Hand. Ebenso dass wir Kinder einer Generation von Eltern sind, die als Kinder den Krieg erlebt haben. Seit einiger Zeit hat sich für uns deshalb der Begriff »Kriegsenkel« eingebürgert. Es gibt sogar einen »Verein der Kriegsenkel«. Dessen Vorsitzender heißt Michael Schneider. Von ihm wollen wir wissen, was uns als Kriegsenkel eigentlich ausmacht.

»In den Jahren 2008 und 2009 erschienen kurz nacheinander zwei bemerkenswerte Bücher, die sich mit den Auswirkungen von Nazivergangenheit und Kriegsgeschehen auf eine Generation beschäftigten, die lange nach dem Krieg auf die Welt kam und deren Eltern den Krieg selbst nur noch als Kinder erlebt hatten: ›Wir Kinder der Kriegskinder‹ von der Hamburger Autorin Anne-Ev Ustorf und ›Kriegsenkel‹ von Sabine Bode, Journalistin aus Köln. In beiden Büchern kommen Menschen zu Wort, die zwischen 1955 und 1975 geboren wurden und die es verbindet, dass die Lebensschicksale ihrer Eltern, insbesondere deren traumatische Erfahrungen in der Kriegszeit, in der einen oder anderen Weise auch die eigenen Biografien geprägt haben. Diese beiden Bücher waren bereits ein Reflex auf Beobachtungen, die man schon vorher in Therapiegruppen, Seminaren oder Workshops machen konnte, an denen Mitglieder der Generation ›Kriegsenkel‹ teilnahmen. Wenn die schrägen Verhältnisse in den Elternhäusern zur Sprache kamen,

löste das, je nachdem, allgemeine Betroffenheit oder große Heiterkeit aus (der Wiedererkennungswert der Geschichten war in meiner ersten Kriegsenkelgruppe so hoch, dass wir bald anfingen, unsere Zusammenkünfte als Cousins- und Cousinentreffen zu bezeichnen).
Ein aufmerksamer Chronist der deutschen ›Babyboomer‹ wird auf der Suche nach kennzeichnenden Generationsspezifika also auch die Frage stellen müssen, ob die Normalität, in der sie aufwuchsen, nicht nach wie vor durch die Vergangenheit belastet und von ihr überschattet war. Wobei die Antwort nur sein kann: Ja, ganz sicher war sie das! Aber damit stellt sich noch eine weitere Frage: Was hat es für sie, die Wirtschaftswunderkinder, eigentlich bedeutet, die emotionale Leblosigkeit der Eltern zu kompensieren, ihrem Sicherheitsstreben zu folgen, die Gefühle der Heimatlosigkeit mit ihnen zu teilen? Inzwischen kommen über diesen Fragen vielerorts Gesprächsgruppen zusammen, Vereine und Foren werden gegründet, weitere Bücher geschrieben. Dienstleistungen wie die Hilfe bei der Familienrecherche oder die Begleitung auf Reisen in die elterliche Heimat werden nachgefragt. Auch die therapeutische Szene und die Forschung haben sich des Themas angenommen.
Dabei scheint es, dass die Betroffenen etwas voranbringen wollen, was vorher nur unzureichend geschehen war: Die Spuren der inneren Verwüstungen werden angeschaut, die der Krieg auch über die Generationengrenzen hinweg anrichtet. Es ist der Generation, die an dieser Aufgabe trägt, ohne sie sich ausgesucht zu haben, zu wünschen, dass dieses Projekt gelingt. Es geht um wichtige Voraussetzungen für eine zukunftsfähige Gesellschaft, für die nämlich genau dieser Mut zum Hinschauen eine wichtige Ressource darstellen wird.«

Der hatte Angst, dass die Bösen ihn einfangen. Denn als junger Mann war er ihnen davongelaufen … Das war eine Geschichte, die ich mochte. Traurig daran war nur, dass Opa und Oma ohne ihren Sohn im Land der Bösen bleiben mussten. Und schlimm war, dass diese Bösen einen immer noch dauernd kontrollierten. Mit kläffenden, riesigen Hunden kamen sie an der Zonengrenze in die Zugabteile gestürmt. Sie selbst kläfften auch, obwohl wir ihnen gar nichts getan hatten. Wir wollten doch nur zu Oma und Opa. Warum mussten sie dann meinen kleinen Koffer durchwühlen und meine Stofftiere antatschen? Und warum liefen immer Männer mit Gewehren um den Zug? Ich verstand das nicht. Es hatte wohl auch etwas mit diesem Krieg zu tun. Ich sagte ja schon – er war allgegenwärtig.

Vielleicht ist das der Grund dafür, dass er mich so unbändig faszinierte. Ich weiß nicht, was meine Eltern sich dabei dachten, aber mit vielleicht zehn Jahren fing ich an, die deutsche Wehrmacht zu erkunden. Mein ganzes Taschengeld wurde in Bausätze von Panzern und anderes Kriegsgerät investiert. Ich wusste bald alles über Rommel, ich kannte mich aus mit dem Kampfpanzer Tiger und dem Panzerkampfwagen Luchs, ich kaufte mir Literatur über die Geheimwaffen Hitlers – ich war der totale Wehrmachtsfreak. So erfuhr ich von Stalingrad und Dünkirchen, vom Blitzkrieg und der U-Boot-Flotte. Und ich erfuhr von der totalen Kapitulation; sah die Fotos der zerbombten Städte, las vom brennenden Dresden.

Meine Mama war dabei gewesen. Aber auf der richtigen Seite der Elbe, Gott sei Dank. Dort, wo nicht so viele Bomben vom Himmel fielen. Von den Stunden im Keller hat sie erzählt, von den Gebeten und der Angst. Nicht erzählt hat sie von dem, was sie gesehen haben muss, als die Angriffe vorbei waren – als die Stadt brannte und die Luft erfüllt war vom Gestank verbrannter Leiber und von den Flüchtlingen. Ich habe auch erst später im Geschichtsunterricht davon erfahren. Und noch viel später erst habe ich begriffen, wieviel das mit mir und meiner Generation zu tun hat: dass wir alle die Kinder von Männern und Frauen sind, die in irgendeiner Form diesen Krieg erlebt haben; die selbst Kinder waren, als das Dritte Reich in Flammen aufging; die Kinder waren, als ihre Eltern vor den anrückenden Russen oder Amerikanern flohen; die voller Angst zum Himmel blickten, wenn die Sirenen heulten und das Licht der Flakscheinwerfer auf den Wolken tanzten; die in Luftschutzbunkern und Kellern kauerten, während die Wände von den Detonationen bebten. Unsere Eltern haben das erlebt – die einen mehr, die anderen weniger. Aber sie alle blickten als Kinder in die sorgenvollen Augen ihrer Eltern. Sie alle erlebten die kollektive Schmach der Niederlage. Sie alle erlitten den Zusammenbruch einer Welt, an die so viele geglaubt hatten und von der nun nur noch ein paar Briefmarken im Album erzählten oder die Züge der Deutschen Reichsbahn und der Stacheldraht an der deutsch-deutschen Grenze.

Aber das ist ja längst noch nicht alles: Der Krieg war verloren, und das Land lag in Trümmern. Es fehlte an allem. Der Winter '45 muss härter denn je gewesen sein. In Düsseldorf erzählten sich die Leute, dass der Rhein gefroren war – und dass sie deshalb die feststeckenden Lastschiffe plündern konnten. Wie mag es da den Kindern ergangen sein? Haben uns unsere Eltern je davon erzählt? Haben sie erzählt von den verwirrten Soldaten, die in den Städten herumstreunten? Von den Vergewaltigungen, die an der Tagesordnung waren? Haben sie erzählt vom Hunger und der Verzweiflung? Verdammt! Was wissen wir schon von der Kindheit unserer Eltern? Wir sollten unsere Eltern zu ihren Kindheitserlebnissen befragen. Noch können sie erzählen. Ihre Geschichten sind auch ein Teil unseres Lebens.

Wie gesagt, ich habe lange gebraucht, bis ich begriffen habe, was eigentlich los war, warum so wenig von der Vergangenheit erzählt wurde, warum sie so unbeirrbar an die Zukunft glaubten. Ich habe lange gebraucht, bis ich mir einen Reim darauf machen konnte, warum es bei Oma und Opa und bei Mama und Papa immer so wichtig war, dass ordentlich viel gegessen wird und warum so viel Geld auf den Konten liegt: Nie mehr hungern! Nie mehr Not leiden! Nie mehr Angst und Unsicherheit! Das ist das Mantra der Generation unserer Eltern. Und sie haben allen Grund dazu, so zu denken – steckt doch, ob sie es nun wissen oder nicht, in ihnen allen das Trauma ihrer Kindheit; nagen doch an ihnen allen die Erinnerungen, die sie in die hintersten Winkel ihrer Seele verbannt haben. Was hätten sie auch anderes tun sollen?

Ja, sie war immer da: die deutsche Vergangenheit. Nicht nur in meinen Briefmarkenalben, nicht nur in meinen Panzern, nicht nur in der Tyrannei des übervollen Kühlschranks. Nicht nur in dem schmerzlichen Riss, der sich quer durch Deutschland zog, auch nicht nur in den Schäferhunden der Nationalen Volksarmee und der Schmach der Kontrollen am Bahnhof Friedrichstraße. Nein, da war noch mehr. Da lag noch ein anderer Schatten über uns. Ein schwerer, dunkler Schatten. Ein Schatten, für den es keine Worte und von dem es keine Briefmarken und keine Modellbausätze gab. Ein Schatten, der auch jenseits der Mauer auf den Menschen lastete und von dem nichts in meinen Büchern stand. Aber er war da, im Schweigen der Älteren, im Zorn der 68er. Bis er eines Tages auch für uns auftauchte und schlagartig vor aller Augen stand. Es war der Tag, an dem der Schatten für uns einen Namen bekam – einen Namen, der sich wie ein Mal in die Seele meiner Generation brannte: Holocaust.

»Holocaust – Die Geschichte der Familie Weiss« war der Titel eines vierteiligen amerikanischen Fernsehfilms, der 1978 im Fernsehen ausgestrahlt wurde. Ich erinnere mich an lebhafte Debatten innerhalb der Familie, ob wir Kinder uns das ansehen sollten. Mein Bruder durfte, ich durfte nicht. Von daher kann ich nicht wirklich mitreden. Ich weiß nicht, was diese Fernsehabende mit denen machten, die damals wohl zum ersten Mal Bilder von Konzentrationslagern zu sehen bekamen: die Leichenberge, die herrenlosen Schuhe, die ausgemergelten Überlebenden – all dieses Grauen, was wir inzwischen so oft gesehen haben. Aber wie war es, als so

Der Fernsehfilm »Holocaust – Die Geschichte der Familie Weiss« von Marvin J. Chomsky erzählt die fiktive Geschichte der jüdischen Arztfamilie Weiss, die in Berlin zur Zeit des Nationalsozialismus lebt. An den fünf Ausstrahlungstagen sahen jeweils zwischen zehn und fünfzehn Millionen Menschen die Sendung.

etwas erstmals im Fernsehen gezeigt wurde? Es muss einen gewaltigen Eindruck auf die Menschen gemacht haben, denn in den Tagen der Ausstrahlung gab es kein anderes Thema. Und das ging natürlich auch an uns Kleinen, die wir nicht dabei sein durften, nicht spurlos vorbei. Da gab es etwas im Fernsehen, was so schrecklich war, dass wir es nicht sehen durften! Da wurde ein Teil deutscher Geschichte dargestellt, der die Menschen bedrückte und sprachlos machte. Ja, da wurde auch mir zum ersten Mal klar, was das für ein Schatten war, der so lange schon über unserem Land lag: Es war die kollektive Schuld, die schmerzvolle Tatsache, einem Volk anzugehören, das unbeschreibliche Verbrechen begangen hatte – Verbrechen, die so furchtbar und unfassbar waren, dass man sie vor den eigenen Kindern und Kindeskindern verbergen und verschweigen wollte. Doch das ging nun nicht mehr. Eine ganze Generation war aus dem Schlaf gerissen. Genau an der Schwelle zum Erwachsenwerden holte die deutsche Vergangenheit uns ein, und wir begannen damit, uns ihr auszusetzen – uns mit ihr auseinanderzusetzen. Wir begannen mit der großen Verdauung.

Wenig später standen Nationalsozialismus, Zweiter Weltkrieg und Holocaust mal wieder auf dem Lehrplan des Geschichtsunterrichts. Kein Stoff kam in der Schule so oft dran wie die Nazizeit. Wir hatten es gefühlt in der Unter-, Mittel- und Oberstufe. Nun sahen auch wir die Bilder des Schreckens. Nun erfuhr auch ich, was es mit dem Herrn auf meinem Viererblock auf sich hatte – und wie durch und durch zynisch dieser Spruch mit dem heroischen Denken doch war. Da verlor für mich meine Panzersammlung allen Zauber. Und auch meine einschlägige Wehrmachtsliteratur flog aus dem Kinderzimmer. Ich war erschüttert. Wir waren erschüttert. Als eine Generation, die noch lange nicht in dem Maße von Bildern überflutet wurde wie die späteren, senkten sich die grausigen Schwarzweißfotos von Auschwitz und Theresienstadt in die Herzen von uns Nachgeborenen. Wir waren medial noch nicht abgestumpft, auch nicht abgehärtet. Wir begriffen sofort, dass uns das etwas angeht. Und so ließen wir uns davon berühren und fühlten all diese Abscheu und Verachtung, diesen Ekel und Hass.

Nur, wo sollten wir hin damit? Wen sollten wir anklagen? Wen konfrontieren? Unsere Eltern? Nein, die waren ja Kinder, als der totale Krieg ausgerufen wurde. Unsere Großeltern? Nein, die waren so alt und so nett und so … schweigsam. Unsere Vorgängergeneration hatte es da leichter. Die konnten drauflosschlagen. Die konnten ihren Vätern ins Gesicht brüllen, was für Schweine sie doch gewesen waren! Die konnten die Revolution proben und Randale machen. Aber wir? Was sollten wir tun? Das Gesche-

LEXIKON FÜR NACHGEBORENE: GASTARBEITER

Für uns waren alle Ausländer »Gastarbeiter«. Das Wort war keinem peinlich. Und mal im Ernst: War das so schlimm? Immerhin sahen wir diese Leute als Gäste. Klingt eigentlich viel schöner als das politisch korrekte »Migrant«, oder?

Wie es den Gastarbeitern in Deutschland tatsächlich ging, erzählt auf wunderbare und unterhaltsame Weise die Filmkomödie »Almanya«.

hene konnte nicht mehr rückgängig gemacht werden. Die Schuldigen waren jenseits unseres Gesichtskreises. Wir konnten eigentlich nur eines tun: dafür sorgen, dass so etwas nie wieder passiert. Eine innere Haltung ausbilden, die so ganz anders als die der Nazis sein sollte: tolerant und liberal, weltoffen und fremdenfreundlich, integrativ und hilfsbereit.

Wir wurden zu erklärten Ausländerfreunden. Das damals von CDU-Politikern mantraartig heruntergebetete Credo »Deutschland ist kein Einwanderungsland« erregte unseren Brechreiz. Nicht nur, weil es ein spätes Echo auf den verfluchten Nazirassismus zu sein schien – nein, vor allem, weil es die Realität verspottete. Bei uns im Düsseldorfer Süden lebten Heerscharen von Gastarbeitern: Jugoslawen, Italiener, Griechen, Türken. Wie konnte man da behaupten, wir wären kein Einwanderungsland? Unfassbar. Diesen ignoranten Säcken wollten wir es zeigen. Und bekundeten unsere Xenophilie, wo wir nur konnten. Die Eltern nötigten wir, mit uns zum Italiener zu gehen, wenn Mama mal nicht kochen wollte – was sie übrigens bereitwillig taten, weil ihnen die fette, gutbürgerliche Küche auch nicht mehr zusagte. Oder zum Griechen, weil man dort zwischen Plastikweinlaub und Gipsskulpturen so exotische Dinge wie Gyros und Souvlaki essen konnte, oder weil Udo Jürgens uns mit solcher Verve den griechischen Wein schmackhaft gemacht und einen liebevollen Blick auf unsere Gastarbeiter beigebracht hatte. Unvergessliche Zeilen:

Es war schon dunkel, als ich durch
Vorstadtstraßen heimwärts ging.
Da war ein Wirtshaus, aus dem das Licht
noch auf den Gehsteig schien.
Ich hatte Zeit und mir war kalt, drum
trat ich ein.

Da saßen Männer mit braunen Augen
und mit schwarzem Haar,
und aus der Jukebox erklang Musik, die
fremd und südlich war.
Als man mich sah, stand einer auf und
lud mich ein …

Und dann kommt der Refrain, der vom »Blut der Erde« singt und von der Einsamkeit derer, die da in unseren Vorstadtkneipen saßen und sich nach der Heimat sehnten. Jeder Ausländer (das Wort »Migranten« gab es noch nicht), der uns über den Weg lief, wurde fortan mit betonter Freundlichkeit behandelt. Wir wollten ein gastfreundliches Deutschland. Das wurde unsere politische Vision – gepaart mit einem gerüttelten Maß Verachtung für unser Land. Oder Scham, je nachdem.

Keiner von uns hätte damals einen Satz auszusprechen gewagt wie: »Ich bin stolz, ein Deutscher zu sein.« »Nazis are no fun«, schrieben wir stattdessen auf unsere Klamotten. Und das war recht euphemistisch for-

Wir können Deutschland. Und seit 2006 können wir es auch zeigen. Klinsi sei Dank!

muliert. Jede Form von Deutschtümelei wurde uns zum Gräuel. Keiner von uns wäre auf die Idee gekommen, Patriotismus gutzuheißen. Wenn wir ins Ausland reisten, gaben wir uns als Engländer oder Schweizer aus. Wir waren es leid, Deutsche zu sein.

Inzwischen ist das anders geworden. Wir haben unseren Frieden mit Deutschland gemacht. Aber das hat lange gedauert. Genau genommen bis zur WM 2006 – als endlich mal einer von uns unser Land repräsentierte und ihm auf internationaler Ebene ein neues Ansehen gab: Jürgen Klinsmann (*1964). Sein Deutschland war nach unserem Geschmack: bunt und spielerisch, heiter und unverkrampft, selbstbewusst und dabei doch über jeden Verdacht nazimäßiger Deutschtümelei erhaben. Obwohl ich immer Fußballfan war: Im Jahr 2006, mit 42 Jahren, habe ich mir zum ersten Mal einen DFB-Dress gekauft. Frankreich, Spanien, Argentinien, Italien und England hatte ich schon längst in meinem Repertoire … Deutschland seit 1974 (da war ich zehn und Deutschland Weltmeister) nicht mehr. Das sagt auch was.

Was war geschehen? Was hatte sich zugetragen? Ich würde sagen: die große Verdauung. Das ist das Werk unserer Generation. Mehr noch, das ist der Dienst unserer Generation – der Dienst an unserem Land, unserer Geschichte und unserer Zukunft. Wir haben das Dritte Reich verdaut, wir haben den Holocaust verdaut, wir haben den Krieg verdaut. Wir haben nicht angeklagt und verurteilt wie die 68er, aber auch nicht geschwiegen wie unsere Eltern. Wir haben verdaut. Wie wir das gemacht haben? Genau weiß ich es auch nicht. Aber eines sehe ich doch: Wir haben uns der Vergangenheit gestellt und uns von ihr berühren und erschüttern lassen. Wir haben akzeptiert, dass diese Vergangenheit uns etwas angeht, und wir haben die Herausforderung angenommen, etwas mit ihr anzufangen. Einiges habe ich schon erwähnt: Wir sind die ultimativen Naziverächter. Wir haben uns bewusst dafür entschieden, ausländerfreundlich zu sein. Wir sind bewusst Europäer geworden und haben als Jugendliche mit dem Interrail-Pass den Kontinent erkundet. Wir haben eine innere Haltung des Vergebens und Versöhnens ausgebildet. Wir beißen nicht, wir verurteilen nicht so schnell, wir versuchen zu verstehen. So haben wir es mit unseren Großeltern und Eltern gehalten, und so halten wir es mit unseren Kindern und Freunden. Wir nehmen bereitwillig Fremde bei uns auf und versuchen alle und jeden zu integrieren. Wir sind nett. Das hat uns so manchen Spott eingebracht – von Älteren und von Jüngeren, die uns für Softies halten.

Aber Leute, lasst Euch das nicht einreden! Steht dazu! Es ist das Verdienst und die unschätzbare Leistung unserer Generation, uns bei vollem Bewusstsein mit unserer Vergangenheit und unserer deutschen Identität arrangiert zu haben. Alle künftigen Generationen werden davon profitieren. Sie dürfen uns dankbar sein. So rum wird ein Schuh draus!

Manche von uns sind sogar noch weiter gegangen – haben Geld und Mühen nicht gescheut, um in langen Therapiesitzungen die eigene Herkunft zu durchleuchten, ererbte Traumatisierungen zu heilen. Waren es nicht wir, die noch vor kurzem die Seminare der Familienaufsteller bevölkerten? Ich glaube schon, jedenfalls war ich auch dabei und habe erlebt, wie ungemein präsent die Last der Nazizeit noch immer in vielen Seelen ist. Kaum jemand, der seine inneren Blockaden und Verstrickungen auflösen konnte, ohne dabei den Umweg über die Vergangenheit und die unerledigten Themen der Altvorderen zu gehen. So viel Unausgesprochenes schwelt noch immer in den Herzen unserer Landsleute. Und so viel Belastendes drückt noch immer auf unsere Seelen, bremst den einen oder die andere auch jetzt noch aus. Die Verdauung ist noch nicht abgeschlossen, aber sie ist vorangeschritten. Und das ist gut so. Denn unsere Eltern werden friedlicher aus der Welt gehen können, wenn sie wissen, dass ihre Kinder und Enkel nicht mehr unter dem großen Schatten leiden, der bei allem materiellen Wohlstand doch immer über ihrem Leben gelegen hatte.

Wir sind die verdauende Generation. Darauf dürfen wir stolz sein. Wir alle sind kleine Klinsmänner, jeder und jede von uns hat für sich unserem Land ein neues Gesicht gegeben – ein nettes Gesicht und ein vertrauensvolles Gesicht. Wenn Deutschland heute in der Welt wieder zum Sympathieträger geworden ist, dann liegt das zu einem guten Stück mit an uns – an uns, die wir das Deutschsein so spürbar entkrampft haben. Darauf sollten wir gelegentlich mal einen trinken, würde ich sagen. *Wir können Deutschland.* Dazu sollten wir stehen. Und wir sollten es als unsere Verantwortung betrachten, dafür Sorge zu tragen, dass wir dieses Niveau nicht wieder verspielen.

Was leider zu passieren droht. Ich sag's ehrlich: Mit 25 hätte ich mir nicht träumen lassen, dass Neonazis in Deutschland noch einmal eine echte Bedrohung werden. Ich hätte mir nicht vorstellen können, was in der jüngsten Vergangenheit in Deutschland geschehen ist. Ich denke dabei nicht nur an den NSU-Terror, sondern vor allem an die erschreckend hohe Neonaziquote, vor allem in Ostdeutschland. Es scheint, dass die Vergangenheit doch noch nicht bewältigt ist. Deshalb, liebe Leute, dürfen wir uns nicht auf dem schon Geleisteten ausruhen! Wir sollten nicht aufhören, für die Visionen unserer Jugend zu streiten: ein nazifreies Deutschland, ein fremdenfreundliches Deutschland, ein europäisches Deutschland.

Dass wir Deutschland können, ist alles andere als selbstverständlich. Denn das Deutschland, in dem wir heute leben, hat nur noch wenig zu tun mit dem Land, in dem wir aufgewachsen sind. Jetzt kommt ein heikles Thema, aber wir wollen uns davor nicht drücken. Denn es ist ja schlicht eine Tatsache, dass wir eines Tages plötzlich und unerwartet in einem Land lebten, das nicht mehr das Land war, für das wir ausgebildet worden waren; das Land, in das wir Ende der 70er und Anfang der 80er hineingewachsen waren. Wir hatten uns damals mit dem geteilten Deutschland abgefunden. Die meisten von uns sind irgendwann per Klassenfahrt mit der Schule nach Berlin gefahren, haben die demütigenden Grenzkontrollen über sich ergehen lassen, am Brandenburger Tor nach Osten geschaut und die Tristesse der Hauptstadt der DDR aufgesogen. Und ich nehme an, dass sie genau wie ich immer erleichtert waren, wenn sie am Ende des Tages den Tränenpalast hinter sich gelassen hatten und in der S-Bahn Richtung Westen saßen. Wer einmal den Osten erlebt hatte, wollte damit nichts mehr zu tun haben. Wir schauten lieber nach Westen, dorthin, wo wir unseresgleichen fanden: nach Frankreich und England, nach Spanien und Italien. Wir setzten auf das vereinigte Europa – nicht auf das wiedervereinigte Deutschland.

Als die Mauer fiel, war ich 25 Jahre alt: Wir haben vor meinem kleinen Schwarz-Weiß-Fernseher in der Heidelberger Studi-WG gefeiert und Schampus getrunken. Wir sind nach Berlin aufgebrochen und haben ein paar Stücke aus der Mauer gehackt. Es war eine große Zeit. Neugierig erkundeten wir den uns unbekannten Teil Deutschlands. Wir verstanden, was es mit dem Ost-Slogan »Ruinen schaffen ohne Waffen« auf sich hatte. Und wir staunten ob der vielen Schönheiten, die es trotzdem gab. Dann aber gingen wir wieder an die Arbeit, kehrten zurück an die Unis.

In Heidelberg und Tübingen bekam ich wenig von der Wiedervereinigung mit. Ein paar Studis aus dem Osten kamen, aber das war auch schon so ziemlich alles. Dass auch mein kleines Wessileben nicht unbetroffen bleiben würde, merkte ich erst Jahre später, als ich meine erste richtige Stelle antrat. Ich wurde Redakteur bei einer kirchennahen Zeitschrift, und mein Chef kam von drüben. Er war ein wirklich netter, wohlmeinender Herr, auf den ich nichts kommen lasse. Aber ich glaube, er konnte mit mir nichts Rechtes anfangen. Ich tickte so komplett anders als er – und wohl auch komplett anders als seine eigenen Sprösslinge, die etwa gleich alt gewesen sein dürften. Ich begriff erst jetzt, dass die Leute aus dem Osten ganz anders drauf waren als wir, selbst unsere Generationsgenossen. Die hatten nämlich gerade eine waschechte Revolution gestemmt – von Gorbis Gnaden, gewiss, aber es war doch eine echte Heldentat. Wir hatten dem nichts entgegenzusetzen. Außerdem waren die Ossis viel politischer, engagierter, tatkräftiger. Sie hatten für ihre Freiheit gekämpft, sie glaubten daran, dass der Weltgeist voranschreiten würde – während wir mit Waldsterben, FCKW und allen Widerständen zum Trotz stationierten Pershings leben mussten und mit dem Gefühl umgingen, es gehe alles den Bach runter. Wir neigten zur Resignation, die kamen aus der Revolution. Und das machte Eindruck.

Unsere alten Lehrerkumpels waren von den Neuzugängen begeistert. So hätten sie auch uns gern gehabt – so aufsässig, so politisch, so rebellisch. Gerade in der Kirche bekam ich das deutlich zu spüren. Als Wessimann hatte ich da um das Jahr 2000 herum keine Karrierechance mehr. Im Ernst: Zwischenzeitlich habe ich mich als Wiedervereinigungsverlierer gefühlt. Aber ich wäre ein schlechter Vertreter unserer Generation, wenn ich nicht auch damit meinen Frieden gemacht hätte: »Wir verstehen schon, die haben's ja nicht bös gemeint, sind ja auch nette Leute; und überhaupt – ist schon okay, alles auf dem Weg …«

Die Kinder der 80er von drüben.
Montagsdemo in Leipzig 1989.

Na ja, jedenfalls habe ich den Eindruck, dass es zwischen Ost und West noch immer erhebliche Mentalitätsunterschiede gibt, die etwas damit zu tun haben, dass diesseits und jenseits der Mauer unterschiedlich verdaut wurde. Und außerdem scheint mir, dass wir – egal ob aus Ost oder aus West – auch die 40 Jahre getrennte Wege und verschiedene Sozialisation noch zu verdauen haben. Doch was das angeht, scheint mir unsere Generation gut darauf vorbereitet zu sein. Solange unser Verdauungstrakt noch nicht ganz verschlissen ist, können wir auch dieses Kapitel deutsch-deutscher Beziehungen auf die Reihe bekommen – wir, die Verdauungsspezialisten. Ein bisschen Zeit brauchen wir wohl noch, aber dann werden wir auch im deutsch-deutschen Beziehungsdrama unser großes Ziel erreichen und das haben, was wir immer und überall wollen: ein bisschen Frieden.

Berlin
N
NURNBERG
München
N
JTALIEN
244 DL
7·89

ICH BIN DANN MAL WEG

Wie man ein Bahnabteil verbarrikadiert und ohne Navi durch Europa kommt

»Generation InterRail« wäre nicht der schlechteste Titel für uns. Jedenfalls war das unser großes Abenteuer. In Zügen, bei denen man noch die Sitze ausziehen und die Fenster runterschieben konnte, quer durch Europa tingeln. Heute Rom, morgen Oslo, übermorgen Paris. Und die Liebste oder den Liebsten immer dabei. Wenn man nichts dergleichen hatte, fand sich schon auf irgendeinem Bahnsteig die passende Begleitung. Wir haben in vollen Zügen Europa genossen. Und sind so zu echten Europäern geworden.

Myanmar, Botswana, Argentinien, Thailand, Namibia … Uff, wenn ich mir den Reiseplan meines Freundes Heinz anschaue, dann packt auch mich das große Fernweh. Jedes Jahr eine oder zwei weite Reisen, das ist nicht ohne. Wer so lebt, den kann

Fahr, fahr away …
Die erste Fahrrad-
tour Ende der 70er.

man wohl mit Recht einen Kosmopoliten nennen – einen, der in der Welt zu Hause ist. Und wer von uns wäre das nicht gern – von uns, den Reiselustigen, den Vielfliegern, den Profitouristen. Okay, nicht alle von uns fliegen immer gleich in exotische Länder. Manchen reicht auch Mallorca oder ein Ostseebad. Aber wegfahren, verreisen, das ist unser Ding. Da sind wir alle dabei. Ob ins Kinder- oder Golfhotel, ob in die Ferienwohnung oder die All-Inclusive-Anlage, ob im Zelt oder im Wohnmobil. Hauptsache: »Ich bin dann mal weg« – wie Hape Kerkeling (*1964, auch einer von uns) es auf eine Formel brachte.

Hape ging pilgern, nach Santiago de Compostela. Auch das ist eine Variante – vielleicht sogar eine, die zu uns romantischen Pragmatikern besonders gut passt: losgehen, irgendwohin, der Sehnsucht folgen. Frei nach Udo Lindenberg: »Hinterm Horizont geht's weiter«. Mal schauen, wo wir am Ende hinkommen. Gut, so reisen heute nur noch die wenigsten von uns. Ist auch zu schwierig, wenn man eine Familie im Schlepptau hat und außerdem irgendwann in der Postadoleszenz die Freude an durchhängenden Hotelbetten in lauten Unterkünften verloren hat. Ein bisschen Planung tut not, und ein bisschen Komfort muss ebenfalls sein. Aber auch nicht zu viel. Denn auf plüschige Hotelteppiche und 08/15-Standardminibars können wir gut verzichten. Selbst den Fernseher braucht es nicht – solange es einen WLAN-Zugang gibt.

Ja, die Reisegewohnheiten haben sich geändert. Wie anders war es doch, als uns Teenager das erste Fernweh packte. Da glichen wir mehr dem guten Hape, sattelten unsere Drahtesel, radelten los und waren dann mal weg: acht junge Männer auf dem Weg in die Eifel, das erste Mal allein auf Reisen, ohne Eltern, ohne die sonst unvermeidliche Jugendgruppenleiterin aus der Kirchengemeinde. Sommer 1981. Nach 20 Kilometern der erste Plattfuß. Egal – wir hatten Zeit, wir hatten Spaß, und die Jugendherberge würde uns schon aufnehmen. Es gab ja Telefonzellen, von denen aus man sein Kommen ankündigen konnte. Jugendherbergen waren zwar nicht cool, dafür aber praktisch. Man konnte für wenig Geld übernachten, man bekam riesige Portionen Nudelauflauf und traf mit ein bisschen Glück ein paar nette Mädchen. Und die Nächte in den Doppelstockbetten waren ohnehin der Kracher. Bis der Herbergsvater kam – und das waren teilweise schrotige Typen … Wenn ich heute an diese legendäre Radtour zurückdenke, dann kommt sie mir vor wie eine Art Initiationsritual: Aus Jungs wurden junge Männer. Und diese jungen Männer wollten die Welt erobern. Dafür reichten Jugendherbergen bald nicht mehr

LEXIKON FÜR NACHGEBORENE: HERBERGSVATER

Herbergsvater ist die Bezeichnung für eine Autoritätsperson, die in prädigitaler Zeit die Leitung und Aufsicht über archaische Unterkünfte für nicht zahlungskräftige junge Reisende innehatte. Besonders in Schullandheimen und Jugendherbergen traf man auf diese Berufsgruppe, deren Selbstverständnis als Servicepersonal unterentwickelt war. Dafür standen Herbergsväter im Ruf, über magische Fähigkeiten zu verfügen. Es gibt zahlreiche Berichte von verschreckten Übernachtungsgästen, die sie zu fortgeschrittener Stunde aus dem Nichts erscheinen sahen, wenn sich Personen unterschiedlichen Geschlechts in ein und demselben Zimmer befanden. Dass es dieses altehrwürdige Amt nicht mehr gibt und durch den Youth Hostel Facility Manager ersetzt wurde, bedauern wir sehr.

Expertenhearing bei Jürg Streuli: Was ist ein InterRail-Ticket – und was musste man beachten, wenn man damit auf Reisen ging?

Wie war das damals mit dem InterRail-Pass? Einer, der es wissen muss, ist Jürg Streuli. Auf ihn ist mit Datum vom 10. Februar 1972 der erste Schweizer InterRail-Pass mit der Seriennummer 00001 ausgestellt. Wir haben ihn in Zürich ausfindig gemacht und gebeten, uns seine Erinnerung an eine der schönsten Blüten der damaligen Jugendkultur zu verraten.

»Das InterRail-Ticket wurde 1972 als einmaliges Angebot zum 50-jährigen Jubiläum des Internationalen Eisenbahnverbandes (Union internationale des chemins de fer) erfunden. Aus diesem Grund machten im ersten Jahr auch einige Bahnverwaltungen sozialistischer Länder mit, darunter auch die Deutsche Reichsbahn (DR) der DDR. Das Angebot war ein überwältigender Erfolg. Obwohl es sich anfangs nur an junge Menschen bis zum Alter von 21 Jahren richtete, fand es reißenden Absatz. Das veranlasste die Bahngesellschaften dazu, im Verlauf der Zeit die Altersgrenze auf 26 Jahre hochzusetzen. So kam es, dass durch InterRail das Lebensgefühl einer ganzen Generation geprägt wurde.

In den 70ern und frühen 80er Jahren gab es noch keine Billigflüge, kein Internet und kein Handy. Die Möglichkeit, Europa für wenig Geld in allen Himmelsrichtungen bereisen zu können, war ungemein verlockend. Denn mit keinem anderen Verkehrsmittel lernt man Land und Leute besser kennen als mit der Eisenbahn, weil man schon während der gemütlichen Fahrt mit den Menschen der fremden Länder in Kontakt kommt.

Die Jugend der 70er Jahre war geprägt von der Friedfertigkeit der Hippiekultur und dem Konsumverzicht als Ideal. Die bald als ›Tramper‹ bezeichneten InterRail-Touristen waren anspruchslos und entwickelten sich in den Sommermonaten zu einer Massenbewegung. Die Bahnen mussten mit einem verstärkten Angebot von Liegewagen und direkten Kurswagenläufen wie etwa von Kopenhagen nach Narvik reagieren. Grund für dieses künstlich generierte Verkehrsaufkommen war ausschließlich der Umstand, dass eine Fahrt auf der nördlichsten Strecke im InterRail-Netz als absolutes Muss galt.

Manchen Bürgern wurden die in Wartesälen und Parkanlagen in Schlafsäcken übernachtenden Tramper freilich zum Ärgernis. Denn eine Reiseplanung mit Hotelbuchungen war der InterRail-Jugend unbekannt. Dazu fehlten nicht nur die finanziellen Mittel, ein solch bourgeoises Reisen hätte ihrer Philosophie widersprochen. Die Tramper legten im Voraus meist nur die geografischen Eckpunkte fest, die sie unbedingt besuchen wollten. Alles Weitere überließen sie der Improvisation und der Spontaneität. Das Resultat waren sehr intensive Reiseerlebnisse, die auf Lebenszeit das Bild der besuchten Länder und ihrer Einwohner prägten. InterRail erwies sich als völkerverbindend und schuf viele zwischenmenschliche Kontakte. Ein fundamentaler Gegensatz zu den oberflächlichen Besuchen von Ferienresorts der heutigen Zeit. Mit dem Aufkommen der Billigflüge und der Möglichkeit, sich bereits in jungen Jahren ein Auto leisten zu können, verlor das InterRailen seinen einzigartigen Status bei der Jugend und fristet heute eher ein Nischendasein.«

Rucksack Trampermodell. Kaum vorstellbar, aber wahr: Mit solchen mobilen Absperrgittern reisten wir vor Urzeiten durch Europa …

aus. Es blieb bei dieser einen Radtour, denn der nächste Sommer brachte neue Abenteuer.

Nun packten wir unsere Siebensachen nicht mehr in die Satteltaschen, sondern in den Rucksack. Wobei erwähnt werden muss, dass dasjenige, was damals »Rucksack« hieß, wenig mit dem zu tun hat, was man heute an komfortablen Gepäckstücken unter diesem Namen kennt. Ein Rucksack war bei uns ein sperriges Aluminiumgestell, das dauernd umfiel, am Rücken drückte und im Luftverkehr nur als Sperrgut die Chance hatte, eine Starterlaubnis zu bekommen. Was aber nicht schlimm war, da wir sowieso nicht flogen. Nein, unsere monströsen Rucksäcke schleppten wir vorzugsweise zum Bahnhof. Dort war das Tor zur Welt, denn in unserem Brustbeutel steckte die ultimative Freiheit: das InterRail-Ticket. Um die 400 D-Mark mussten wir dafür hinblättern, aber dann stand uns der Kontinent offen, vier Wochen lang freies Bahnfahren in 21 Ländern – was für eine Chance! Was für ein Abenteuer! Das konnte man sich nicht entgehen lassen.

Ich war mal wieder etwas spät dran. Meine Cliquenkumpels hatten sich schon im Sommer ’82 auf große Reise begeben. Ich musste bis nach dem Abi warten. Was hart war, denn die anderen hatten Großes geleistet: erst zum Nordkap, dann nach Paris (wo sie behaupteten, einige amouröse Heldentaten im Jardin du Luxemburg vollbracht zu haben), weiter nach Lissabon und von dort über Barcelona und Mailand in Richtung Athen. Und das alles ohne hohe Investitionen, weil die InterRailer die Nächte zumeist im Zug verbrachten, und im Süden diente ihnen so mancher Park oder Strand als freundliche Herberge.

Und dann sollte es auch bei mir losgehen. Im Sommer ’83. Wir wollten uns auf den Westen konzentrieren: Frankreich, Spanien, Portugal, vielleicht noch England (aber so weit kamen wir nicht). Wir spielten Europareise. Doch schon die erste Etappe von Düsseldorf nach Paris gestaltete sich abenteuerlicher als gedacht: Es war heiß. Klimaanlagen in Zügen gab es noch nicht. Dafür konnte man die Fenster runterschieben, was wunderbar erfrischend war, häufig aber den Unmut älterer Mitreisender erregte.

Natürlich versuchten wir – wie alle – uns diese möglichst vom Leib zu halten. Was gar nicht so schwer war. Man musste sich nur breitmachen. Wir reden ja von der Zeit vor der Erfindung des Großraumwagens; von ICEs, TGVs oder dergleichen komfortablen Hightechzügen ganz zu schweigen. Bahnfahren spielte sich im Abteil ab – und das hatte sechs Sitzplätze. Die musste man besetzen, dann machte das Ganze Spaß. Dafür bewährte sich folgende Strategie: idealerweise einen Zug nehmen, der gerade erst eingesetzt wird. Rechtzeitig da sein, um ein leeres Abteil zu ergattern. Dann: Tür zu, Vorhänge zu (ja, es gab noch Vorhänge, die wunderschöne Geräusche von sich gaben, wenn sie bei offenem Fenster im Fahrtwind flatterten), Sitze ausziehen. Hinlegen. Durch Ausziehen der Sitze nämlich ließ sich das Abteil in eine einzige Liegefläche verwandeln. Und wenn man sich darauf erst mal ausgestreckt hatte, dann konnte man bequem eine Nacht oder auch einen Tag im Zug vor sich hin dämmern – allenfalls gestört von Schaffnern, Grenzkontrollen (auch so etwas gab es damals noch, Beispiel Brenner, 4:25 Uhr, Licht an: »Buongiorno, Passaporti, per favore« – stöhn!) und – wenn's dumm lief – Mitreisenden.

Wobei das zuweilen auch gut laufen konnte, denn es gab eine besondere Spezies Mitreisender, die man gerne auf seiner Liegewiese gesehen hätte – etwa diese mythologischen Fabelwesen namens Schwedinnen, die zu jener Zeit in kleinen Grüppchen durch Europa streunten und im Ruf standen, besonders willig Bahnabteile mit männlichen InterRailern zu teilen. Also schoben wir beim Einfahren in jeden größeren Bahnhof die Fenster runter und schauten, ob an den Türen zu unserem Wagen weibliche Wesen (ob aus Schweden oder nicht – schnurzegal) zuzusteigen gedachten. Sollte das der Fall sein, wurden umgehend die Sitze zurückgeschoben und die Vorhänge aufgezogen. Die Message war deutlich: »Hier ist noch Platz!« Vielleicht, vielleicht beißt ja eine an …

LEXIKON FÜR NACHGEBORENE: KLEINBILDFILM

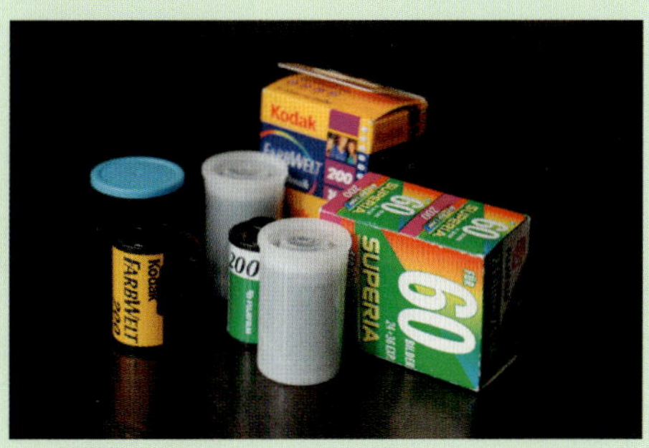

Der **Kleinbildfilm** (auch 35-mm-Film genannt) war eine knifflige Angelegenheit, denn manchmal war das Ding nicht richtig eingelegt, und dann stellte man nach vermeintlich 40 Bildern fest, dass das Scheißding nicht transportierte und auf den Bildern nix drauf war. Toll! Das waren die Horrormomente im Leben des Urlaubsfotografen.

Vielleicht aber auch nicht. Das war der Regelfall. Nur einmal teilte ich mir ein Liegewagenabteil mit vier Schwedinnen. Alle blond, alle halbnackt, alle auf dem Weg von Verona nach Brindisi. Blöd nur, dass ich seinerzeit nicht mit meinen Kumpels, sondern mit meiner damaligen Freundin Ina unterwegs war. So gesehen keine Chance auf eine Schwedinnen-Experience. Am Ende war das auch gut so. Nach durchgeschwitzter und durchgerüttelter Nachtfahrt erwachte ich mit dem unvergesslichen Anblick von vier blonden, halbnackten Schwedinnen mit Gurkenmaske. Ja, als InterRailer konnte man was erleben.

Überhaupt, die Nachtfahrten waren das Beste. Im Sommer, mit einer Dose Bier am offenen Fenster im Gang stehen, quatschen, gucken, baggern, dösen – das hatte schon was. Und sich dann ausstrecken und zum monotonen Geratter der alten Wagen vor sich hin dämmern. Irgendwo aussteigen, in der Sonne rumhängen, ahnungslos ein paar Sehenswürdigkeiten oder ahnungsvoll ein paar Mädels begucken. Einen Kaffee trinken und die obligatorischen Fotos schießen – als Beweismaterial für die Eltern, dass sie einem den Bädecker doch nicht ganz umsonst ins Handgepäck gesteckt hatten.

Über den Dächern von Arles.
Fotostopp beim ersten InterRail-Trip.

Fotografieren war damals natürlich auch ganz anders. Wir reisten mit archaischem Gerät: Kleinbildkameras für Rollfilme. Das war etwas ganz Besonderes und stellte einen vor erhebliche logistische Aufgaben. Denn man musste schon vor Antritt der Reise grob überschlagen, wie viele Bilder man wohl machen würde. Pro Film 36 Aufnahmen. Mehr war nicht. Wenn man – wie ich – gern fotografierte, musste man in seinem Rucksack ordentlich Platz für Filme vorsehen. Denn nachkaufen war im Ausland teuer. Und auf dem Petersplatz ohne Film dazustehen wollte man auch nicht riskieren. Also musste man gut munitioniert aufbrechen. Und dann gab es noch eine andere Frage zu bedenken: Was für Filme? Ja, ja, man konnte wählen: Negativfilme oder Positivfilme. Negativfilme für Papierabzüge, Positivfilme für Dias. Dias waren super. Damit konnte man nach glücklicher Rückkehr vom InterRail-Abenteuer alle seine Freunde quälen, bei einem Diaabend. Das war eine kulturelle Veranstaltung der besonderen Art – allseits verachtet, aber in Folge freundschaftlicher Pflichtgefühle doch häufig zelebriert: Pflichtgefühle seitens der Reisenden, den armen Daheimgebliebenen etwas von den eigenen Erlebnissen mitzuteilen, Pflichtgefühle seitens der Daheimgebliebenen, die Reisenden nicht um das Vergnügen ihrer Reiseerzählungen bringen zu wollen.

Und so starrte man an Herbstabenden (die Dias mussten erst gerahmt werden, was sich über Monate hinziehen konnte) in trauter Freundesrunde auf die Leinwand, lauschte im Halbdämmer den Ausführungen des Fotografen und schüttete sich den sorgfältig zur Reiseregion ausgewählten Billigfusel (Retsina, Lambrusco) hinter die Binde. Schlecht war das trotzdem nicht, denn diese Diaabende sorgten dafür, dass das Fernweh nicht erlosch und die Reiselust lebendig blieb. So manches meiner späteren Reiseziele verdankte sich dem Umstand, dass ich als Kind bei der lieben Verwandtschaft ein paar Dias gesehen hatte und seither den Wunsch im Herzen trug, auch mal dorthin zu kommen.

Wir zogen also mit unseren Rucksäcken durch die Innenstädte (ging nicht überall: Venedig hatte Rucksackverbot!) und machten unsere Fotos – mal von Notre Dame, dann von der Plaza Mayor, dann mit den netten Mädels aus einem Café in Nauplia. Abends trotteten wir dann wieder zum Bahnhof und stiegen in den nächsten Zug, oder in den übernächsten, wenn der nächste schon zu voll war. Es war die große Freiheit. Bei unseren Bahnreisen haben wir das Leben in vollen Zügen genossen. Und ich glaube, das hat uns geprägt. »Generation InterRail« wäre nicht der schlechteste Name für uns. Auch wenn wir inzwischen anders reisen.

Es war nicht nur das Abenteuer des Reisens, es waren nicht nur die flüchtigen Flirts

WAS WAR DAS NOCH?

Was ist ein Gettone?
a) sizilianische Nachspeise
b) italienische Telefonmünze
c) altrömisches Folterinstrument

(Antwort: b)

LEXIKON FÜR NACHGEBORENE: REISESCHECKS

Reiseschecks sind die archaischen Vorläufer der EC- oder Kreditkarten. Wenn man seine eigene Unterschrift gut nachmachte, konnte man sich mit den edel gestylten Papieren auf Reisen in Banken Bargeld besorgen. Theoretisch. Denn es gab Länder, in denen man sie gar nicht eintauschen konnte. Dann hatte man die Dinger in seinem sperrigen Hüft- oder Brustbeutel, wo sie infolge von hitzebedingter Transpiration nach und nach zu einem klebrigen Brei zusammenpappten. Und man musste auf Pump leben.

und Bekanntschaften, die den Zauber meiner zwei InterRail-Sommer ausmachten. Es war auch das Kennenlernen Europas. Ich bin mir sicher: Am Pariser Gare de Lyon, in Roma Termini, Amsterdam Centraal, Wien-West oder Kings Cross ist damals die westeuropäische Identität einer ganzen Generation geformt worden. An jedem Bahnhof trafen wir Leute in unserem Alter. Wir hatten Englisch und auch Französisch gelernt, und wir hatten Hände und Füße. Irgendwie konnte man sich verständigen. Und irgendwie machte das riesigen Spaß. Alle waren nett, alle hörten die gleiche Musik, alle waren hilfsbereit. Wenn man in Florenz am Bahnhof Santa Maria Novella mal wieder keine Gettoni zum Telefonieren hatte – irgendeine Ragazza fand sich und half einem aus der Klemme. Und wenn's gut lief, konnte man sie dann noch für 1000 Lire zum Gelato einladen …

In den vollen, stickigen Zügen unserer Sommerferien wurden wir zu Europäern. In den leeren und kalten auch. Ich selbst hab's ja nicht erprobt, aber meine Kumpels konnten mir glaubhaft versichern, dass sie auf der langen Fahrt von Oslo nach Trondheim mit einem Haufen Griechen 12 Stunden am Stück Backgammon gespielt haben. Wenn es überhaupt so etwas wie eine europäische Identität gibt, dann verdankt sie sich dem InterRail-Pass – und nicht Brüssel, Straßburg oder dem Euro. Im Gegenteil, behaupte ich: Dass die vereinten Europäer sich auf diese kühne Idee einer Gemeinschaftswährung einigen konnten, liegt nicht zuletzt an unserer jugendlichen Europaer*fahr*ung. Denn es war ja doch ein bisschen lästig, an jedem Bahnhof anderes Geld tauschen zu müssen. EC Karten? Hatten wir nicht! Kreditkarten? Hatten wir nicht! Reiseschecks? Hatten wir, waren aber umständlich. Deshalb der Brustbeutel, deshalb Bargeld, deshalb Wechselstuben oder fliegende Geldwechsler, die einen nach Strich und Faden beschissen haben. Einmal bin ich drauf reingefallen. Das reichte mir, auch wenn es die Ausnahme war.

Apropos beschissen: Toiletten waren auch ein beliebter Gegenstand des interkulturellen Lernens. Die Erfahrung, in manchen Ländern der Welt auf Sanitäreinrichtungen zu stoßen, die diesem Namen spotteten, trieb – wie mir später versichert wurde – besonders unter Reisenden weiblichen Geschlechts wunderliche Blüten. Die einen führten Desinfektionssprays im Handgepäck mit, die anderen machten großes Aufheben darum, irgendwo ein stilles Örtchen zu finden, das nach ihrem Dafürhalten den Kriterien der UN-Menschenrechtscharta standhielt. Da waren wir Männer besser dran. Zumal wir beim Pinkeln im Eisenbahnklo ein Vergnügen der besonderen Art goutieren konnten: Mithilfe eines Pedals konnte man bei den Bahnaborten eine Klappe betätigen, die einen freien Blick auf die Gleisstraße freigab. Trat man da drauf, konnte man bei voller Fahrt auf die Schienen pieseln. Geht heute auch nicht mehr. Was insofern von Vorteil ist, als viele der Bahnreisenden bis zuletzt nicht begriffen haben, dass angesichts dieser urwüchsigen Entsorgungsmethode die Benutzung der Aborte in Bahnhöfen wirklich unterlassen werden sollte.

Im Übrigen war InterRailen eine Schule des Vertrauens: Egal ob Griechenland, Portugal, England oder Norwegen, überall traf man nette Menschen, mit denen man plaudern, rumhängen, flirten konnte. So wurde ich zum »Ragazzo dell'Europa«, um bei dieser Gelegenheit Gianna Nannini zu Wort kommen zu lassen, und passend dazu hörte

Unterwegs mit Papas Schätzchen – der VW Jetta ist gemeint, die junge Dame ist des Autors ehemalige Freundin.

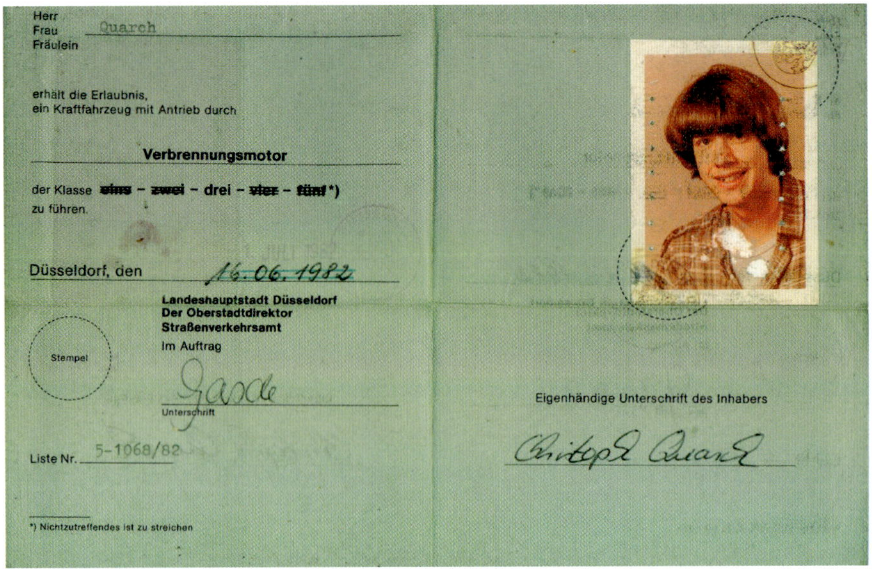
Herr
Frau Quarch
Fräulein

erhält die Erlaubnis,
ein Kraftfahrzeug mit Antrieb durch

Verbrennungsmotor

der Klasse ~~eins~~ – ~~zwei~~ – drei – ~~vier~~ – ~~fünf~~ *)
zu führen.

Düsseldorf, den 16.06.1982

Landeshauptstadt Düsseldorf
Der Oberstadtdirektor
Straßenverkehrsamt
Im Auftrag

Stempel

Unterschrift

Liste Nr. 5-1068/82

Eigenhändige Unterschrift des Inhabers

Christoph Quarch

*) Nichtzutreffendes ist zu streichen

So sah er aus, der Lappen unserer Träume. Die damalige Frisur des Autors war freilich wenig geeignet dazu, anderen Verkehrsteilnehmern die Stirn zu bieten.

ich »A song for Europe« von Roxy Music. Das Herz wurde weit und die Seele offen. Wir hatten Platz für die große Welt – für die Welt, die wir später dann bei unseren Fernreisen kennenlernen sollten.

Und Autos? Autos hatten wir nicht. Den Kleinwagen als Abigeschenk – mit auf der Rückscheibe öffentlich gemachter Annoncierung »Abi 1983«? Nein, daran war nicht zu denken. Wenn's gut ging, lieh Papa einem mal sein Schätzchen. Ich war so ein Glückspilz. Nachdem wir lange überhaupt kein Auto hatten, ging mein Vater kurz nach meinem 18. Geburtstag das Wagnis ein, sich nach Jahren der Enthaltsamkeit doch noch ein Auto anzuschaffen – einen silbermetallicfarbenen VW Jetta, den er gelegentlich auch seinen gerade erst volljährigen Sprösslingen überließ. Dass er mich nebst Freundin Ina und einer weiteren Freundin im Herbst '83 damit allein nach Frankreich fahren ließ, war ein echter Vertrauensbeweis. Das wurde mir schlagartig klar, als ich keine zwei Kilometer von zu Hause entfernt von einer Zivilstreife rausgewunken wurde: Den Führerschein wollten sie sehen. Und wo ich denn hinwollte – so in aller Herrgottsfrühe. Es war 4:30 Uhr, und ich war auf dem Weg zu meiner minderjährigen Freundin, um mit ihr nach Frankreich zu fahren. Ich glaube, die ganze Wahrheit habe ich nicht erzählt, aber der Führerschein war gültig (wenn auch nicht hübsch), und das allein zählte …

Mein erster Autourlaub begann also etwas holprig. Bis dahin waren wir immer mit der Bahn in Urlaub gefahren. Und deshalb lag mir zu Oberstufenzeiten das InterRailen auch sehr viel näher als das andere, damals gängige Reisemodell: Trampen. Nicht alle zogen nämlich mit ihren sperrigen Alugestellen zum Bahnhof. Manche schleppten sich damit zur Autobahnauffahrt, beschrifteten ihren alten Schulzeichenblock mit Worten wie »Italien« oder »Berlin«, streckten die Hand raus und hofften auf dienstfertige Verkehrsteilnehmer, die einen in die gewünschte Richtung mitzunehmen gedachten. Mein Ding war das nicht. Ich hatte wahrscheinlich zu viel Schiss in der Bux. Und für Mädchen war Trampen eh tabu. Man konnte also auch keine kennenlernen. Und die, die trotzdem trampten, waren nicht mein Typ. Deshalb kann ich nicht viel vom Trampen erzählen. Höchstens von der Fahrt mit einem durchgeknallten Griechen über eine Passstraße bei Korinth, der zu spät zu seinem Rendezvous kam und sich mit 150 Sachen im Rückspiegel die Speckhaare kämmte … Ein Alptraum!

Auch die seinerzeit nicht unübliche »Man spricht deutsh!«-Erfahrung ist an mir vorbeigegangen. Autolos wie wir waren, wagten sich meine Eltern mit uns Kindern nie über die Alpen. Carbonara und Soave kannte ich vor meiner InterRail-Zeit nur von den

Der Gipfel des Grauens: Eine bayerische Familie macht an einem italienischen Strand Urlaub und benimmt sich so tölpelhaft, dass es schlimmer – und lustiger – kaum geht. »Man spricht deutsh« kam 1988 in die Kinos. Hauptdarsteller waren Gerhard Polt und Gisela Schneeberger. Der Film war genial, weil er uns gnadenlos den Spiegel vorhielt. Danke, Gerhard!

Erzählungen der Mitschüler, die sich in den Sommerferien an überfüllten Adriastränden in Rimini oder Jesolo tummelten und von tagelangen Staus in den Alpen erzählten. Teilweise konnten diese »schönsten Ferienerlebnisse« durch zappelige Super-8-Filme belegt werden – eine Technologie, die in unserem Haushalt ebenso wenig geläufig war und mit der ich daher nur wenig Berührung hatte. Es war schon ein Erweis höchsten Vertrauens und endloser Liebe, wenn eine Freundin sich bereitfand, ihrem jugendlichen Liebhaber ein solches Filmdokument vorzuführen. Vorzugsweise waren darauf italienische Strände und Pizzerien zu erblicken. Weiß nicht, ob mir da wirklich viel entgangen ist. Zumal zum üblichen Riminiprogramm dem Vernehmen nach damals auch noch Brechdurchfall in Folge von »Penne con Cozze« zu gehören schien …

Ferienglück am Teutonengrill, wenn man mit dem Käfer über den Brenner gekommen ist …

Okay, an diesem Punkt zeigt sich, wie gut es doch ist, eine Co-Autorin zu haben, die immer dann interveniert, wenn's gar zu einseitig wird. Sie hat das nämlich ganz anders erlebt und mir davon erzählt, wie toll es für sie war, mitten in der Nacht mit dem Auto loszufahren und irgendwo auf einem kalten Alpenpass dann zum Frühstück Tee aus der Thermoskanne zu trinken. »Danach«, sagte sie, »ging's durch Tunnel und über Brücken, bis endlich das ›Wer das Meer als Erster sieht, kriegt ein Eis‹-Spiel zelebriert werden konnte«, und schwärmte von den Ferienhäuschen, deren Kühlschränke mit Formaggio, Prosciutto und Pesto vom örtlichen Markt gefüllt wurden, von den fliegenden Händlern am Strand, die frische Kokosnüsse verkauften, und den italienischen Jungs, die die blonden Mädels umflatterten … Kein Wunder also: Die Reiselust hat uns nie verlassen. Keine Generation vor uns ist wohl in der Masse so viel auf Reisen gewesen wie wir – keine dürfte so viele Länder bereist haben. Das hat uns geprägt. Es hat uns nicht nur zu Europäern werden lassen,

LEXIKON FÜR NACHGEBORENE: SUPER-8-FILME

Surr, schnurr, abgehackte Bewegungen und verblichene Farben: Eine **Super-8-Film**-Vorführung war ein fragwürdiger ästhetischer Hochgenuss, dessen Charme meist in unfreiwilliger Komik bestand. Besonders fortschrittliche Eltern filmten ihre Sprösslinge mit unfassbarer Ausdauer und schufen dabei cineastische Meisterwerke, die heute – Gerüchten zufolge – bei der Therapie von chronischen Schlafstörungen eingesetzt werden.

sondern zu Weltbürgern. Vielleicht ist das auch einer der Gründe dafür, warum wir uns so sehr um die Belange der Welt kümmern. Uns berührt es, wenn ein Tsunami die Küsten des Indischen Ozeans verwüstet, denn viele von uns haben dort schon einmal Urlaub gemacht. Was man kennt, ist einem näher, und deshalb lassen uns die politischen Verhältnisse und Umbrüche in unseren Urlaubsländern nicht kalt. Wären wir nie in Ägypten oder Tunesien gewesen – wir würden uns weniger dafür interessieren, was aus diesen Ländern wird. Hätten wir nicht an griechischen Stränden rumgelungert und im Staub der Akropolis nach Scherben gesucht, würde es uns nicht so zu Herzen gehen, dass Griechenland heute in die Brüche geht. Und wären wir nie in Italien oder Spanien gewesen und hätten die dortigen Menschen lieben gelernt – wir würden immer noch ob der verlorenen WM- und EM-Spiele der jüngeren Vergangenheit mit den Zähnen knirschen …

HEUTE BLEIBT DIE KÜCHE KALT

Wie man mit Dosenravioli groß werden und trotzdem auf den Geschmack kommen kann

Als wir Kinder waren, änderten sich die Essgewohnheiten. Unsere Mütter beherrschten noch die Hausmacherküche, aber gleichzeitig eroberten die Errungenschaften der Lebensmittelindustrie den heimischen Herd. Dosenravioli und Mirácoli wurden feste Größen auf dem Speiseplan. Und die Frittenbude zur willkommenen Alternative, wenn Mama keine Lust auf Kochen hatte. Geblieben ist dennoch eine Erinnerung an die alte frische Heimatküche – vielleicht der Grund dafür, dass viele von uns als Hobbyköch(inn)en auf den Geschmack gekommen sind.

Blubb, blubb, blubb. Eines der Geräusche meiner Kindheit, wenn ich in den Keller geschickt wurde. Dort stand in der Vorratskammer ein großes weißes Plastikfass mit einer kleinen Plastikschüssel als

Süß, klebrig, aber irre hip: TRi TOP, der Sirup in den schlanken Designerflaschen, war eines der Modegetränke unserer Kindheit.

Tropffang darunter. Drin blubberte Apfelsaft seiner Vergärung entgegen, um später als saurer Most getrunken zu werden. Die Äpfel dafür sammelten wir immer im Herbst auf den Apfelwiesen von Oma. Das waren Streuobstwiesen, die damals jedoch noch nicht so hießen. Äpfel gab's auf der Apfelwiese, und die Himbeeren für die Marmelade, die im Regal neben dem Mostfass stand, pflückten wir im Wald. Mann, haben diese Himbeersträucher immer gekratzt! Stundenlang sind wir durchs Unterholz gekrochen, um dann ein Eimerchen voll gesammelt zu haben. Die Hälfte der Himbeeren war sowieso wurmig. Aber beim Einkochen hat das dann nicht mehr so gestört.

In unserer Speisekammer gab's aber noch andere verborgene Köstlichkeiten. Denn streng genommen interessierte mich das Mostfass nur, wenn noch junger Apfelsaft drin war. Und die Himbeermarmelade war dann was Besonderes, wenn Mama dazu einen großen Hefezopf mit viel Butter gebacken hatte. Was aber immer und jederzeit Begehrlichkeiten weckte, war die Kiste mit Limonade. Gelb und irrsinnig sprudelnd. Jeden Abend durften wir Kinder eine Flasche davon zum Abendbrot holen. Noch heute kann ich spüren, wie die süße Kohlensäure aus dem Magen aufsteigt und durch die Nase nach draußen will. Da war ich bei meinen Freunden ganz vorne dabei: Wir hatten Limo im Keller! Und das war viel besser als dieses klebrige Zeug namens TRi TOP, das man gelegentlich auf Kindergeburtstagen kredenzt bekam.

Und dann gab's in dem Vorratsregal auch noch das Allerheiligste: ein Brett nur mit Süßigkeiten. Puffreis, saure Himbeeren, Schaumerdbeeren, Gummischlangen, was für ein Schatz! Dass die ganzen Köstlichkeiten randvoll mit Farbstoffen und chemischen Zusätzen waren, kümmerte weder meine Eltern noch uns Kinder. Auch bei meinem Co-Autor Christoph war das so. Ich höre ihn noch davon schwärmen, wie er sonntags mit seinem Papa zum »Büdchen« (so nennt man im Rheinland einen Kiosk) schlendern und sich für zehn Pfennige aus den großen Bonbonnieren Lakritzschlangen aussuchen durfte. Keiner sah darin ein Problem. Wieso auch? Hauptsache schön bunt und süß.

Der Umgang mit dem ganzen Süßkram war deshalb so entspannt, weil sich kein Mensch ausmalen konnte, was in den Errungenschaften der chemischen Lebensmittelindustrie so alles drinsteckte. Zusatzstoffe, die ADHS begünstigen? Kein Gedanke. Denn es gab ja noch kein ADHS. Zucker und Säure, die den Zahnschmelz kaputt machen? Sicher, da waren mal Karius und Baktus im Unterricht als Zahnplagegeister aufgetaucht. Aber die putzten wir abends ja

Kaum zu glauben: Deutschlands erstes McDonald's-Restaurant wurde bereits 1971 in München eröffnet.

immer wieder raus. Dachten wir zumindest. Denn tatsächlich haben wir uns in diesen Jahren alle die Zähne kaputt gemacht. Fluoridierung, Fissurenversiegelung, Zahnseide? Nie gehört. Dafür fand der Zahnarzt jedes Jahr mindestens ein Löchlein mehr. Nicht nur bei mir – bei fast allen Jugendlichen bekam das Gebiss jede Menge Flecken, denn gefüllt wurden die Löcher natürlich mit Amalgam. Nicht schön und auch nicht gesund, damals aber der Füllstoff der Wahl.

Anhand unserer Vorratskammer lässt sich der Zwiespalt unserer jugendlichen Ernährung aufzeigen. Wir wuchsen in einer Zeit des Umbruchs auf. Zum einen wurde noch selbstverständlich all das verarbeitet, was Natur und Umgebung zu bieten hatten. Zum anderen wurden die Neuerungen der Lebensmittelindustrie ungefragt und auf breiter Front in den Alltag integriert.

Und so kam Tempo ins Essen. »Fix« war das Trendwort. Denn der Begriff »Fast Food« hatte sich noch nicht durchgesetzt. Was nicht heißt, dass Fast Food nicht gegessen wurde. Im Gegenteil: Ich erinnere mich noch gut an jenen Tag Ende der 70er, an dem das Fast Food zu uns aufs Land kam. Das heißt: Eigentlich kam das Land zum Fast Food. In der nächstgrößeren Stadt, gut 70 Kilometer entfernt, hatte nämlich der erste McDonald's eröffnet. Und den mussten meine Freunde und ich unbedingt ausprobieren. Also wurde der alte Golf einer großzügigen Mutter mit sechs hungrigen Teenagern vollgestopft, und los ging's. Eine gequetschte Stunde hin und noch gequetschter wieder zurück. Nur um eine platte Frikadelle im pappigen Brötchen aus einer Faltschachtel zu essen. Einer von uns war schon mal da gewesen und hatte folglich Wissensvorsprung. Also briefte er seine Mitfahrer: was ein Big Mac ist, welche Getränkegrößen es gibt und dass Ketchup extra kostet. Und ganz wichtig: wie man zu bestellen hat. Megapeinlich, wenn wir Landeier bereits bei der Bestellung als solche aufgeflogen wären! Der ganze Aufwand, bloß um endlich selbst spüren zu dürfen, wie einem Senf und Ketchup durch die Finger tropfen. Vermutlich hat kein Burger mehr so geschmeckt wie dieser allererste. Die große Welt war damit auch in Oberschwaben angekommen. Jetzt konnten wir mitreden,

Expertenhearing bei Vincent Klink: Wie war das mit der Küche um 1980?

Ein paar besondere Geschmäcker liegen wohl noch auf jeder Zunge. Omas Gulasch oder Mutters Reibekuchen sind sowieso unvergleichlich. Aber wie war das objektiv? Was haben wir als Kinder zu futtern bekommen? Wie kochten unsere Eltern, und was waren die kulinarischen Trends unserer Kindheit? Wir wollten es genauer wissen und haben deshalb bei Fernseh- und Sternekoch Vincent Klink (Jahrgang 1949) nachgefragt. Sein Urteil fällt saftiger aus, als wir erwartet hatten.

»Alles in den 60ern war eine Zumutung, die Zeiten sowieso, und das Essen erst recht. Letzteres empfand ich als dumpf, ärmlich, ja geradezu steinzeitlich. Mein Vater, ein Tierarzt, brachte jeden Tag melkwarme Milch vom Bauern mit. Außerdem gab es frisch geschlagene Butter, die immer ein bisschen nach Kuhstall roch, dann das dunkle Holzofenbrot, frische Linsen, Wurst. Immer dieses Hausmacherzeugs. Mutter kochte wie eine Wilde hausgemachte Spätzle, Schmalz mit Grieben wurde ausgelassen, und dann kamen noch die Erzeugnisse aus dem eigenen Garten auf den Tisch. Unvergesslich sind mir die grauenvolle Rote Bete und die riesige Gelbe Rübe, die dermaßen heftig nach Karotten schmeckte, dass es mich würgte.
Meine Freunde lebten derweil bereits weltläufig mit Fernseher und Mirácoli-Spaghetti. Alle waren schon mal am Meer gewesen, in Benidorm oder am Teutonengrill unweit von Rimini. Aus den Fenstern schallten hochmoderne Schlager wie ›Sole, Sole, Sole heißt die liebe Sonne‹, und meine verschnarchten Eltern erfreuten sich immer noch an Glenn Miller und Bill Haley. Ich schämte mich gehörig und beneidete die Arbeiterkinder, mit denen ich zum Fußballplatz zog, um ihr ›Konsumbrot‹. Mit Margarine bestrichen und mit dünner Industriewurst belegt empfand ich es als totale Delikatesse.
Bei den Nachbarn gab es nicht diesen Linsenmampf mit Spätzle, sondern Ravioli aus der Dose, eine absolute Köstlichkeit. Und wenn dazu noch ein Glas Frigo-Brause mit

dem Geschmack von tausend Orangen gereicht wurde, empfand ich solcherlei Gaumenlust als geradezu futuristisch, als einen Kurzurlaub im Elysium.

Später dann, in meiner Lehrzeit als Koch, dem Mief meiner Heimatstadt Schwäbisch Gmünd entronnen, hörte ich zum ersten Mal die Beatles und bekam Anfang der 70er Jahre auch mit, dass es so etwas wie den California-Lifestyle gab. Schlaghosen mussten her und eine davon auch noch in Überschallrot. Das Geld für diese Buxe hatte ich mühsam zusammengespart, sie löste bei meinem Vater Tobsuchtsanfälle aus. Meine Haare gerieten zum Wildwuchs, fielen sardellenartig auf die Schultern, und Paps maulte, ich sehe bald aus wie Tante Martha, die sich nur alle vierzehn Tage einen Badetag gönnte. Mein knallgelber Pullover wurde von den Eltern als Baader-Meinhof-Mode abgekanzelt.
Damals galt unter Möchtegernhippies die Parole ›Mut zur Farbe‹, und meine Eltern verstanden mich und die Welt nicht mehr. Sie fürchteten, ich sei schwul geworden. Und als dann in der Spätpubertät kurzeitig meine Brustwarzen von einem Tag auf den anderen anschwollen, ging ein Aufschrei des Entsetzens durchs Haus. Der Sohnemann, ›hart wie Kruppstahl, zäh wie Leder‹? Opa, Oma, Mama, Papa, die Haushälterin, alle ordneten mich völlig ironiefrei als schwächliche Missgeburt ein. In meinem Ohr klingt heute noch der unerhörte Satz des Tierarztes – wie aus dem Oberkommando der Wehrmacht: Mit mir könne man ›kein leeres Scheißhaus stürmen‹, und ich sei sowieso ›ein klarer Fall für Euthanasie‹. Dagegen aufmüpfen war zwecklos, denn in diesen Jahren durfte man nichts krummnehmen. Wer nach einem Faustschlag am Boden lag, musste sich womöglich noch anhören, dass man es ja nur ›im Guata hat saga wölla‹. Es waren grobe Zeiten, keinesfalls von Nachdenklichkeit unterlegt und übrigens längst nicht so entnazifiziert, wie man gemeinhin glaubte.
Wenige Jahre später hatte ich meine Meisterprüfung schon hinter mir, versöhnte mich leidlich mit meinen Eltern, die mit jahrelanger Verzögerung mittlerweile auch einen modernen Haushalt führten. Mami fühlte sich sogar sehr modern und stöckelte im Minirock herum. Nescafé war der letzte Schrei. Nix mehr Schmalzbrot, sondern Wienerwaldhähnchen. Das Fernsehen hatte Träume von Weltläufigkeit geweckt und die erste Asienkoch-

welle unseren Haushalt längst überschwemmt. Papas Leibgericht war Nasi Goreng, das er beharrlich ›Nazi Göring‹ nannte. Der Schwarzweißfernseher hatte via Clemens Wilmenrod, dem ersten Fernsehkoch, Rezepte wie Toast Hawaii, Hack-Igel, arabisches Reiterfleisch oder die berühmte gefüllte Erdbeere geliefert. Das waren damals TV-Zeiten, fast wie in der Klapsmühle. Wilmenrod entfernte hochkonzentriert die grünen Blattansätze bei ungefähr zehn Erdbeeren und drückte in die Delle jeweils einen Mandelkern. Mit diesem Hattrick beschäftigte er sich geschlagene zwanzig Minuten. Das Publikum vorm heimischen Phonofurnier, der Musiktruhe im Telefonzellenformat, bekam Triebstaubäckchen.

Die Hungerzeiten des überstandenen Krieges rumorten noch in den Menschen, die Speisekammern waren knüppelvoll mit Hülsenfrüchten. Als Wagenburg gegen Mangelzeiten wurden die Wohnungen mit Tiefkühlern umstellt. Ein Tiefkühler nach dem anderen wurde gekauft, als wappneten sich die Eltern für einen Atomkrieg und jahrelanges Bunkerdasein. Als mein Vater vor einigen Jahren starb, erbten wir Kinder eine Tiefkühler-Armada mit massenhaft Fürst-Pückler-Eiscreme-Ziegeln und vielerlei Gefrierbrandpreziosen, darunter eine Kavallerie von Jahrgangsfasanen, vom Padrone selbst geschossen, anno 1974.

Dann kam es zur Revolution; nicht in den bürgerlichen Haushalten, sondern in Restaurants mit Köchen, die nicht mehr Kaiser Wilhelm als Trendsetter feierten. Als ich 1974 mein Restaurant startete, folgte ich von der ersten Stunde an den Maximen der ›Nouvelle Cuisine‹ von Paul Bocuse. Oft fuhr ich als Lernender nach Frankreich, um die Kunst dieser hochmodernen, aber eigentlich vernünftigen und logisch zu begründenden Frischeküche zu erlernen.

Die Nouvelle Cuisine, in Deutschland als Mode der kleinen Portionen missverstanden, war letztlich nichts anderes als die Abkehr von der Mehlschwitze und die Rückkehr zu frischen und qualitativ hochwertigen Produkten, also zu all dem Zeugs, das ich in meiner Kindheit so gehasst hatte. Es war schwer, die wienerwaldverseuchten Teutonen wieder auf den Geschmack von natürlich aufgewachsenem Geflügel umzustimmen. Und so blieb es auch: Diejenigen, die in der Kindheit den Junk der frühen Tage mampften, können sich später wohl nie mehr von solchen Kindheitstraumata befreien.

Kein Wunder dass ein Gast kürzlich zu unserer handgeschöpften Bretagne-Butter die Frage riskierte, ob es sich um Schmalz handle …«

wenn Freunde aus der Großstadt kamen. Auch wir waren Fast-Food-Kenner. Wir waren auf dem Stand der Zeit!

Komischerweise kam uns nie der Gedanke, dass wir längst schon Fast-Food-Esser waren. Viele aus meiner Klasse waren Busschüler. Sie kamen jeden Morgen von weither übers Land gefahren. Wer an den Tagen mit Nachmittagsunterricht in der Mittagspause nicht nur die belegten Brote von zu Hause kauen wollte, musste sich zwangsweise im Städtchen nach etwas Essbarem umsehen. Leberkäswecken (Brötchen mit Fleischkäse) und Bratwurst verkaufte der örtliche Metzger. Viel mehr kulinarische Optionen hatten die armen Buskinder nicht. Selbst die später zum Lieblingsgericht unserer Generation avancierte Currywurst war noch keine Selbstverständlichkeit. Kantine oder Schulmensa? Das gab es damals schlicht und einfach nicht. Eigentlich erstaunlich, wie gut die Busschüler diese Ernährung überstanden haben. Ich kann mich auch nicht an viele dicke Kinder erinnern. Adipös? Die Vorsilbe »Adi« gab es nur in Kombination mit den schon damals angesagten Turnschuhen. Heute können wir das Ganze mit Humor nehmen: Der Mittagstisch unserer Jugend, das war doch astreine »Trennkost«: viel Fett, viele Proteine, viele Kohlehydrate – und keine Vitamine oder Ballaststoffe. Das blieb auch so, als ein findiger Metzger eine Fritteuse an den Start brachte und den Mittagstisch um Fritten bereicherte.

Ellbogen weg vom Tisch. Der Autor hält sich beim Konfirmationsessen seines Bruders getreulich an die von Mutter (rechts) und Opa (links) gelehrten Manieren.

Irgendwann eröffnete bei uns im Städtchen die erste Döner-Kebab-Bude – eine Errungenschaft, die nicht nur unseren Fett- und Fleischkonsum erhöhte, sondern auch dazu führte, dass fortan ein dezenter Hauch von Knoblauch und Zwiebeln den Nachmittagsunterricht umwehte. Fast Food: Wir bekennen uns schuldig. Wir haben das Zeug in Mengen verdrückt.

Und erstaunlich wenig Schäden davongetragen. Dank den Mamas! Denn die hätten nie zugelassen, dass wir ausschließlich mit Fast Food groß werden. Für mich als Nicht-Buskind war es schon mittags selbstverständlich, bei den Busschülern dann abends: Zumindest einmal am Tag wurde zu Hause ordentlich gekocht und gegessen. Einmal am Tag saßen alle um den Tisch und holten sich das, was sie tagsüber verpasst hatten: die Vitamine, den Kontakt zu den

Als die Mütter ihren Töchtern das Kochen beibrachten. Ende der 60er war die Puppenküche noch als Schule fürs Leben gedacht.

Eltern und Geschwistern und die Rüffel, wenn die Ellbogen auf oder die Hände unter dem Tisch waren.

Die gemeinsame Mahlzeit war wichtig. Das sprach man nicht aus, das wurde gelebt. Mit all den Regeln, die dazu gehören: Warten, bis alle am Tisch sitzen. Fragen, ob jemand das letzte Stück möchte. Und auch die eine oder andere bohrende Frage der Eltern mussten wir aussitzen: »Wer ist beim Rauchen auf dem Schulhof erwischt worden?« – »Warst du heute pünktlich? – Kann nicht sein, wenn du erst fünf Minuten vor Schulbeginn losradelst …« – »Was hast du für einen komischen Lappen um deinen Hals gebunden? Ein Wischtuch?« Empfanden wir das als spießig? Nicht wirklich. Es war Bestandteil unseres Alltags. Etwas, das vielen Kindern heute so dringend fehlt: eine Börse des innerfamiliären Austauschs, eine Lehrstunde in sozialen Spielregeln, Esskultur und Tischmanieren. Uns Kindern der 80er wurden diese Kulturtechniken tatsächlich noch beigebracht, und wir haben sie gelebt.

Unsere Eltern konnten noch kochen. Unsere Mütter haben es von ihren Müttern gelernt. Denn damals galt: Wer nicht kochen kann, kriegt keinen Mann. So einfach war das. Vereinzelt gab es sogar schon kochende Väter. Aber natürlich hatten die als Ernährer der Familie zumeist nicht die Zeit, an Werktagen den Kochlöffel zu schwingen. Das war Mamas Job. Aber wenn Gäste kamen, dann stellte sich Papa schon mal in die Küche und kochte Chinesisch. Mit Morcheln und Bambussprossen aus der Dose, die jedes Mal, wenn wir in einer größeren Stadt waren, in Gebinden gekauft und zu Hause gebunkert wurden. Dazu Glasnudeln, Sambal Oelek, Sojasauce – die Chinesenkiste im Vorratskeller war gut bestückt. Denn auch wenn es bei uns auf dem Land noch kein China-Restaurant gab, waren wir doch keine Hinterwäldler. Chinesisch wurde so interpretiert, wie Papa dachte, dass es in China sein musste. Schließlich kamen die Zutaten dafür direkt aus China, mit kleinem Umweg über Holland. Aber die Holländer waren nun mal die Ersten, die Lebensmittel aus China importierten. Wer hätte damals geahnt, dass etwa 30 Jahre später auch die Erdbeeren in unserem Frühstücksmüsli aus China kommen würden …

Dass frische Lebensmittel aus aller Welt immer und überall verfügbar sein könnten – damals bekamen wir eine Ahnung davon. Die ersten Kiwis tauchten beim Gemüsehändler auf. Man kostete Avocados (wie sollte man die bloß essen?) und war stolz, wenn es an Weihnachten Eis mit frischen Erdbeeren aus Brasilien gab. Mit dem Flieger für teures Geld eingeflogen. Das war Luxus!

Auf der anderen Seite ging der Trend zur schnellen Küche. An Familienfernsehabenden wurde schon mal als besondere Delikatesse ein Toast Hawaii auf dem Coachtisch serviert. Denn der schmeckte allen und war fix zubereitet. Apropros »fix«: Der Zusatz »fix« auf der Verpackung musste für unsere Mütter einen magischen Klang gehabt haben. Sie wussten zwar noch, wie man eine Salatsauce selbst anrührt, aber schicker war's mit Salatkrönung. Mama konnte eine Bratensauce mit Mehlbutter binden, aber mit Maggi fix ging es noch fixer. Kartoffelpüree selbst gestampft? Wozu? Es gab doch das Püree aus der Packung, fix und fertig. nur noch Wasser einrühren. Auch dieser fixe Reis aus dem fixen Kochbeutel, der ganz fix von der Gabel fällt, darf hier nicht unerwähnt bleiben. Den hatte so ein amerikanischer Onkel erfunden.

WIE GING DAS NOCH: REZEPT TOAST HAWAII

Der Toast Hawaii durfte beim Fernsehabend nicht fehlen. Evelin weiß noch, wie's geht:

- Das Toastbrot kurz im Toaster anrösten, anschließend mit Butter bestreichen.
- Danach mit je einer Scheibe Kochschinken, Dosenananas und Schmelzkäse belegen.
- Im Loch der Ananas eine Cocktailkirsche platzieren.
- Den Toast Hawaii bei 200 Grad im vorgeheizten Ofen überbacken, bis der Käse geschmolzen ist.

Schmeckt besonders zu abendlichen Fernsehshows ...

DEUTSCHLANDS ERSTE PIZZERIA

Deutschlands erste Pizzeria ließ Träume aufkommen: »Sabbie di Capri« (Sand von Capri) hieß die Bier- und Speisewirtschaft, die Nicola di Camillo im März 1952 in der Würzburger Elefantengasse eröffnete. Der aus den Abruzzen stammende Wirt war 1946 mit den Alliierten nach Deutschland gekommen und hatte rasch begriffen, was den Amis schmeckte: Pizza. Und so entstand die Idee, gemeinsam mit einem Kollegen in Würzburg eine eigene Pizzeria aufzumachen. »Wir haben damals gesagt, hier gibt es ja genug Amerikaner«, erinnert sich Nicola di Camillo in einem Interview mit der *Welt* anlässlich des 70sten Geburtstages seines Restaurants. Die Rechnung ging auf: »Es war proppenvoll, die GIs standen Schlange.« Die deutsche Kundschaft jedoch war zögerlicher. Es dauerte eine Weile, bis sich ein »Rechtsanwalt in Begleitung junger Damen« an den Sand von Capri wagte. Sie waren wohl die Ersten, die in unseren Breiten entdeckten, dass man beim Italiener fast immer gut aufgehoben ist.

Und ich als Tochter stand daneben und übernahm ganz selbstverständlich all diese »fixen« Fertigkeiten. Was in meinem Fall nicht so schlimm war, denn ich erlernte zum Glück auch die anderen, richtigen Kochkünste dazu. Aber es wundert mich nicht wirklich, wenn ich heute im Supermarkt Frauen meines Alters sehe, die Kartoffelpüree aus der Tüte und fertige Tomatensauce aus der Dose kaufen. Denn das haben wir eben auch gelernt …

Überhaupt hatten wir als Kinder und Jugendliche ein vergleichsweise unverkrampftes Verhältnis im Umgang mit Dosen. Vor allem, wenn's auf Reisen ging. Ohne die Dosen mit Linsen- und Bohneneintöpfen hätten wir keinen unserer ersten Urlaube überlebt. Wer mit Freunden im Auto zum Zelten losfuhr, hatte die halbe Karre voll mit diesem Zeug. Vor allem mit Ravioli. Im Ernst, Dosenravioli waren für uns der ultimative kulinarische Hochgenuss, und wenn dann noch eine Prise von dem fertig geriebenen Parmesan aus der Tüte drüber kam, dann schnalzten wir mit der Zunge. So (dachten wir), so musste Italien schmecken!

Allerdings wurde ich bald eines Besseren belehrt. Ich erinnere mich noch gut an eine sehr unschöne Urlaubszene, als wir am Zielort feststellen mussten, dass meine Freundin Susi den Dosenöffner zu Hause vergessen hatte. Die Erinnerung an die Investition von 5000 Lire für ein italienisches Exemplar tut heute noch weh. Komischerweise mussten wir richtig lange suchen, bis wir dieses Utensil in einem italienischen Laden entdeckten. Wie kann eine italienische Mama ihre Kinder mit Ravioli füttern, wenn sie keinen Dosenöffner hat? Diese Frage kam während jener denkwürdigen Suche ernsthaft zur Sprache.

Zwei, drei Jahre später waren wir schlauer. Wir packten keine Dosen mehr ein, denn wir wollten nach Frankreich fahren. Und was isst und trinkt der Franzose? Baguette, Brie und Rotwein. Wir beschlossen, dass das für drei Wochen Ferien eine ausgewogene Mischkost sein würde. Und da wir bei den günstigen Landweinen blieben, war diese Form der Ernährung auch im Rahmen des Budgets durchaus eine gute Ernährung. Denn mit 300 Mark mussten die drei Wochen doch zu machen sein …

Was die Einheimischen in unseren Urlaubsländern tatsächlich kochten, aßen und tranken, blieb uns bei diesem Reisestil weitgehend verborgen. Das änderte sich erst, als mir bei einer Reise nach Italien Pietro aus Modena begegnete. Mit Pietro saß ich nächtelang auf einer Hausmauer und philosophierte über das Leben und die Liebe. Pietro brachte die Schmetterlinge in meinem Bauch zum Flattern. Und sorgte ganz nebenbei noch für einen anderen bleibenden Eindruck, indem er aus dem Kühlschrank seiner Familie unfassbar leckere Sachen holte: gegrillte Paprika, eine Paste aus getrockneten Tomaten und Oliven, hauchdünnen Schinken und jungen Pecorino. Er zeigte uns auch ein kleines Restaurant in einem der Hinterhöfe seiner Heimatstadt. Dort bekam man, ohne irgendetwas bestellt zu haben, einfach das Gericht des Tages auf den Tisch gestellt. Und das hatte komischerweise so gar nichts mit den Ravioli zu tun, die wir kannten.

Damals wurde der Schalter in meinem Kopf umgelegt. Das also war die vielgepriesene italienische Küche! Tomatensauce bestand gar nicht aus mit Mehl angedicktem Tomatenmark. Parmesan war nicht dieses daheim gebräuchliche Sägemehl aus der Tüte, sondern wurde frisch über die Nudeln

Promifragenbogen: Jacqueline Amirfallah

Sie ist eine der wenigen weiblichen Meisterköchinnen in unserem Land. Jaqueline Amirfallah. Jahrgang 1960. Sie studierte Soziologie, bevor sie beschloss, vom Herd aus fürs soziale Miteinander der Menschen zu sorgen. Aus ihrer eigenen Gourmet-Küche schaut sie immer über den Tellerrand hinaus. Kocht im Fernsehen und mit Schulkindern. Setzt konsequent auf Produkte aus Region und Saison, verbindet in ihren Gerichten Ost und

Amirfallah
(Name)

Jaqueline
(Vorname)

1962
(Geburtsjahr)

....
(Geburtsort)

Was ist Ihre prägendste Kindheits- oder Jugenderinnerung?

Wenn ich ans Essen denke, gibt es mindestens drei : Erstens gab es einen echten Break für mich, als meine Eltern mit uns, meinem Bruder und mir, in den Iran gezogen sind, ich war damals fünf, und ALLES schmeckte anders, die Milch, der Joghurt, usw. Und es gab keinen Apfelsaft!! Zweitens als ich das erste Mal eine scharfe Chili gegessen habe, danach war ich lange ganz vorsichtig, ich wusste gar nicht, dass Essen auch wehtun kann. Drittens das erste Mal, als ich nach längerer Zeit wieder Schokolade gegessen habe, das war großartig, ich glaube, da war ich so sieben.

Womit tun Sie sich in der Welt von heute schwer?

Mit der Globalisierung und deren Folgen: Alles muß überall da sein, auch wenn es nur billige Imitate sind, noch mal aufs Essen bezogen: Erdbeeren im Dezember, die aussehen wie Erdbeeren, aber sonst nichts mehr damit zu tun haben, weder so riechen noch so schmecken.

Egal ob Sie welche haben oder nicht: Was würden Sie Ihren Kindern mit auf den Weg geben wollen?

Dass Sie mit sich selbst im Reinen sein sollen. Dass sie so leben sollen, wie sie es für richtig halten, und nicht, wie es von Ihnen verlangt wird. Dass sie ihr Leben selbst gestalten sollen!

West. Jaqueline ist im Iran aufgewachsen, hat in Deutschland studiert und Kochkarriere gemacht. Akademisch gebildet und handwerklich perfektioniert, zeigen Frauen wie sie, wie stark unsere Generation doch sein kann.

Wie möchten Sic alt werden?

Wahrscheinlich wie wir alle, nicht allein, mit Freunden und Familie zusammen, trotzdem mit Rückzugsmöglichkeiten, mit dem Alter angemessener Gesundheit, mit ein wenig Natur, ein wenig Kultur. Es wäre mir wichtig, die Gesellschaft, in der ich lebe, noch zu verstehen, welche Fortschritte auch immer bis dahin stattgefunden haben.

Ich würde in unserer »Alten«- Gemeinschaft gerne immer wieder für alle kochen, immer jemanden finden, mit dem ich über alles reden kann, was mich bewegt, es wäre mir aber auch wichtig, Kontakt zu jungen Menschen zu haben und die Welt nicht nur von dem Blickwinkel meiner Generation zu betrachten.

Vervollständigen Sie bitte den Satz: Meine Generation ist gut/~~taugt nichts~~, weil …

sie sich in einer so schnell verändernden Welt zurechtfindet, modernes Leben lebt und trotzdem immer wieder auf Bewährtes zurückgreift. Wieder mal ein Essensbeispiel: Wir rollen Sushis, produzieren mit CO_2 und Mikrowelle Biskuits und kochen Königsberger Klopse.

Was war das Essen Ihrer Kindheit?

Das ist bei mir tatsächlich Multikulti, da mein Vater Iraner ist und meine Mutter Deutsche war, und da sie auch gerne mit uns gereist sind, haben wir alles kreuz und quer gegessen, vom gekochten Lammkopf, den mein persischer Opa so gerne aß, bis zu dem weltbesten Frikassee von meiner deutschen Oma, persischer Reis, Kartoffelpüree, chinesisches Essen, türkische Fischbrötchen, italienisches Risotto usw.

gerieben. Und erst die Nudeln: Die waren nicht matschig und weich, sondern hatten noch Biss. Olivenöl, Frutti di Mare, Tiramisu – herrlich!

Haben nicht fast alle unserer Generation ähnliche Erfahrungen gemacht? Vielleicht wissen wir die authentische Küche anderer Länder ja gerade deshalb zu schätzen, weil wir herumgekommen sind und das Essen vor Ort schon mal probiert haben. Und weil wir auf diese Köstlichkeiten auch zu Hause nicht verzichten wollten. Es gab ja auch hier einen Italiener, Griechen, Türken oder Chinesen. Und ein Großteil ihrer Umsätze stammte aus unseren Taschen. Bei ihnen essen zu gehen war für uns fast selbstverständlich. Wenn wir uns einen Restaurantbesuch gönnten, dann am liebsten international. Die »gutbürgerlichen« Gasthäuser haben an uns nicht so viel verdient.

Inzwischen ist das anders geworden. Seit sich die bürgerliche Gastronomie neu erfunden hat, haben auch wir entdeckt, dass ein Steak vom Weiderind aus der Nachbarschaft ein Genuss ist. Und dass Kräuter-Pfannkuchen mit Spargel im Frühjahr toll sind, Spargel im November zum Salat aus der Dose aber ätzend.

Als pragmatische Romantiker wollen wir natürlich auch selber kochen können. Seit der Abkehr vom Fix-Programm ist die autarke und authentische Küche für uns eine Sache der Ehre. Deshalb ist Kochen für viele von uns längst mehr als nur ein lästiges Muss, um die Nahrung verdaulich zu machen. Nein: Es ist ein Statement. In unserer Generation finden sich signifikant viele begeisterte Hobbyköche, die mit Freude einkaufen gehen, um dann stundenlang zu schnippeln und zu köcheln. Natürlich biologisch, ökologisch und frisch, versteht sich. Wen wundert es da, dass unser kulinarisches Repertoire vor allem Gerichte aus der italienischen, thailändischen oder französischen Küche umfasst, und dass wir alles ganz pur und möglichst ohne chemische Küchenhelfer auf den Tisch bringen wollen.

Da wir aber trotz allem noch den Geschmack der Kässpätzle (oder des Gulaschs) von Mama und das Aroma der Zwetschgenknöpfle von Oma auf unserer Zunge spüren, haben wir den Bezug zur deutschen und regionalen Küche nicht verloren. Unsere Generation ist heutzutage mehr und mehr auf den Wochenmärkten unterwegs, um nach saisonalen und regionalen Produkten zu suchen. Und dafür hatten (und haben) Oma und Mama doch die besten Rezepte. Wie war das noch mit den Krautfröschlein? Wie gingen die Zwetschgen knöpfe? Mit ein wenig Glück gibt's die Oma oder Mama noch, die man fragen kann. Und so kommen diese Klassiker der deutschen Küche auch wieder bei uns auf den Tisch. Natürlich befreit von allem Fix-und-Fertig-Ballast.

Auch wenn uns das nicht in die Wiege gelegt war: Wir sind diejenigen, die die deutsche Küche wieder zu schätzen wissen, wir sind diejenigen, die die Renaissance der heimischen Gerichte mittragen. Und zwar befreit von allen Dogmen. Salatsauce mit Olivenöl gemacht, was sonst? An die Linsen kommt ein Schuss Balsamicoessig, Kürbissuppe schmeckt mit einem Klacks Kürbiskernöl gleich noch mal so gut. Entscheidend ist, dass die Linsen schmecken und der Kürbis mehr kann, als nur sauer eingelegt zu sein. Wichtig ist uns, mit den Nahrungsmitteln unserer Heimat genussvoll umzugehen.

Wir waren die Ersten, die mit Produkten aus aller Welt gefüttert wurden und zu jeder Jahreszeit schon alles gegessen haben. Wir mussten miterleben, wie ungezügelter Konsum unsere Nahrungsmittelindustrie zu einer Wahnsinnsmaschinerie gemacht hat, bei der, um das Beispiel Frühstücksmüsli noch mal aufzugreifen, die Zutaten aus vier Kontinenten kommen: Erdbeeren aus China, Getreide aus Rumänien, Amarant aus Bolivien und Rosinen aus Kalifornien. Wenn dann noch ein Becher Joghurt (aus holländischer Milch, die in Italien in einen Behälter aus Portugal abgefüllt und mit einem Deckel aus der Ukraine verschlossen wurde) darübergekippt wird, ist der Irrsinn perfekt.

Brauchen wir das? Die Antwort ist ein klares NEIN! Die Erkenntnis kommt bei immer mehr Menschen an – und wir sind die Generation, die sie wesentlich mit steuern kann. Wir sind viele. Wir haben Familien, wir kaufen ein und können mit unserem Verhalten den Markt beeinflussen. Wir haben noch erlebt, dass es auch anders geht: dass man auch gut leben kann, wenn weniger, dafür aber Gutes auf den Tisch kommt. Und wir wissen auch, wie sehr man sich im April auf den Spargel freut, wenn es neun Monate lang keinen gegeben hat.

Das haben wir den Generationen nach uns voraus. Wir sind dran, das Ruder in den Küchen an uns zu reißen. Ich behaupte mal, wir haben das Ruder schon in der Hand. Denn wir haben den Blubb noch im Ohr. Und damit meine ich nicht den Blubb aus der Werbung mit dem Spinat …

AM LAUFENDEN BAND UND DALLI DALLI

Wie man mit drei Fernsehkanälen und mit schwarz-weißen Bildern leben kann

Unsere Helden waren Captain Kirk oder Lassie. Die »Sesamstraße« wartete als Mutter pädagogisch ambitionierter TV-Formate à la »Wissen macht Ah!« und »Pur+« auf. Es gab irgendwann einen Programmschluss und ein Testbild. Und der alte Röhrenfernseher kam mit drei Programmknöpfen aus. Zappen war unbekannt. Vor der Mattscheibe haben wir gelernt, mit dem zu leben, was man bekommt.

Kaffee und Kuchen. Badewanne. Daktari. Der wundervolle Dreiklang eines Samstagnachmittags meiner Kindheit. Die üblichen Samstagsarbeiten wie Rasen mähen, Hof kehren und einkaufen mussten bis 13 Uhr erledigt sein, denn dann schlossen die Läden. Das Wochenende wurde mit einer gemeinsamen Kaffeestunde eingeläutet.

Frisch gebadet und mit geschnittenen Fingernägeln parkten wir Kinder dann vor der Glotze ein, um mit Doc Marsh verletzte Elefanten zu versorgen. Oder mit Wildhüter Hedley Wilderer zu stellen. Was für ein wunderbares Ritual! Da war es fast egal, ob wir mit »Tarzan« durch den Dschungel hangelten, mit Clarence, dem schielenden Löwen aus »Daktari«, alles verschwommen sahen oder mit dem »Raumschiff Enterprise« in die unendlichen Weiten des Weltalls aufbrachen. Wichtig war: Samstag Viertel vor sechs auf dem Sofa zu sitzen und fernschauen zu dürfen. Denn was da gezeigt wurde, das sorgte noch Tage danach für Gesprächsstoff.

Am Samstag schauten alle Kinder dasselbe. Zumindest wenn Papa nicht auf die zeitlich konkurrierende Sportschau bestand. Samstags fernsehen war ein kollektives Wochenereignis, dem jeder für sich alleine zu Hause nachging. Und das uns doch alle miteinander verband. Eigentlich auch eine sozial sehr ausgewogene Sache. Denn jedes Kind hatte an so einem Samstagabend dieselben Erlebnisse. Egal ob die Eltern Akademiker oder Handwerker waren – am Samstag um 17:45 Uhr waren alle zu Hause. Und alle taten dasselbe.

Gruppenbild mit Clarence. Das Daktari-Team kam jeden Samstagabend zu uns ins Wohnzimmer.

Vorausgesetzt, die Familie hatte einen Fernseher. Kaum vorstellbar, dass das damals noch nicht selbstverständlich war. Heute gibt es in den meisten Haushalten zwei oder drei Fernseher. Was manchmal zu skurrilen Situationen führt, weil etwa ein Kind Kika guckt und das andere Nickelodeon und die Eltern schließlich den Computer anwerfen müssen, um per Livestream Nachrichten sehen zu können. Ich gestehe, dass es auch bei uns schon zu solchen Szenen gekommen ist.

Fernsehen ist schon lange kein kollektives Erlebnis mehr: Abende, an denen sich eine ganze Familie aufs Sofa setzt und sich ohne Streit zwischen dreißig Fernsehprogrammen und fünfzig DVDs auf einen gemeinsamen Nenner – sprich ein gemeinsames Programm – einigt und zwei Stunden lang darauf konzentriert? Schwierig … Und sich dann auch noch zufällig für das Programm entschieden zu haben, das die Freunde auch schauen, so dass man am nächsten Tag darüber tratschen kann? Noch unwahrscheinlicher. Bei heutigen Kids und Teens mag es solche Formate wie »DSDS«, »Voice of Germany« oder »Germany's Next Topmodel« geben – aber das ertragen nur die wenigsten Eltern in voller Länge. Also wieder nix mit allen auf dem Sofa! Allenfalls bei einem WM-Spiel mit deutscher Beteiligung kann man so was noch erleben.

Fernsehen, um mitreden zu können um gemeinsamen Gesprächsstoff zu haben: In meiner Kindheit und Jugend musste man nicht im Vorfeld absprechen, was geschaut wurde. Bei nur drei konkurrierenden Programmen war das sonnenklar.

Und so lachte jeder mit, wenn einer sich wie die Schimpansin Judy aus »Daktari« auf dem Kopf und gleichzeitig unterm Arm kratzte. Oder wenn einer von uns einen Schlüsseldialog aus »Tarzan« zitierte, konnten alle mitsprechen. Denn wir hatten zweifelsfrei alle dasselbe gesehen. Diskussionen, wie ich sie manchmal bei unseren Kindern beobachte – »Waaaas, du darfst das schon gucken?« oder »Echt, du hast noch nie … gesehen?« –, gab es damals nicht. Denn eines war klar: Was am Samstagabend gezeigt wurde, war familientauglich. Meine Güte, wie viel Stress und Streit sind unseren Eltern dadurch erspart geblieben! Allein durch die Tatsache, dass es keine Castingshows gab, bei denen Menschen heruntergeputzt werden. Oder durch den Umstand, dass noch nicht zur besten Zeit Thriller gesendet wurden; von dem ganzen Zeug, wo auf grausamste Art und Weise gemordet wird, ganz

Unvergessliches Emblem. Wenn im Fernsehen das Eurovisionsbild kam und die dazu passende Hymne erschallte, dann hatten wir Zwerge das Gefühl, die große weite Welt käme zu uns ins Wohnzimmer.

zu schweigen. Unsere Kinder laufen ständig Gefahr, beim Zappen bei so einer Szene hängenzubleiben. Und wir Eltern haben dann immer einiges zu tun: verstörte Kinder beruhigen oder mit aller autoritären Macht ein bestimmtes Programm verbieten. Familiäre Harmonie vor dem Fernseher: Aus heutiger Zeit betrachtet ist das ein echtes Privileg unserer Kindheit!

Denn, um auf den Samstagabend zurückzukommen, die einzige Diskussion, die regelmäßig aufflammte, war: Wer darf wie lange schauen? Ich erinnere mich noch heute an den Samstag, an dem ich nicht nach der Vorabendserie ins Bett musste, sondern noch das anschauen durfte, was nach der Eurovisionsmelodie kam. Das war vielleicht gar nicht so prickelnd, aber ein sicheres Indiz, dass ich kein Kleinkind mehr war. Eigentlich schon fast erwachsen. Was nicht

Kaum einer, der sich nicht an die großen Fernsehshows mit Blacky Fuchsberger, Rudi Carrell und Co. erinnert.

heißt, dass ich diese geborgene Atmosphäre nicht sehr genossen hätte. Denn mit der Tagesschau setzten sich auch die Eltern zu uns aufs Sofa. Dann entstand eine gemütliche Atmosphäre en famille. Für die war ich dann doch noch nicht zu groß. Außerdem sah es ja keiner, wie wir da auf dem Sofa kuschelten. Und Nüsschen oder Salzstangen aus der »Telebar« kauten, denn nur zum Fernsehen am Samstag gab es diese Knabbereien. Ein Fernsehabend war eben etwas Besonderes. Es war der Samstagabend und sonst keiner. Dann liefen die großen Shows: »Am laufenden Band« mit dem unvergesslichen Rudi Carrell (Gegenstände vom laufenden Band aufzählen und nie den Fragezeichen-Würfel vergessen!), »Auf Los geht's Los« mit Blacky Fuchsberger (auch mal im Nachthemd moderierend, eine Sensation!). Und dann natürlich »Wetten, dass ...?«. Kaum vorstellbar, dass es auch mal eine Zeit vor »Wetten dass ...?« gab.

Neben den Samstagen wurden auch die Donnerstage zu Fernsehabenden, was an

***Alter Hüpfer.* Hänschen Rosenthal vor den obligatorischen Dekowaben von »Dalli Dalli«.**

Wum, Wendelin und Wim Tööööölke lag. »Der große Preis« zugunsten der Aktion Sorgenkind. Flott umbenannt in »der große Scheiß«, aber angeschaut haben wir ihn trotzdem. Genauso wie »Dalli Dalli« mit Hans Rosenthal, der jedes Mal in die Luft sprang, während er den legendären Satz rief: »Sie sind der Meinung, das war Spitze.«

Eine Sendung der besonderen Art war auch »Spiel ohne Grenzen«. Da traten irgendwelche Orte aus dem In- und Ausland bei irrsinnigen Fantasiespielen gegeneinander an. Eigentlich ein Vorläufer des Dschungelcamps auf hohem Niveau – und mit viel Sinn fürs Kollektiv … Das alles war eine unaufgeregte, solide Fernsehunterhaltung, in der Menschen wie solche behandelt wurden und kein Moderator den Ehrgeiz hatte, seine Gäste vorzuführen. Beispiel Robert Lembke, der Inbegriff der Nettshow: »Welches Schweinderl hätten's denn gern?« Sein »heiteres Beruferaten« war fraglos der Gipfel der Harmlosigkeit. Fazit: Es war sicherlich nicht immer der große Brüller, was wir da schauten – aber wir kannten nichts anderes. Und keiner konnte dem Fernsehen dieser Zeit vorwerfen, dass es das Benehmen verdarb!

Unaufgeregt und solide. Das gilt auch für ein anderes Format, das wochentags vor den Vorabendserien lief: die »Drehscheibe«. Von 1964 bis 1982 drehte sich das D, achtzehn lange Jahre. Aber wer hat sie im »Fernsehgedächtnis« gespeichert? Dass mal die Kurbel ausfiel, mit der die Drehscheibe zum Sen-

***Welches Schweinderl hätten's denn gern?* Robert Lembke kam bei seiner epochalen Quizsendung »Was bin ich?« mit vergleichsweise wenig Showelementen aus: immer dieselben Rateonkels und Ratetanten, immer dasselbe Ritual. Das »heitere Beruferaten« glich mehr einer fernöstlichen Meditationszeremonie als dem, was man heute unter Fernsehen versteht.**

Und samstags grüßt der Cartwright-Clan. Bei den insgesamt 430 Episoden der US-Fernsehserie hatte man irgendwann das Gefühl, zur Familie zu gehören und wurde auf der Ponderosa-Ranch langsam heimisch. Wer auf dem Bild fehlt, ist der unvergleichliche Koch Hop Sing …

dungsauftakt gedreht wurde, das war markant. Aber sonst? Eine der ersten Ratgebersendungen des deutschen Fernsehens, heute würde man Serviceformat dazu sagen. Autotest, Wintersportgeräte, regionale Aufschaltungen, und am Schluss wurde immer gesungen, irgendein halbwegs aktueller Star trällerte zu Playback. Auch gekocht wurde in der »Drehscheibe«! – mit Max Inzinger, dem legendären »Ich hab da mal was vorbereitet«-Fernsehkoch.

All das berieselte mich, setzte aber keine emotionalen Marken. Die Musik zum Schluss war manchmal ganz okay. Mehr aber auch nicht. Wirklich ausgeharrt habe ich für die Sendungen, die nach der Drehscheibe liefen. Da war die Familie Cartwright aus »Bonanza«. Und Lassie, Fury, Flipper. Ja, das waren meine Helden! Mit ihnen habe ich gelacht, aber auch Rotz und Wasser geheult, wenn einer in der Klemme steckte. Wie großartig und intelligent meine Lieblinge doch waren! Wie viele widerwärtige Menschen es doch gab, die ihnen was antun wollten. Meine Mama wollte mir mal verbieten, »Black Beauty« anzuschauen, weil ich gar so sehr weinen musste. Das war der emotional Payoff, wie es heute in der Filmsprache heißen würde. Da ging's noch um echte (Tier-)Schicksale!

»Schweinchen Dick« hingegen ließ mich kalt. Heute weiß ich, dass es massive Elternproteste gegen diese Comicserie gab. Zu brutal, zu rabiat hieß es. Das ZDF musste Schweinchen Dick und seine Freunde aus dem Programm nehmen. Andere Comic-

Politisch total unkorrekt, gewaltaffin und superlustig. Wenn Tom und Jerry über den Bildschirm jagten, hatten wir unseren Spaß.

LEXIKON FÜR NACHGEBORENE: RÖHRENFERNSEHER

Es war einmal eine Zeit, da standen in deutschen Wohnzimmern zentnerschwere monströse Kästen mit leicht gewölbten Mattscheiben. Man nannte sie Fernseher, genau genommen hätte man sie Röhrenfernseher nennen müssen, denn die Teile erzeugten Bilder mithilfe einer Kathodenstrahlröhre. Es dauerte immer ewig lange, bis sie ein Bild produzierten, anfangs auch nur in Schwarzweiß. Heute, im Zeitalter des Flachbildschirms, vermisst diese Monster keiner.

figuren hingegen durften weiterhin ungestört Rabatz machen. Und das durchaus nicht so gewaltfrei, wie wir das heute gerne unseren Kindern gegenüber behaupten würden. Tom und Jerry zum Beispiel. Wir haben uns schiefgelacht bei all den Gemeinheiten, die die kleine Maus Jerry dem Kater Tom zufügte. Immer wieder wurde der arme Kater ausgetrickst, eingeklemmt oder durch die Luft gewirbelt. Wenn so ein Mäuschen den großen Kater mit seinem eigenen Schwanz in der Steckdose kurzschließen konnte – dann war das für uns das Höchste. Kinderfernsehen der 70er Jahre. Alles andere als harmlos.

Aber ich konnte Realität und Fiktion ganz gut auseinanderhalten. Es war völlig klar: Das ist Zeichentrick und Klamauk. Im richtigen Leben hätte ich keinen meiner Kumpels in der Steckdose kurzgeschlossen. Denn wir hatten ein reales Regulativ: die täglichen Rangeleien auf der Wiese vor dem Haus, wo die Hackordnung in der Straße klargestellt wurde. Es war auch keine Frage, dass ich als Mädchen dort mitmischte und auch mal am eigenen Leib spüren musste, wie sich ein Schwitzkasten anfühlt und wie es ist, zu unterliegen und die Ansagen eines Stärkeren zu akzeptieren. Das echte Leben war immer stärker als die Fiktion auf der Mattscheibe.

Mattscheibe. Allein dieses Wort. Aber so nannten wir damals den Fernseher. Eigentlich traf es das auch ganz gut. Denn der Fernsehapparat hatte eine leicht gewölbte Glasscheibe, die im ausgeschalteten Zustand mattgrau vor sich hin stumpfte. Das war der allergrößte Teil des Tages der Fall. Denn das Fernsehprogramm startete erst am späten Nachmittag. Und dazwischen gab es, heute kaum mehr vorstellbar, NICHTS!

Expertenhearing bei Frank Elstner: Was macht den Unterschied zwischen dem Fernsehen von gestern und dem Fernsehen von heute?

Das Fernsehen hat uns geprägt. Aber es war anders als das Fernsehen von heute. Was hat sich eigentlich alles geändert? Wir konnten einen der großen Fernsehmenschen dafür gewinnen, uns eine Antwort auf diese Frage zu geben: Frank Elstner, seines Zeichens Moderator und Erfinder unserer Lieblingssendung »Wetten, dass ...?«.

»Der größte Unterschied zwischen dem Fernsehen von heute und dem Fernsehen um 1980 liegt in zwei Bereichen: erstens in der gewaltigen technischen Entwicklung und der damit verbundenen vielfältigen Programmauswahl und zweitens in der gesellschaftlichen Veränderung unseres Familienlebens.

Wie schrieb einst Florian Illies in seinem Buch ›Generation Golf‹ so treffend über das gemeinsame Erlebnis eines Fernsehabends bei ›Wetten, dass ...?‹: ›Mir geht es gut. Ich sitze in der warmen Badewanne, und zwischen meinen Knien schwimmt das braune Seeräuberschiff von Playmobil. Nachher schaue ich ›Wetten, dass...?‹ mit Frank Elstner, dazu gibt es Erdnussflips. Niemals wieder hatte ich in späteren Jahren solch ein sicheres Gefühl, zu einem bestimmten Zeitpunkt genau das Richtige zu tun.‹

Das gibt es heute nicht mehr. Vor allem durch die immer bedeutsamer werdenden Zielgruppenprogramme ist der gemeinsame Familienfernsehabend verschwunden. Aber ich will nicht jammern. Ich gehöre zwar zu den immer seltener werdenden Fernsehleuten, die auf vielen Gebieten einsatzfähig waren, aber gleichzeitig zu denen, die nicht sagen: Früher war alles besser. Ganz im Gegenteil. Niemals zuvor hatten junge Menschen, die sich mit den Medien beschäftigen, solche Aufstiegschancen wie heute. Die Onlinerevolution ist im vollen Gange, und das Einzige, was ich zu prophezeien wage, ist die Tatsache, dass wir viele Programmentwicklungen gar nicht mehr verstehen werden. Die ständige Erreichbarkeit und Abhängigkeit bei den Social Networks wird vor allem die Makulatur verherrlichen – und das wiederum finde ich schade.«

Nichts, beziehungsweise das Testbild; vor dem wir gefühlte Stunden unserer Kindheit verbracht haben, um nur ja nicht den Beginn des Kinderfernsehens zu verpassen. Diese Wartezeit haben wir jedoch mit großer Gelassenheit hingenommen. War eben so! Heute dominiert der Fernseher mit seinen monströsen Bilddiagonalen gerne mal das Wohnzimmer. Damals musste man sich aufs Fernsehen vorbereiten, weil der Apparat in einer nicht minder monströsen Kommode, auch »Fernsehtruhe« genannt, oder – in modernen Haushalten – in einer Schrankwand versteckt wurde. Meist hatte der Hersteller neben dem Fernsehfach auch ein großes Fach für die Stereoanlage vorgesehen. Minibar, Stereoanlage, Fernseher – so steigerte sich bei uns zu Hause die Schrankwand von links nach rechts.

Wollte man glotzen, musste man zwei Türen aufmachen und rechtzeitig einschalten. Denn es dauerte etwas, bis das Bild kam. Erst dieses Gekrissel, dann das Testbild! Herumzappen war nicht möglich, weil es auf den anderen Kanälen nur ein anderes Testbild zu sehen gab. So unglaublich das aus heutiger Sicht klingen mag: Fernsehen machte uns nicht hippelig, Fernsehen lehrte uns Geduld! Der Pegelton und das Testbild müssen so etwas wie eine frühkindliche Meditation für uns gewesen sein … Zur Ruhe kommen, bis es endlich losging. Mit der Kinderstunde und dem Hasen Cäsar.

An den habe ich nur noch eine schwache Erinnerung. Tiefer eingeprägt haben sich

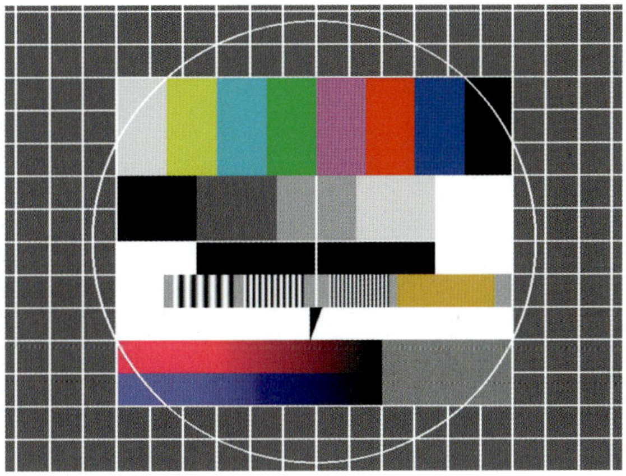

Perfekt für nächtliche Meditationsübungen: das Testbild.

die »Rappelkiste« und die »Sesamstraße« mit Ernie und Bert und natürlich mit dem Krümelmonster. Neu an der »Sesamstraße« war die Schlagzahl der Ausstrahlung: Mit ihr kam Anfang der 70er ein tägliches Format für Kinder ins Programm. Das hatte es bis dato nicht gegeben, mit Ausnahme des Sandmanns – des West-Sandmanns wohlgemerkt –, der nach der Wende dann von seinem östlichen Bruder verdrängt wurde. Armes Kerlchen, Friede seiner Asche. In manchen dritten Programmen lief die »Sesamstraße« sogar mit einer Ausstrahlung am Vormittag und einer am frühen Abend. Wenn wir gedurft hätten, hätten wir jeden Tag vor der Mattscheibe gesessen. Wenn! Denn davon war bei uns nie die Rede. Jeden Tag Fernsehen musste nicht sein. Bei den anderen Kindern aus unserer Straße übrigens auch nicht. Thema erledigt.

Die »Sesamstraße« kam aus Amerika – zunächst hundert Prozent synchronisierte ame-

Da sitzt er nun und wird vergessen. Der West-Sandmann mit markantem Backenbart und Datschkappe.

rikanische Ware. Diesem Import wollten die deutschen Fernsehmacher natürlich etwas entgegensetzen. Als Antwort erfanden sie »Die Sendung mit der Maus«, die eine neue Entwicklung im deutschen Kinderfernsehen einläutete. Denn wir Kinder schauten zum ersten Mal nicht mehr nur zur Unterhaltung. Wir sollten dabei auch noch etwas lernen. Das »Klugscheißerfernsehen« war geboren. Auf einmal waren wir Kinder schlauer als unsere Eltern und konnten ganz locker Antworten auf Fragen geben, bei denen unsere Eltern ins Stottern kamen. Wir lernten, wie die Löcher in den Käse und die Streifen in die Zahnpasta kommen, wie man im Bundestag wählt und was eine Kettenreaktion ist.

Die Maus war super. »Rappelkiste« eher weniger. Vermutlich weil wir gespürt haben, dass die Sendung ein bestimmtes Lernziel verfolgt, das Ratz und Rübe zum Schluss dann in einen Song verwurstet haben. Die Handschrift der 68er-Generation war spürbar. Aufgeklärtes Fernsehen sollte das sein, Fernsehen, das die Kinder aus der Unterschicht ansprechen und Tabus brechen sollte. Die »Rappelkiste« zeigte zum Beispiel Kinder alleinerziehender Eltern, Kinder, die türkische Freunde hatten. Sexualkunde kam genauso vor wie Arbeitslosigkeit. Und wir lernten: Selbst wenn wir zu Hause mit Autorität erzogen wurden, gab es draußen vor der Tür auch andere Ansichten. Die Eltern hatten gar nicht immer recht! Lehrer auch nicht! Polizisten oder Fabrikbesitzer, die in der »Rappelkiste« dargestellt wurden, waren selten Sympathieträger. Ganz im Gegenteil: Sie benahmen sich oft so seltsam, dass sie am Schluss von den schlauen Kindern überlistet werden konnten. Gefiel uns das? Vielleicht faszinierte es einige Kinder, weil es anders war als das, was die meisten von uns erlebten. Aber hat es uns begeistert, unser Verhalten verändert? Ich behaupte: Nein. Genauso wenig, wie Fernsehen heute das Verhalten von Kindern – zum Guten – verändert.

Und das liegt nicht nur daran, dass zu viel Moral eher abschreckt als motiviert. Es liegt auch am Medium selbst. Nehmen wir einfach mal die sprachliche Ausdrucksfähigkeit der Kinder von heute: Wer viel vor der Glotze sitzt und kindgerechte Sendungen guckt, wird nicht automatisch schlauer. Der Wortschatz vergrößert sich nicht, nur weil man viele Worte hört. Erst wenn wir selbst sprechen, das Gesehene im realen Leben reflektieren und verarbeiten, kommt es in der Birne an. Das war bei uns schon so. Das ist heute nicht anders. Aber wir waren sicherlich so etwas wie Versuchskaninchen – an uns wurden all diese Ansätze ausprobiert. Wir waren die erste Generation, in der sich neben Familie und Lehrern auch noch das Fernsehen als Erzieher in Stellung brachte.

Deshalb haben wir beide Seiten in uns: Wir wissen noch, dass es sich auch ohne oder mit nur wenig Fernsehkonsum ganz gut leben lässt. Wir wissen noch, was es heißt, sich auf eine Sendung zu freuen oder darauf warten zu müssen, was es heißt, mal Langeweile aushalten zu müssen. Der Fernseher hat uns noch nicht vor Langeweile gerettet, das mussten wir schon selbst hinkriegen. Haben wir auch! Und dieses Wissen sollten wir vielleicht einmal wieder herauskramen, wenn wir uns das nächste Mal dabei ertappen, nur so aus Langeweile die Glotze anzuschalten.

Das ewige Gemotze über das miese Fernsehprogramm gilt in unseren Tagen sowieso nicht mehr. Im Gegensatz zu unseren Kindheitstagen kann man heute ja fast alles zu jeder Zeit und überall nachträglich anschauen. Mediatheken der Sender, Video-on-Demand oder Festplattenreceiver liefern fast alles nach, und zwar dann, wenn es in unseren Zeitplan passt. Fernsehen, nur um ja nichts zu verpassen, das läuft nicht mehr. Wir könnten den Sprung schaffen: weg vom passiven Sich-berieseln-Lassen hin zu einem aktiven Gestalten unserer Stunden vor dem Fernseher. Wir können uns herauspicken, was unsere Aufmerksamkeit wirklich verdient hat. Wir haben das Zeug zu einer Generation selbstbestimmter, mündiger TV-Konsumenten. Denn wir haben beides gelernt: gut mit, aber auch ganz gut ohne Flimmerkiste auszukommen.

Oldsu
ftum Klint
S 50 20 31
S 50 05 28
S 50 11 22

DER SUBTILE CHARME DER TELEFONZELLE

Wie man ohne Handy telefoniert und ein Briefkuvert frankiert

Wenn wir ungestört telefonieren wollten, gab es nur eine Chance: die Telefonzelle. Ein paar Groschen fürs Ortsgespräch und ein Fünf-Mark-Stück fürs Ferngespräch musste man zur Hand haben. Und ein gutes Outdooroutfit, weil es auf Dauer frostig werden konnte. Als Kommunikationsalternative blieb nur der Brief. Der kam und ging mit der Schneckenpost. Man musste endlos warten und sich in Geduld üben. Aber verkehrt war diese Praxis nicht. Immerhin lebten wir ohne übervolle E-Mail-Ordner und nicht in dauernder Alarmbereitschaft. Das Wort Entschleunigung war noch nicht erfunden.

»Hinten im Keller steht eine große Kiste. Die könntest du dir doch mal vornehmen!« Die Zeit zwischen den Jahren ist bei uns die Zeit des großen Aufräumens. Meine Frau hatte schon einen halben Tag im Keller zugebracht und meinte offenbar, es wäre nur recht und billig, nun auch mich an diesen Ort zu schicken. Also stiefelte ich die Treppe hinunter und machte mich auf die Suche nach der großen Kiste. Da stand sie, verstaubt im großen Regal. Keine Ahnung, was da drin war. Also schaute ich rein. Tja, und dann tauchte ich für den Rest des Tages nicht mehr auf. Komplett absorbiert. Denn die Kiste erwies sich als Schatztruhe: Sie enthielt Hunderte von Briefen, die ich einst bekommen und von denen ich mich nie getrennt hatte. Mein halbes Leben steckte in dieser Kiste. Und es war ein Genuss, mich an diesem Dezemberabend in sie einzugraben und dabei Zeit und Raum zu vergessen.

Briefe! Verflixt, ich hatte vergessen, was Briefe doch sind! Ich hatte auch ewig keinen mehr geschrieben – mit der Hand, meine ich. Genauso wenig hätte ich sagen können, wann ich zuletzt einen richtigen, persönlichen, handgeschriebenen Brief bekommen hatte – einen Brief wie diese, die in meiner verstaubten Kiste ihren Dornröschenschlaf gehalten hatten: Briefe, die eine Seele haben, Briefe, denen Menschen ihr Innerstes anvertrauten, Briefe, die mit Herzblut geschrieben sind, Briefe, die Erinnerungen wecken. Und wie sie das taten.

Unwegschmeißbar. Ausschnitt aus der Love-Letter-Kollektion des Autors.

Ich bin ein ordentlicher Mensch, und irgendwann hatte ich offenbar schon einmal in einem Anflug von Ordnungswut meine überbordende Kollektion zu strukturieren versucht. Einige Umschläge waren zu Bündeln sortiert und mit einem Faden umwickelt. Die von Uli zum Beispiel – mit Abstand die umfangreichste Abteilung der Sammlung. Stapelweise Kuverts aus eineinhalb Jahren. Unschlagbar. Uli war eine Urlaubsbekanntschaft. Sie lebte in Norddeutschland, ich in Düsseldorf. In den Familiensommerferien in Bayern hatten wir uns kennengelernt. Das war 1981. Das Jahr drauf haben wir uns wiedergesehen. Dazwischen haben wir uns geschrieben, gut zweihundert Briefe. Keine Ahnung, was wir uns alles zu sagen hatten. Die Bündel habe ich nicht mehr aufgeschnürt. Die bloße Masse sagte genug.

Und sie reichte, um die Erinnerung zu entfesseln. Da sah ich mich wieder daheim, in meinem Teenagerzimmer. Die Hausaufgaben waren gemacht, jetzt konnte ich mich belohnen. Der Postbote hatte den Brief gebracht – den Brief, auf den ich so sehnlich

WIE GING DAS NOCH? KUVERTIEREN EINES LIEBESBRIEFES

Das Schreiben und Kuvertieren eines Liebesbriefes gehört zu den Kulturtechniken, die von unserer Generation noch virtuos erprobt wurden, seit dem Siegeszug neuer Telekommunikationsformen (E-Mail, SMS, Twitter) jedoch in Vergessenheit zu geraten drohen. Um sie vor dem Aussterben im digitalen Zeitalter zu bewahren, hier eine kurze Anleitung, die unseren Digital Natives zur Inspiration genügen möge.

Man nehme:

1 – 20	Blätter unliniertes Briefpapier (je nach Bedarf; Anfängern empfehlen wir, mit nur einem Blatt zu beginnen und die Dosis kontinuierlich zu steigern)
1	Füllfederhalter (ersatzweise Tintenroller)
1	volles Herz
1	fensterloser Briefumschlag im DIN-Langformat
1	Briefmarke zu mindestens 58 Cent (vor Versenden des Briefes ist es unbedingt erforderlich, die aktuellen Tarife der Deutschen Post zu erfragen, da die Preise kontinuierlich steigen)

Und so geht's:

Man lege den Briefbogen vor sich auf eine feste Unterlage. Sodann nehme man den Füllfederhalter und schreibe mit einem Randabstand von mindestens 2,5 Zentimetern an den oberen linken Rand des Blattes eine Anrede (zum Beispiel: »Mein liebster Schnutzelputz«). Anschließend schütte man das volle Herz langsam dosiert auf dem Papier aus. Die Ausschüttungsgeschwindigkeit steht im direkten Verhältnis zur Schreibgeschwindigkeit. Ist das volle Herz geleert,

unterschreibt man den Brief mit einer persönlichen Formel (zum Beispiel: »Tausend Küsse«, »Dein Putzelschnutz«). Um der Intensität des Gefühls Ausdruck zu verleihen, kann die Unterschrift durch drei kleine Kreuze ergänzt werden.
Nun wird der Brief gefaltet und in das bereits mit der Anschrift des/r Empfängers/in beschriftete Kuvert gesteckt. Danach verschließt man das Kuvert durch Benetzen des dafür vorgesehenen Klebestreifens mit der Zunge. Dies geschieht mit der Imagination eines Kusses für den Adressaten.
Briefe frankieren war eine Kunst! Gerade aufgeklebte Marke bedeutete: »Ich denke immer an dich.« Eine nach rechts geneigte Marke bedeutete: »Tausend Küsse.« Auf den Kopf gestellte Marke: »Ich liebe dich.«

»Ich denke immer an dich.«

»Tausend Küsse.«

»Ich liebe dich.«

gewartet hatte. Vor drei oder vier Tagen hatte ich ihr geschrieben, hatte mein Herz ausgeschüttet, ihr gesagt, wie sehr sie mir fehlte und dass ich immerzu an sie denken würde. Fünf oder sechs Seiten hatte ich dafür gebraucht. Jedes Wort hatte ich mir genau überlegt. So eine Liebeserklärung schrieb man nicht alle Tage. Selbst ich nicht. Ich wollte wirklich, dass sie es fühlt, dass sie spürt, wie ernst es mir war. Ich war immerhin schon siebzehn. Da konnte man schon mal über ein Leben zu zweit nachdenken … Ich hatte mit schwarzer Tinte geschrieben. Das Briefpapier war sorgsam ausgewählt: ein romantisches Motiv, ich glaube ein einsamer Baum von Vögeln umflattert, links unten in der Ecke. Graues Umweltschutzpapier. Etwas anderes kam selbstverständlich nicht in Frage. Auch meine alternativen Optionen trugen Öko-Grau: die Bögen mit dem Regenbogenmotiv, die mit der floralen Ornamentik, die mit der Friedenstaube …

Ich hatte den Brief geschrieben, dann noch einmal gelesen und über Nacht in der Schublade gelassen. Abends wurde der Briefkasten eh nicht mehr geleert. Es würde reichen, ihn am Morgen auf dem Weg zur Schule einzuwerfen. So tat ich es, nachdem ich ihn sorgsam gefaltet in den Umschlag gesteckt und die gummierte Klappe eigenzüngig befeuchtet und verschlossen hatte. Dann galt es noch, die passende Briefmarke auszuwählen, diese ebenso mit einem Zungenkuss zu benetzen und so zu positionieren, dass die Kennerin schon ahnen konnte, welch liebestrunkenes Herz sich in diesem Kuvert mitzuteilen gedachte. Na ja, und dann der entscheidende Akt, der unwiderrufliche Moment, in dem der Umschlag vom gelben Postkasten geschluckt wurde und für immer in dessen Schlitz verschwand. Der Rest ist Warten.

Warten bis zur Antwort – großes Drama in drei Akten. Erstens: Du kommst von der Schule nach Hause. Schon im Bus fieberst du dem Blick in den Briefkasten entgegen. Würde sie geschrieben haben? Was würde sie geschrieben haben? Du ahnst: Dein Schicksal ist schon verbrieft und besiegelt, aber noch steckt es verborgen in einem Umschlag. Dein Herz klopft, als du die Tür aufschließt. Und es droht zu zerspringen, während du die Post aus dem Kasten fischst. – Nichts! Nur Rechnungen für die Eltern, Geschäftsbriefe, Werbung. Und eine Postkarte von einer entfernten Verwandten aus Bad Wörishofen. Peng, der Tag war gelaufen.

Am nächsten Mittag dasselbe Spiel – mit anderem Ausgang. Da war ein Brief – von ihr. Mit einer auf dem Kopf stehenden Sondermarke drauf! Das verhieß Gutes! – Aber was nun? Ich konnte ihn unmöglich gleich lesen. Dafür brauchte ich ein anderes Setting. Also steckte ich ihn ein und trug ihn in mein Zimmer. Ende des ersten Aktes.

Warnung an alle Leser: Hier ist der Romantiker mit meinem Co-Autor durchgegangen. Nehmt diese Seiten als pure Poesie …

Der zweite Akt ist pure Erotik. Im Ernst. Du nimmst den Brief, wiegst ihn in Händen, schaust ihn von vorn an, schaust ihn von hinten an. Du reißt ihn nicht gleich auf. Nein, du nimmst den Brieföffner und schlitzt ihn sorgsam an der oberen Kante auf. Das Papier reißt, ein Spalt öffnet sich, und aus dem Spalt dringt ein Duft an deine Nase. Nicht nur der unverwechselbare Geruch von Öko-Papier, nein, in diesem Fall der Duft von Uli. Sie mochte es, ihre Briefe mit einem Tropfen ihres Lieblingsparfüms zu würzen. Und ich liebte es, diesen zarten Duft zu inhalieren. Das Öffnen des Briefes geriet zum Liebesspiel. Du entfaltest das Papier, siehst die vertraute Handschrift, berührst ihr Innerstes. Ende des zweiten Aktes.

Aber noch hast du nicht gelesen. Das Lesen ist der dritte Akt. Der Akt der Vereinigung, bei dem du ihre Worte verschlingst, sie dir einverleibst, aufsaugst; diese Mädchenworte von Liebe und Sehnsucht, von Kummer und Hoffnung – eingerahmt von Belanglosigkeiten und Alltagszeug. Ja, so war das mit den Briefen. Nicht mit allen, aber mit vielen.

Besonders aufregend waren die Briefe ohne Absender. Das war ja möglich. Man konnte sie auch anonym schicken. Solche Briefe im Kasten zu finden war unsäglich erregend. Eine unbekannte Handschrift (Jungenschrift oder Mädchenschrift?), ein unbekanntes Briefpapier, rätselhaft. Vielleicht gab der Poststempel Aufschluss über den Absender. Nein, er war verwischt. Wer mochte mir da nur geschrieben haben? Nichts spannender als das. Ein Blind Date. Nun galt es, eine Unbekannte zu entdecken, den Umschlag zu öffnen und sich überraschen zu lassen. Oh, das waren die großen Augenblicke der Briefkultur – Augenblicke, die wir gestalten und arrangieren konnten, indem wir sie hinauszögerten, den Brief einen Tag am Herzen trugen und ihn erst abends beim Zubettgehen öffneten. Augenblicke voller Sinnlichkeit und Poesie. Doch wo sind sie geblieben? Was ist aus unserer Briefmanie geworden? Weg! Verschwunden! Überrollt vom technischen Fortschritt. Aus der Traum!

Das digitale Zeitalter hat keinen Ort mehr für Briefe. Und keine Zeit. Wer wollte heute noch drei oder vier Tage auf eine Antwort warten, wenn man sie doch per Mail innerhalb von zehn Minuten haben könnte? Wer wollte heute noch einen Briefbogen zur Hand nehmen, einen Umschlag frankieren und bei Wind und Wetter einen Brief zum Postkasten tragen, wenn man den gleichen Inhalt am Computer schreiben und per Mausklick in Sekundenschnelle nach Nowosibirsk schicken kann? Nein, der gute alte Brief hat ausgedient. Gegen E-Mail und SMS kommt er nicht an. Doch der Verlust wiegt schwer. Denn keine E-Mail wird jemals den Zauber eines Briefes entfalten. Nie wird eine E-Mail so auf mich wirken wie jener Brief,

Expertenhearing bei Prof. Dr. Christian Schwarz-Schilling: Was ist ein Postminister?

Als wir heranwuchsen, gab es in der Bundesregierung noch einen Posten, der heute in Vergessenheit geraten ist: Bundesminister für das Post- und Fernmeldewesen – im Volksmund einfach nur »Postminister« genannt. Das war vor der großen Privatisierung, als die Post noch eine staatliche Behörde war. Seit dem 31. Dezember 1997 gibt es keinen Postminister mehr, aber vorher gab es einen, der wie kein anderer mit diesem Amt identifiziert wurde: Christian Schwarz-Schilling. Wir haben ihn gebeten, uns und unseren Kindern in einem persönlichen Rückblick zu erklären, was eigentlich ein Postminister zu tun hatte. Zu unserer Freude ist er unserer Bitte nachgekommen.

»Die in der Bismarckzeit von Heinrich von Stephan, einem genialisch begabten Mann, gegründete ›Reichspost‹ war in den 80er Jahren des 20. Jahrhunderts unzweifelhaft eine ehrwürdige, in der deutschen Tradition tief verwurzelte staatliche Institution. Man feierte im Jahre 1990 gerade das 500-jährige Jubiläum der Post! An den festgefügten Fundamenten einer solch ehrwürdigen Institution zu rütteln durfte man sich eigentlich nicht getrauen. War diese Behörde doch ein Musterbeispiel preußischen Ordnungsgeistes mit vorbildlicher Einhaltung von Pünktlichkeit und Zuverlässigkeit. Der Briefträger kam in der Regel zweimal am Tag, und der geheimnisvolle schwarze Kasten mit seiner eindrucksvollen Wählscheibe funktionierte jahrzehntelang ohne Anstände und in bester deutscher Qualität.

Doch, ob man nun wollte oder nicht, die Welt um uns herum hatte sich in Windeseile in eine ganz andere Richtung bewegt: Kabel, Satelliten, Glasfaser, Mobilfunk, Digitalisie-

rung, Mikroelektronik, Frequenzvielfalt – das waren die neuen Schlagworte, die eine neue Dynamik, neue Technologien und Innovationen vorantrieben und neue Märkte aus dem Boden stampften, die alle bisherigen nationalen Zäune und Grenzen zum Einsturz brachten. Wichtige gesellschaftliche Gruppen wie die Postgewerkschaft, der Beamtenbund, juristisch versierte Fernmeldeexperten der Deutschen Bundespost, große Teile des Verlagswesens, politische Parteien wie die SPD, auch Teile der Union, die Grünen, die PDS – die Vorgänger der heutigen ›Linken‹ – hielten mit Zähnen und Klauen an der alten Staatsorientierung des ›Fernmeldewesens‹ fest und verhinderten, solange es irgendwie ging, den privaten Wettbewerb oder die Beendigung der staatlichen Monopole. Eine Übernahme angelsächsischer Zustände, wo private Spieler das Feld beherrschten und damit unsere gute staatliche Ordnung untergraben, sollte bei uns auf keinen Fall Platz greifen, auch wenn man dadurch bei den neuen Möglichkeiten internationaler Kooperation nicht mitspielen konnte.
In diesem Machtkampf hatte der Postminister alle Hände voll zu tun, um falsche Behauptungen oder Lügenmärchen zu entkräften und die Fakten zu verdeutlichen. Im Übrigen ging er morgens ins Büro und ›erledigte die Post‹, wie einige Gegner in wenigstens witziger Form doppelsinnig formuliert hatten.
Die Aufholjagd der technischen Entwicklung stand in der ersten Legislaturperiode (1983-1987) an erster Stelle. Dabei trieb selbst bei den technischen Entscheidungen der politische Machtkampf merkwürdige ideologiegeschwängerte Blüten: So gab es erheblichen Widerstand gegen die Verkabelung deutscher Großstädte durch die Bundespost. Es gab Widerstände gegen die Einspeisung von über Satelliten transportierten Medienprogrammen in private Haushalte. Erst recht dagegen, privaten Unternehmen die Nutzung von Satellitenverbindungen einzuräumen. All das hatte eine ganze klare politische Absicht: Man wollte am Monopol der öffentlich-rechtlichen Rundfunkanstalten festhalten, da man die öffentlich-rechtliche Verfasstheit für besser geeignet hielt, die Bürger unter einer bestimmten Vormundschaft zu halten und politisch-ideologischen Einfluss über die elektronischen Medien auszuüben. Bei den privaten Betreibern erschien dies nicht in gleicher Weise möglich. Aber wie aus der Geschichte der Menschheit zu lernen ist: Neue Technologien lassen sich nur eine gewisse Zeit aufhalten, verbieten oder technisch unmöglich machen. Am Ende sind solche Entwicklungen, sofern sie eine entsprechende Nachfrage in der Bevölkerung finden, wenn auch nach einer gewissen Zeitverzögerung, unaufhaltsam.

Zu Beginn der 80er Jahre gab es noch keine ›Handys‹, denn die Mobilfunktechnik begann zunächst mit dem klobigen Autotelefon (B-Netz), welches ziemlich teuer war und zu Beginn meiner Amtszeit nur von gut betuchten Wirtschaftsführern in ihren Autos benutzt wurde. Die Anzahl der Benutzer lag insgesamt bei etwa 23 000 Abonnenten. Da absehbar war, dass diese Technik bald veraltet sein würde, setzte ich mich dafür ein, die Entwicklung eines weiteren D-Netzes für digitale Mobilfunkgeräte in Angriff zu nehmen. Ich brauchte ein Jahr, um meinen französischen Kollegen von der Richtigkeit dieser Entscheidung zu überzeugen. Fortan arbeiteten beide Länder zusammen. Mit Hochdruck ging die Entwicklung voran. Gemeinsam mit den kleinen europäischen Ländern erarbeiteten wir einen eigenen europäischen Standard, der dann auf mein Betreiben schnellstens als GSM-System entwickelt wurde und sich wegen der bahnbrechenden digitalen Zukunftsorientierung im Laufe der nächsten Jahre international durchsetzte.
Mit dieser Entwicklung ist auch meine Vision Wirklichkeit geworden, die ich seinerzeit im Kabinett der Regierung Helmut Kohl versuchte klarzumachen. Ich sagte damals bei der ersten Vergabe einer Mobilfunklizenz an einen privaten Anbieter (Mannesmann), dass in 10 bis 20 Jahren jeder zweite Einwohner neben seinem Telefon-Festanschluss auch noch mit so einem ›Ding‹ herumlaufen würde. Da lächelte manch einer und dachte: ›Nun, Herr Kollege, da haben Sie wohl ein bisschen übertrieben!‹«

den ich damals von Uli bekam. Nie wird eine E-Mail das erotische Knistern versprühen, das mich damals elektrisierte. Gemessen an der Erotik eines Briefes ist jede E-Mail platt: kein Geheimnis, keine Sinnlichkeit, kein Leben – nackte Information. Traurig.

Deswegen kann man E-Mails auch, ohne mit der Wimper zu zucken, löschen. Und selbst wenn man die eine oder andere speichert, bleiben sie für immer irgendwo in den Untiefen der Festplatte begraben. Ganz selten druckt man eine aus – vielleicht, weil sie einen irgendwie persönlichen und wichtigen Inhalt hat. Aber schon in dem Moment, in dem man sie aus dem Drucker zieht, weiß man nicht mehr, was man damit machen soll. Abheften? Nein. Am Ende landet sie im Altpapier.

Nicht so meine Briefe. Briefe schmeißt man nicht so ohne weiteres weg. Das geht einfach nicht. Es hieße, den Absender mit wegschmeißen. Und das verbieten Anstand und Ehrgefühl. Briefe muss man aufbewahren. Auch wenn sie in einer Kiste landen.

Okay, ich geb's zu: Ich habe damals im Keller doch noch welche weggeschmissen. Am einfachsten ging die Entsorgung der Postkarten. Postkarten sind immer minderwertig – nicht nur, weil sie weniger kosten. Postkarten sind minderwertig, weil sie öffentlich sind, weil sie jeder lesen kann. Nein, Postkarten fehlt die Erotik des Briefes. Also weg damit – ohne Rücksicht auf Verluste. Bei den Briefen jedoch geht das nicht so leicht. Sie werden's nicht glauben, aber ich habe wirklich jeden einzeln in die Hand genommen und überflogen. In die blaue Tonne kam nur Banales. Bei Liebesbriefen bring ich's nicht übers Herz.

Auch nicht bei Briefen von Menschen, die ich längst vergessen hatte. Davon gab es erschütternd viele. Briefe von Mädchen, deren Namen ich nicht mehr kannte – doch ein Blick auf ihre Handschrift, und alles war wieder da: ihre Stimme, ihr Lächeln, ihr Teint. Ich kann mir nicht vorstellen, dass etwas Vergleichbares bei der Lektüre von zwanzig Jahre alten E-Mails geschehen wird. Diese Briefe habe ich auch aufgehoben. Sie sind wie Denkmäler auf dem Friedhof der eigenen Vergangenheit. Sie lassen die Toten wiederauferstehen und nähren sie mit der Wärme des Andenkens. Irgendwie finde ich das tröstlich! Briefe haben etwas Magisches! Jetzt, wo ich das schreibe, fühle ich zum ersten Mal, wie wahr dieser Satz ist.

Also Leute, fangt wieder an, Briefe zu schreiben. Ich weiß, die Post ist unverschämt teuer. Ich weiß, man findet in einer mittleren Kleinstadt wie Fulda kein Schreibwarengeschäft mehr, in dem man hübsches Briefpapier kaufen kann (weder Bütten noch Öko – wobei ich, offen gestanden, auf die alten grauen Öko-Blätter auch nicht mehr schreiben wollte …). Ich weiß, die Schneckenpost braucht Ewigkeiten. Aber dafür ist die sinnliche Lust des Briefverkehrs nicht zu toppen. Allein schon das Schreiben mit der Hand: Man kann sich richtig ins Zeug legen. Der Körper schreibt mit, und die Seele fließt durch ihn aufs Papier. Leute, um dieses Vergnügen sollten wir uns nicht bringen lassen! Lasst uns die Retro-Revolution beginnen! Schreiben wir Briefe! Und eines sei vorweg gesagt: Leserzuschriften zu diesem Buch werden nur zur Kenntnis genommen, wenn sie handschriftlich vorliegen.

Und wenn Sie sich nicht trauen, mal wieder zu Füller und Briefpapier zu greifen, dann habe ich einen guten Tipp für Sie: Schreiben Sie einfach an sich selbst! Das ist eine gute Übung. Tut auch nicht weh. So haben wir früher ja auch mal angefangen. In Gestalt unserer Tagebücher. Von denen habe ich übrigens auch noch eine Kiste – aber meine Frau weiß nicht, wo die steckt … Egal, Tagebücher waren ganz wichtig. Meine Güte, was habe ich an Tagebüchern geschrieben!

Da ich in jenen Weihnachtstagen nun schon mal voll auf dem Retro-Trip war, habe ich meine alten Kladden auch gleich raus-

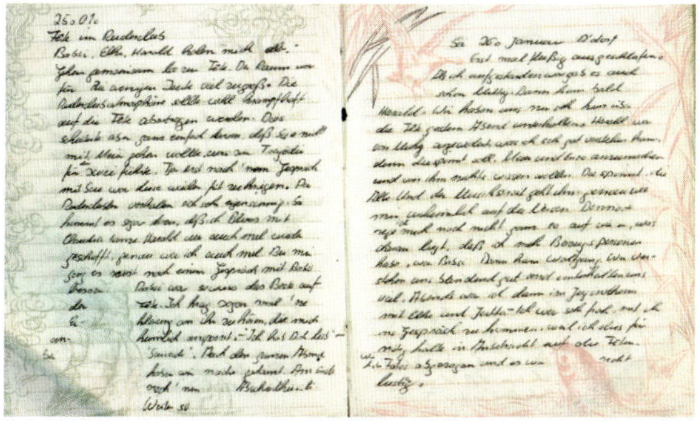

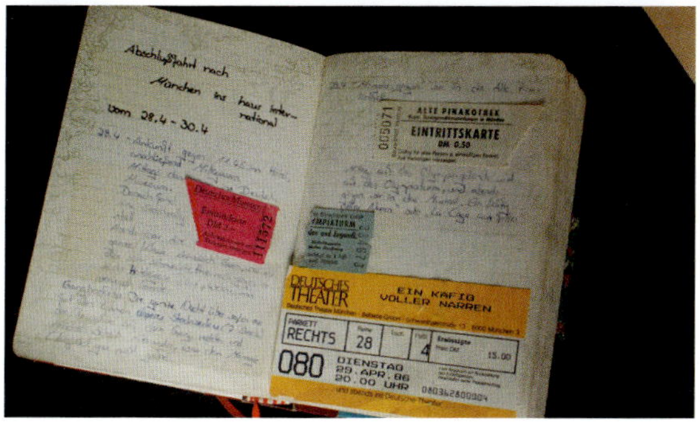

gekramt. Das erste Objekt, das mir in die Hände fiel, war so ein Japan-Diary. Erinnern Sie sich noch? Die hatte damals jeder. Es gab sie in unterschiedlichen Größen, eingebunden in ein buntes, fernöstliches Seidendekor mit linierten und ornamentierten Seiten. Meistens gab's sogar ein Bändchen als Lesezeichen. Oh, diese Bücher liebten wir. Sie waren der Spiegel der Seele. So auch das gute Stück, von dem ich erzählen will. Es hatte nämlich eine Besonderheit. Beim Blättern stieß ich etwa in der Mitte auf einige verbrannte Seiten (siehe Foto links). Da muss ich wohl einen ziemlichen Ausraster gehabt haben. Ich hab dann auch herausgefunden, welchen, denn ganz hinten lagen noch die vier Einzelteile eines zerrissenen Fotos – von meiner Exfreundin.

Ich habe irrsinnig viel in meine Tagebücher geschrieben. Bei Reisen durften sie genauso wenig fehlen wie das Briefpapier. In ihnen ist mein junges Leben konserviert. Mit all seinen Banalitäten und Macken, Leidenschaften und Hoffnungen. Andere haben die Eintrittskarten ihrer Konzertbesuche in ihre Tagebücher geklebt oder Freundinnen ein paar nette Worte reinschreiben lassen. Meine Frau hat so ein Stück in ihrer Sammlung. Als ich ihr von diesem Kapitel erzählte, kramte sie es heraus – und kam drei Stunden lang nicht mehr weg davon.

Was das lehrt? – Ganz einfach: Tagebücher und Briefe sind perfekte Hilfsmittel zur

Nicht auf einen
besonderen Tag
oder eine besondere
Gelegenheit warten.
Heute, jetzt und hier.
Losschreiben und
das Tagebuch wieder
entdecken.
Jeder Tag ist es
wert …

Entschleunigung. Und ist es nicht genau das, wonach wir uns alle so sehnen: mal langsamer tun, mal einen Nachmittag vertrödeln – ohne Fernsehen und Internet, ohne iPhone und Tablet und vor allem ohne schlechtes Gewissen, nicht erreichbar zu sein? Verführerisch? Gut, dann graben Sie Ihre Briefe und Tagebücher aus. Und wenn Sie keine mehr haben: Fangen Sie an, eines zu schreiben. Mit der Hand. Oder schreiben Sie mal wieder Ihrer Freundin – und genießen Sie die Wartezeit, bis ihre Antwort kommt. So lange aber auf keinen Fall SMS oder Mails checken! Das ist unser Ernst: Wir glauben, wir sind hier einem sehr probaten Mittel zur Burnout-Prophylaxe und Stressreduktion auf der Spur. Damit Sie gleich damit anfangen können, haben wir eine Doppelseite Tagebuch für Sie reserviert – sogar im Originalstyle. Blättern Sie einfach zurück.

In diesem Zusammenhang müssen wir aber noch über ein anderes Thema reden, wo wir doch gerade bei der Entschleunigung sind, nämlich übers Telefonieren. Telefonieren war zu unserer Zeit etwas so vollkommen anderes als heute, dass es tatsächlich einiger Erinnerungsarbeit bedarf, um das spezielle Telefonfeeling von einst zu rekonstruieren. Das geht schon los mit der technisch-motorisch-haptischen Seite der Angelegenheit. Den Nachgeborenen sei gesagt: Früher musste man beim Telefonieren eine sonderbare Drehbewegung mit der Hand verrichten. Um eine bestimmte Ziffer zu wählen, genügte es nicht, eine Taste zu drücken. Nein, man musste den Finger sorgsam in die Öffnung einer Wählscheibe einführen (was in alkoholisiertem Zustand als Fahrtüchtigkeitstest erprobt werden konnte) und diese dann mit einer Bewegung aus dem Handgelenk im Uhrzeigersinn drehen. Begleitet wurde diese Handlung mit einem sonorigen Knarzton, dessen Länge der Höhe der gewählten Zahl entsprach.

Wenn Sie, liebe junge Leserin, lieber junger Leser, ein solches Wählscheibentelefon in die Finger bekommen sollten, wundern Sie sich bitte nicht, wenn durch alleiniges Drücken der Ziffern auf der Wählscheibe nichts passiert. Sie müssen das Ding in Bewegung versetzen. Sonst wird das nichts.

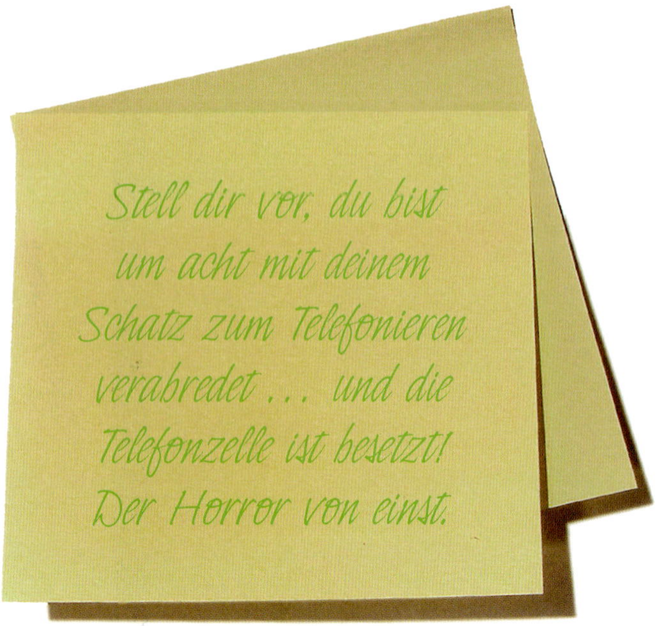

Gut, so viel zur Technik. Nun zum Sozialen. Telefone hatten zu unserer Zeit grundsätzlich eine Schnur, die das Gerät mit einer Buchse in der Wand verband. Diese Schnur verhinderte, dass man das Telefon an jeden beliebigen Ort in der elterlichen Wohnung transportieren konnte. Ein misslicher Umstand, der in fast allen von pubertierenden Teenagern gebeutelten Familien dadurch verschärft wurde, dass die Telefonschnur auf ein gerade noch erträgliches Minimum verkürzt wurde. Das heißt: Das Telefon war vorzugsweise im Flur installiert, mit einem Transportradius von einem Meter. Wenn es hart auf hart kam, befand sich in diesem Radius keine Sitzgelegenheit. Will sagen, man musste im Stehen telefonieren – und zwar so, dass jedes andere Familienmitglied mithören konnte. Der gewünschte Effekt war eindeutig: Telefongespräche sollten erstens kurz sein, denn es gab noch keine Flatrate, und vor allem Ferngespräche waren richtig teuer; zweitens sollte das *eine* Familientelefon nicht übermäßig lange blockiert sein. Und drittens dienten Telefongespräche im Verständnis unserer Eltern keinesfalls dem Austausch von Intimitäten oder Klatschgeschichten. Anders gesagt: Durch die menschenverachtende Positionierung des Gerätes sollten Telefonate für Jugendliche jede Attraktivität verlieren. Das funktionierte aber nur bedingt. Manchmal musste man die Liebste einfach am Telefon hören – oder mit dem Freund ein Männergespräch führen, das für elterliche Ohren ungeeignet war. In diesem Fall gab es nur eine Option: die Telefonzelle. Ja, die guten alten gelben Zellen, die einst unsere deutschen Städte zierten. An jeder belebteren Ecke gab es eine. Stand sie auf einem offenen Platz, konnte sie sich an heißen Sommertagen in eine schweißtreibende Sauna verwandeln – die freilich nicht den wohligen Duft eines Zitronenmelisseaufgusses verströmte, sondern eher den klebrigen Gestank getrockneter Pisse. Nicht schön. Im Winter stank es weniger, dafür brauchte man fürs Überleben in den unbeheizten Stahl-Glas-Behältern ein damals

Expertenhearing bei Wilhelm Base

(Freunde historischer Fernmeldetechnik Bielefeld e.V.)

Wie telefonierte man in unserer Kindheit und Jugend?

Klassisches Design. Der Tischfernsprecher Marke W48 war bis 1963 gebräuchlich.

»Wer einen eigenen Telefonanschluss hatte, telefonierte in Deutschland bis 1963 üblicherweise mit einem schwarzen Telefon, das den offiziellen Namen W48 trug. Das Gehäuse war aus schwarzem Bakelit gefertigt, wer es exklusiver haben wollte, konnte den Apparat gegen einen Gebührenzuschlag von etwa 80 Pfennig auch in ›Elfenbein‹ wählen. Dann führte die Deutsche Bundespost ein neues Gerät ein: den kieselgrauen Fernsprechapparat 611 (FeAp 61) mit einem Kunststoffgehäuse. Die Einrichtungsgebühren lagen bei 90 D-Mark, die monatliche Grundgebühr betrug 12 D-Mark (in Ortsnetzen mit mehr als 1000 Hauptanschlüssen). Das Ortsgespräch kostete 21 Pfennig (ab 1974 23 Pfennig), die Gesprächsdauer war unbegrenzt. Ab 1972 wurde das Telefonieren bunter: Nun hatte die Bundespost auch Endgeräte in Farngrün, Lachsrot, Ockergelb und Hellrotorange im Angebot.

State of the art anno 1976. Das erste Tastentelefon der Deutschen Bundespost.

Das erste Tastentelefon der Deutschen Bundespost wurde am 15. November 1976 vorgestellt. Das Gerät konnte allerdings noch nicht viel – es gab keine Wahlwiederholung, keine Kurzwahl, und die Tasten * und # waren blockiert. Auch wenn die neuen Tastwahlapparate damals einen sehr modernen Eindruck machten, gab es kaum einen Zeitvorteil, da die Vermittlungsstellen nur mit dem alten Impulswahlverfahren umgehen konnten. Man war zwar schneller mit dem Wählen fertig, musste sich aber anschließend eine Weile das Getacker anhören, bis die Wahl vollendet war. (›Tack‹ für eine Eins, ›tack-tack‹ für eine Zwei, zehnmal ›tack‹ für eine Null.) Wer über kein eigenes Telefon verfügte, musste zur Telefonzelle gehen. Dieses Los traf viele, denn Telefonanschlüsse waren bis weit in die 1970er Jahre hinein Mangelware. Deswegen wurden sie in großer Anzahl nicht nur in den Zentren der Städte aufgestellt, sondern auch überall dort, wo es wenige Telefonanschlüsse gab beziehungsweise wo das Kabelnetz und/oder die Vermittlungsstellen noch ausgebaut werden mussten. Bis 1984 kostete eine Gesprächseinheit 20 Pfennig, ab 1. Oktober 1984 mit Ausnahme der ersten Einheit 30 Pfennig. Dennoch blieben die Fernsprecher für die Deutsche Bundespost unrentabel. 1984 lagen die Betriebskosten für die damals bestehenden 130 000 Telefonzellen deutlich über den Einnahmen von jährlich rund 250 Millionen DM. Gleichzeitig waren noch rund 2,3 Millionen Haushalte in Deutschland auf Telefonzellen angewiesen.«

Groschengrab für frisch Verliebte. Mit dem guten alten Münzfernsprecher konnte man bis Januar 1980 für 20 Pfennig jenseits der elterlichen Observanz mit seinem Schatz plaudern. Danach musste man im 8-Minuten-Takt nachlegen.

Lange Jahre war das Bild öffentlicher Plätze in Städten und Gemeinden durch die gelben Telefonzellen mitgeprägt, die auch in Ostdeutschland postgelb waren. Nach der flächendeckenden Einführung privater Haushaltstelefone sank ihre Bedeutung als Kontaktpunkt in beiden Teilen Deutschlands, in Ostdeutschland etwas langsamer.

noch nicht existentes Hochleistungs-Outdoorequipment. Wir haben's dank unserer jugendlichen Hitze aber auch ohne Hilfe von Jack Wolfskin geschafft.

Sitzen konnte man in den Dingern auch nicht. Allenfalls auf der schmalen Telefonbuchhalterung. Aber um sich zwischen Halterung und Telefonkasten im 45-Grad-Winkel einzuklemmen, musste man sehr gelenkig und ausdauernd sein – Eigenschaften, die bei Mädchen häufiger anzutreffen waren, weshalb manche von ihnen stundenlang die öffentlichen Fernsprecher okkupierten. Nein, gemütlich waren unsere guten alten gelben Telefonzellen keineswegs. Ihr diskreter Charme lag einzig und allein darin, dass sie zum Refugium unserer Intimitäten wurden, und dass man sie an regnerischen Tagen zum Knutschen zweckentfremden konnte. Dafür brauchte man nicht mal Geld. Ganz anders beim Telefonieren: Ein Gang in die Telefonzelle wollte gut vorbereitet sein. Mindestens zwei Groschen musste man parat haben. Damit kam man aber nicht weit. Das reichte maximal für ein Ortsgespräch. Und selbst da musste man irgendwann nachlegen. Wehe dem, der mitten in einer intimen Konversation steckte und keinen Groschen mehr im Portemonnaie hatte! Ein schmähliches Ende drohte seinem Gespräch – zumal dann, wenn er eine etwas modernere Zelle erwischt hatte, bei der er in roten Digitalzahlen das Schmelzen des Gesprächsguthabens mitverfolgen konnte. Für ein Ferngespräch mit der Liebsten (in Hannover oder sonst wo) musste man deshalb unbedingt ein Fünf-Mark-Stück bereithalten. Das entspannte die ganze Angelegenheit. Auf diesem Polster konnte man eine Weile ruhen. Nur durfte es nicht passieren, dass die Liebste aus irgendwelchen Gründen abberufen wurde, weil das Essen auf dem Tisch stand oder dergleichen. Dann waren die fünf Mark weg. Denn rausgeben konnten (oder wollten) Münzfernsprecher nicht. So bereicherte sich die Deutsche Bundespost wiederholt an schlecht organisierten Liebespaaren, die für ihre intimen Plaudereien weit mehr Geld investierten, als nötig gewesen wäre. Vielleicht hätten wir uns mal beim Postminister beschweren sollen.

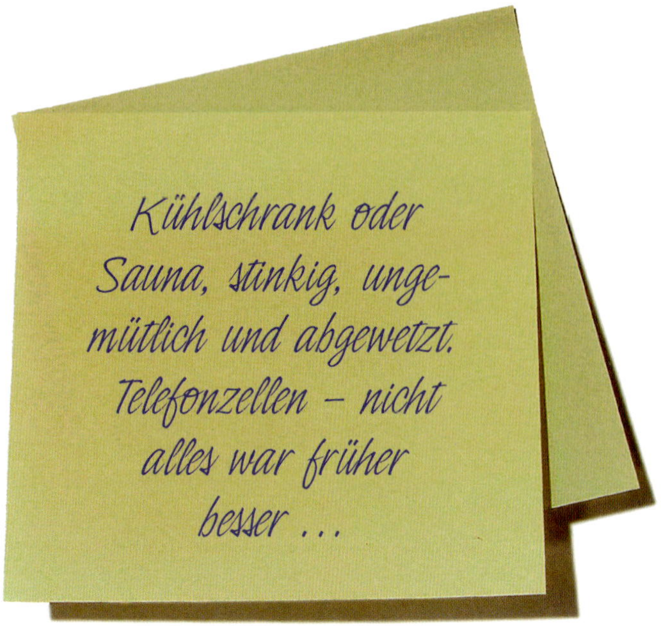

Ätzend war auch, wenn draußen vor der Telefonzelle ein Typ genervt auf die Uhr tippte. Ihm den Rücken zudrehen und ignorieren half nur bedingt. Denn dann wurde die Tür aufgerissen und so was wie »Andere müssen auch mal telefonieren« reingeblökt. In manchen Zellen waren sogar extra Schilder angebracht, die dazu aufforderten, sich in seinem Mitteilungsbedürfnis einzuschränken.

Heute haben wir Handys und sind rund um die Uhr erreichbar, an jedem Ort. Wenn das Essen auf dem Tisch steht, dann rufen wir eben später noch mal an. Wenn wir ungestört telefonieren wollen, ziehen wir uns in eine ruhige Ecke zurück. Wir kommen nicht mehr in die Verlegenheit, auf die passende Gelegenheit zum Telefonieren warten zu müssen. Wir brauchen auch kein Münzgeld mehr, um auf Reisen kommunizieren zu können. Umgekehrt aber ertragen wir es auch nicht mehr, auf einen Anruf warten zu müssen. Denn wir gehen ja davon aus, dass alle Menschen jederzeit und überall telefonieren können – wenn sie nur wollen. Ein ausbleibender Anruf kann also nur am mangelnden Willen der anderen liegen. Deshalb kann ein Nichtanruf heute auch mehr aussagen als ein Anruf. Dass jemand keine Telefonzelle findet oder die einzige Telefonzelle besetzt ist, scheidet als mögliche Erklärung aus. Ebenso, dass die betreffende Person kein Münzgeld mehr hat oder die Nummer nicht findet. Zählt alles nicht. Jeder muss immer und überall verfügbar sein. Das Warten wurde abgeschafft. Und damit auch die Geduld – von der es ja heißt, sie sei die Mutter aller Tugenden. Vielleicht ist uns durch unsere Handys tatsächlich mehr abhandengekommen als nur der diskrete Charme der Telefonzellen.

Aber wir wollen unsere Technik nicht schlechtreden. Natürlich sind Handys super, und klar, ich gehöre auch zu den Besitzern eines Smartphones. Ohne Handy auskommen? Schwer vorstellbar. Die Welt hat sich gewandelt, und die moderne Telekommunikationstechnik hat uns ungeheure neue Möglichkeiten der Kommunikation geschenkt. Zur Telefonzelle führt kein Weg zurück. Und wenn wir an die Geruchsmischung aus Bier, Zigaretten und Urin zurückdenken, dann hält sich an diesem Punkt unser nostalgischer Schmerz auch wirklich in Grenzen. Und trotzdem sollten wir diese hier veranstaltete kleine Erinnerungsreise nicht ganz an uns abperlen lassen. Denn die Langsamkeit und Achtsamkeit unserer früheren Kommunikationsgewohnheiten hatten doch auch manches für sich, was wir heute wieder beherzigen können: nicht wegen jeder Banalität gleich zum Handy greifen, sondern auch mal nicht erreichbar sein. Nicht erwarten, dass alle anderen jederzeit erreichbar sind. Und mit gutem Gewissen unseren Teenagerkindern das neueste Smartphone vorenthalten. Wir glauben, so etwas würde das Leben leichter machen. Und wenn wir dann auch noch von Zeit zu Zeit ein handgeschriebenes Kuvert im Briefkasten finden – ach ja, dann ist das Glück von uns Kindern der 80er schon fast vollkommen.

TRIMM DICH FIT

Warum wir einen langen Atem haben und wie man per Trimmpfad zum New-York-Marathon kommt

Fitnessstudios gab es noch nicht. Auch keine coolen Klamotten. Dafür hatten wir Helden: Gerd Müller, Heide Rosendahl, Ulrike Meyfarth und das Bobbele. Unser Sport fand in altertümlichen Turnhallen oder auf dem Trimmpfad im Wald statt. Trotzdem haben wir es weit gebracht. Heute bevölkert unsere Generation die Massenläufe.

Ja, ja, ich weiß schon. 1974 war's, 2:1 gegen Holland. Gerd Müller. Wir waren Weltmeister, und Tip und Tap jubelten. Das war nicht zu übersehen, auch wenn ich mich damals als Achtjährige – wie fast alle anderen Mädchen dieses Alters – nicht sonderlich für Fußball interessierte. Dass Mädchen in den 70er Jahren Fußball spielten, war eher die Ausnahme. Die im Verein hätten sich totgelacht, wenn da eine von uns hätte mitspielen wollen. Fußball war Männersache. Deshalb wurden 1974 auch nicht WIR Weltmeister, sondern die männliche Hälfte dieser Nation. Männer, es sei euch gegönnt. Ganz im Ernst. Und ebenso ernst ist es mir mit der Hoffnung, dass ihr inzwischen das Trauma mit diesem Herrn Sparwasser überwunden habt, der während desselben Turniers beim legendären Match der DFB-Auswahl gegen das Team der DDR das 1:0 für die »von drüben« schoss.

Sicherlich kickte ich auch mal mit, wenn die Jungs in der Straße nichts anderes zu spielen wussten, als zu bolzen. Und nach der WM '74 wurde eindeutig mehr gekickt als zuvor. Insofern habe ich tatsächlich ziemlich viel Fußball gespielt in jenen Jahren. Wir hatten ja auch viel freie Zeit, die wir draußen verbringen durften beziehungsweise mussten. Denn drinnen zu spielen wurde eigentlich nur in Ausnahmefällen erlaubt. Ansonsten: Raus mit uns. Kälte oder Nässe waren kein wirklicher Grund, der dagegen gesprochen hätte. Schon deshalb mussten wir uns bewegen, um auf Betriebstemperatur zu kommen.

Wie hießen die doch? Tip und Tap, die unsterblichen WM-Maskottchen.

Insofern antworten heute viele unserer Generation mit »Nein«, wenn man sie fragt, ob sie als Kind Sport getrieben hätten. Tatsächlich empfanden wir es nicht als Sport, draußen umherzuradeln, auf Bäume zu klettern, Rollschuh zu laufen oder zu bolzen. Es war einfach normal. Und zumindest auf dem Land machte das jede(r) so. Gewichtsprobleme existierten höchstens für unsere Mütter, die hin und wieder FdH (= Friss die Hälfte, ein archaisches Diätprogramm) praktizierten, um in Form zu bleiben. Dicke Kinder – damals die absolute Ausnahme. Wir konnten herzhaft essen, denn wir hatten den Tag über reichlich Energie verbraucht.

Das mag auch daran gelegen haben, dass es das heute übliche Mama-Taxi noch nicht

Für die Ewigkeit. Gerd Müller schießt in München am 7. Juli 1974 Deutschland zum zweiten Weltmeistertitel.

gab. Die meisten Mütter hatten gar kein Auto, um uns durch die Gegend zu kutschieren. Einige seltene Exemplare verfügten noch nicht einmal über eine Fahrerlaubnis! Und selbst wenn, hätten sie nicht im Traum daran gedacht, uns mit dem PKW in die Schule oder zum Musikunterricht zu chauffieren. Dafür gab es das Fahrrad. Was immer mit dem Rad erledigt werden konnte, wurde auch mit dem Rad erledigt: morgens in die Schule und wieder zurück, vier Kilometer. Das Gleiche noch mal zum Nachmittagsunterricht. Macht zusammen acht Kilometer. Dann noch in den Reitstall zum Pferdeputzen. Jeder Weg fünf Kilometer, macht insgesamt 18 Kilometer. Einfach mal so. An anderen Tagen wurde der Reitstall durch Orchesterprobe ersetzt oder Turntraining. So kamen im Monat einige hundert Kilometer zusammen.

Mein lila Bonanzarad mit Bananensattel war ein echtes Schmuckstück. Es war über die Maßen cool, damit in Hellrider-Position durch die Gegend zu radeln. Davon abgesehen war es aber leider alles andere als komfortabel. Dieses Teil war definitiv besser dafür geeignet, mit den Freunden irgendwelche Pfützen zu umkreisen, als damit Strecke zu machen. Aber egal. Die nachfolgenden Räder sparten zwar Kräfte, waren aber dafür ziemlich langweilig und selten richtig passend: entweder zu klein, weil wir schon wieder rausgewachsen waren, oder zu groß, weil wir sie auf Zuwachs bekommen hatten.

»Born to be wild.« Die Autorin präsentiert voll Stolz ihr lilafarbenes Bonanzarad.

Drei-Gang-Nabenschaltung – das war *state of the art*. Und im Winter musste noch der immerzu verbogene Dynamo mitbestrampelt werden, damit uns neben der Muffe wenigstens noch etwas durch die Nacht begleitete. Diesen leichten Angstschweiß auf der Haut spüre ich noch heute. Wenn ich am Abend nach Hause radelte, vorbei an den verlassenen Hüttchen der Kleingärtner und an der Friedhofsmauer, hab ich immer gestrampelt, als sei der Teufel hinter mir her. Den Puls am Anschlag. Nicht, weil meine Eltern mir Angst gemacht hätten vor den schlechten Menschen, die hinter Hütten und Mauern lauern könnten. Sondern weil meine Fantasie mit mir durchging.

Das viele Radfahren war für uns alle selbstverständlich. Selbst Schüler, die auf den Dörfern um unsere Kleinstadt wohnten, kamen zumindest im Sommer mit dem Fahrrad angefahren. Sieben oder acht Kilometer einfache Strecke, rauf und runter durch die Hügel Oberschwabens. Ich glaube sagen zu können: Wir hatten eine Grundfitness, für die wir gar nicht trainieren mussten.

Und davon, behaupte ich, haben wir viele Jahre zehren können. Auch dann, als Mofas und Autos ins Spiel kamen und damit die bewegungsarmen Jahre begannen. Wir waren einfach fit, ohne dafür viel getan zu haben, und konnten immer ganz gut mithalten. Zumindest die, die nicht mit dem Rauchen begonnen hatten.

Das war ein Geschenk, das wir aus unserer Kindheit mitgenommen hatten. Aber irgendwann, ganz schleichend, war es mit der Fitness vorbei. Wir sind in die Berufswelt eingestiegen und haben Gas gegeben, um dort Fuß zu fassen und zu zeigen, was wir können.

So jung und schon im DFB-Dress. Der Autor an seinem 10. Geburtstag im Sommer '74.

Ganz schleichend gingen wir in die Familienphase über. Auf einmal waren wir Eltern, kümmerten uns um Job und Kinder – und immer weniger um uns selbst. Bis zum Tag X.

Der Tag X ist für viele unserer Freundinnen und Freunde der Tag, an dem sie feststellen mussten: »Ich bin 'ne lasche Socke geworden. Beim Radausflug keuche ich als Letzter hinterher. Beim Paddeln fallen mir nach ein Paar Zügen die Arme ab. Beim Wandern in den Bergen schaffe ich es kaum noch auf den Gipfel. Dafür erreicht der Zeiger auf der Waage immer neue Höchstrekorde.« Manche bekamen vom Arzt gesagt: »So geht's nicht weiter, Sie müssen was tun!«

Also haben wir Kinder der 80er in den vergangenen Jahren notgedrungen wieder damit angefangen, etwas zu tun: abends laufen, zur Arbeit radeln, morgens vor dem Büro eine Runde schwimmen oder mehrmals pro Woche zur Rückenschule ins Fitnessstudio. Und tatsächlich: Es geht. Und es ist nicht einmal besonders schwer. Was genauer betrachtet auch gar nicht so sehr verwundert. Denn unsere Generation hat ja schon mal am eigenen Leib erfahren, wie sich Fitness anfühlt. Im Körpergedächtnis ist die Erinnerung gespeichert, wie einfach es ist, drei Stockwerke im Laufschritt zu nehmen oder bei der Fahrradtour vorneweg zu fahren. Und dass es sich lohnt, sich auch mal anzustrengen, weil das Gefühl danach doppelt gut ist.

**_Als Sandalen noch als Sportschuhe galten …
Der Autor (ganz links) trimmt sich fit._**

Trotzdem ist es gut, dass wir so darauf aus sind, die eigene Fitness zu wahren. Und wir wissen auch, wie wichtig es für unsere Kinder ist, weder zum Computermolch noch zum Couchpotato zu entarten. Wir wissen, dass man sich in einem fitten Körper viel besser fühlt als in einem laschen, und dass man beim Sport ganz eigene Erfolgserlebnisse haben kann.

Womit wir bei einer weiteren Dimension des Sports wären: Sport ist nicht nur gut für den Körper, sondern auch für die Birne und das Menschsein an sich. Dass ein gut durchblutetes Hirn leichter lernt, ist inzwischen hinlänglich bewiesen. Die beim Sport erforderliche Koordination ermöglicht neue Verschaltungen im Gehirn, die uns dann wiederum in anderen Lebenslagen zugutekommen. Was manche Kinder heute in Yoga- und Fechtkursen lernen müssen, das haben wir en passant mitbekommen, als wir auf Bäume kletterten oder auf dem Spielplatz tobten. Auch ohne spezielle Förderung sind wir also ganz gut gefordert worden. Kaum einer wurde mit motorischen Defiziten ins Leben geschickt. Balancieren, koordinieren, reagieren – das mussten wir draufhaben, wenn wir draußen mithalten wollten. Diese motorische Grundausstattung trägt uns bis heute.

Natürlich gab es auch zu unserer Zeit Leute, die aktiv und regelmäßig Sport trieben. Vor allem im Verein. Fußball, Handball, Leichtathletik, Turnen, Schwimmen. Das wurde fast in jedem Ort angeboten. Und wir nutzten diese Angebote gerne. Zwei-, dreimal die Woche zum Training, das war fast schon selbstverständlich. Die Zeit dafür hatten wir allemal, denn Schule war nach drei Uhr nachmittags für keinen von uns noch ein Thema. Wer seinen Sport ernstnahm, war fast täglich im Einsatz, um seine Freunde zu treffen und am Wochenende bei irgendwelchen Wettkämpfen vorne mitzumischen.

Wettkämpfe hatten noch eine andere Facette: Sie boten uns eine der wenigen Möglichkeiten, auch ohne Eltern den Ort verlassen zu können. Viele unserer Generation verbrachten die Wochenenden ihrer Jugend auf den Sportplätzen der Nachbarorte. Und ein paar ganz Gute schafften es sogar zu Regional- oder Landeswettkämpfen. Wow, die bekamen sogar große Städte zu sehen! Dass es meist nur ein Spielfeld oder eine Sporthalle dieser Städte war – egal. Hauptsache dort gewesen. Und wenn dann auch noch Medaillen oder Urkunden mit klangvollen Namen im Kinderzimmer hingen – das war schon was! Doch auch für die weniger Begabten oder Ambitionierten boten Vereine eine prima Möglichkeit, rauszukommen. Jugendfreizeiten, Ausfahrten, Zeltlager. Wer im Verein war, konnte was erleben. Auch wenn die Eltern keinen dicken Geldbeutel oder keine Zeit hatten zu verreisen.

Letzteres trifft auch auf andere Vereine oder kirchliche Gruppen zu. Ob Musikverein, CVJM, Pfadfinder – eigentlich war doch jeder von uns zumindest in einem davon aktiv, oder? Dort konnten wir außerhalb der Schule Erfolgserlebnisse einfahren und Selbstbewusstsein tanken: Wer beim Wertungsspiel mit dem Jugendorchester ein Solo spielen durfte, ging gestärkt aus diesem Tag hervor. Wer bei der kirchlichen Gruppe einen Jugendnachmittag organisieren durfte oder zum Jugendleiter berufen wurde, war motiviert, auch in anderen Bereichen neue Herausforderungen anzugehen. Ja, bei diesen Gelegenheiten konnte man sich ausprobieren, die Grenzen verschieben, soziale Fähigkeiten entwickeln und natürlich auch mit einer Niederlage umgehen lernen. Selbst im Reitstall konnte man noch Sozialkompetenz erlernen.

Flüstern mit Pferd und Mensch. Für die Autorin war der Reitstall eine Kommunikationsschule.

Umso unseliger empfinde ich die Situation heute: Das Erste, was aus dem Terminkalender gestrichen wird, wenn's bei den Sprösslingen in der Schule nicht recht laufen will, sind Kultur- und Sportprogramme. Erst muss die Musikschule dran glauben, dann folgen Ballett oder Fußball. Am Ende bleibt für die freie Zeit nur noch die Glotze oder der Chat am Computer – oder die Wii! Ich kenne Eltern, die sind stolz darauf, dass ihre Kinder jetzt »vor dem Fernseher schwitzen« (Originalzitat). Die glauben im Ernst, das Gehampel sei gesundheitsfördernd. Aber wie soll bei einem derart reduzierten Programm aus einem Kind ein offener und vielseitiger Mensch werden, der gelassen in die Welt hi-

Unsere Golden Girls. Heide Rosendahl und Ulrike Meyfarth bei den Olympischen Spielen 1972 in München.

nausgeht, weil er oder sie so vieles schon in seiner Jugend ausprobiert und erlebt hat?

Zurück zum Sport. Der für die meisten von uns doch eine ganz besondere Rolle gespielt hat. Denn wir wurden in einem Umfeld groß, das mehr und mehr den Sport entdeckt hat. Zunächst allerdings vor allem im Fernsehen – oder besser: beim Fernsehen. Bis Anfang der 70er fand Sport für viele nur dann statt, wenn sie zum Umschalten vom Fernsehsessel aufstehen mussten. Oder wenn sie mitten in der Nacht aufstanden, um Muhammad Ali gegen Joe Frazier boxen zu sehen. (Wegen Formel 1 wäre damals niemand aufgestanden.) So richtig übergesprungen ist der Funke erst bei den Olympischen Spielen 1972 in München. Damals war Sport in aller Munde. Auf einmal gab es Helden, denen man nacheifern wollte. Wer erinnert sich nicht an die Spritzigkeit, mit der Heide Rosendahl Anlauf zum Weitsprung nahm. Oder an die Leichtigkeit, mit der Ulrike Meyfarth über die Latte hüpfte. Oder an die Power und den Astralkörper eines Mark Spitz, der sich in knapper Badehose die Goldmedaillen auf den Sixpack packte. Um so frustrierender dann der Blick auf das eigene Spiegelbild …

Aber es gab ja noch Trimmy und den Trimm-dich-Pfad! Da war selbst für Nichtsportler die Hemmschwelle gleich null. Keine Anmeldung, keine Vereinsgebühr, keine besondere Ausstattung. Man konnte vom Fernseher weg im ollen Trainingsanzug in den

Sexier geht's nicht. Marc Spitz, siebenfacher Goldmedaillengewinner bei der Olympiade '72.

Expertenhearing bei Verena Mösrath: Was ist ein Trimm-dich-Pfad?

Manchmal sieht man in Naherholungsgebieten am Stadtrand noch ein paar exotisch anmutende Installationen aus Holz, bei denen es sich nicht um Land Art handelt, sondern um Relikte einer einstigen Fitnesswelle. Sie erreichte uns in unserer Jugend, als die Gesundheitsämter unsere Eltern dazu animierten, ihre Wirtschaftswunderleiber ein wenig artgerechter zu halten – auf Trimm-dich-Pfaden. Was es damit auf sich hat, weiß die Journalistin Verena Mösrath.

»Auf meinem Regal steht er, klein, aber fein und aus Gummi: ›Trimmy‹, das Maskottchen der ›Trimm-Aktionen‹ des Deutschen Sportbundes (DSB) zur Bewegungs- und Sportförderung. Der ›Trimmy‹ war nie ein Supermann und auch kein Held, eher ein schmächtiger Bursche. Gleichzeitig rief er optimistisch und fröhlich: Sport ist für alle da, nicht nur für die Jungen, Starken und die Reichen. ›Trimmy‹ lief, ritt, schwamm, fuhr Ski und Rad; er wanderte, spielte Minigolf und tanzte. Und wir machten mit.

Geboren wurde ›Trimmy‹ im März 1970, als Symbolfigur für die wohl engagierteste Sportkampagne, die es je in Deutschland gegeben hat. Mit den ›Trimm-Aktionen‹ versuchte der DSB 24 Jahre lang und mit wechselnden Slogans, die Bevölkerung dazu zu bringen, mehr und vor allem regelmäßig Sport zu treiben. Mit Erfolg: 1974 trimmten sich bereits 8,5 Millionen Menschen: zu Hause, im Büro, im Betrieb, im Urlaub, in Schulen, im Grünen und im Verein. Es gab Trimmparks, Lauftreffs, Trimm-Trab im Grünen, Spiel- und Trimmfeste. Auch unvergesslich: Die Kassette ›Trimm Dich fit‹ mit Max Greger! Oder der Spruch ›Nur ein Schlauer trimmt die Ausdauer‹! Ja, und dann die Trimmpfade: meist als Waldstrecke angelegt, unterteilt in einzelne Stationen, an denen Schilder mit

Übungsanleitungen angebracht waren und zum Teil einfache Übungsgeräte zur Verfügung standen.
Es tut mir wirklich leid, das zu sagen: Diese Trimmpfade sind keine deutsche Erfindung – und haben gar nichts mit unserem geliebten ›Trimmy‹ zu tun. Die Initiative stammt aus der Schweiz, von der Zürcher Lebensversicherung Vita, die den sogenannten ›Vitaparcours‹ zusammen mit einem Schweizer Oberförster und einem Schweizer Diplomsportlehrer entwickelte, diesen dann zeitgleich zur Trimm-Aktion Gemeinden und Kommunen in Deutschland kostenlos bereitstellte. Wir waren es dann, die den ›Vitaparcours‹ in ›Trimmpfad‹ umgetauft haben.
Während wir begeistert mit unseren Eltern im Wald Klimmzüge machten, Holzklötze stemmten und die Schultern mit Blick auf Tannen kreisen ließen, kritisierten jedoch Sportmediziner, dass all diese Übungen gar nicht so gesund und ergonomisch ausgereift seien, für Ungeübte gar gefährlich werden könnten. Der DSB reagierte auf die ›ungewollten‹ Trimmpfade ab 1973 mit dem ›Trimmpark‹, einer Freizeitsportanlage im Wald, die vier Bedürfnisse erfüllen sollte: Ausdauer, Übung und Kraft, Geschicklichkeit, Spiel und Geselligkeit für die ganze Familie. Davon nahm aber kaum jemand Notiz. Wir nutzten weiter die Trimmpfade. Dass der Trimmpfad so bekannt wurde und heute noch ein feststehender Begriff ist, sollte den ›Trimmy‹ und die Trimm-Aktion stolz machen. Zeigt dies doch, dass sich das ›Trimmen‹ wie auch der Gedanke ›Sport für alle‹ nachhaltig in unser kollektives Gedächtnis eingeschrieben haben.«

Verena Mösrath mit ihrem Trimmy.

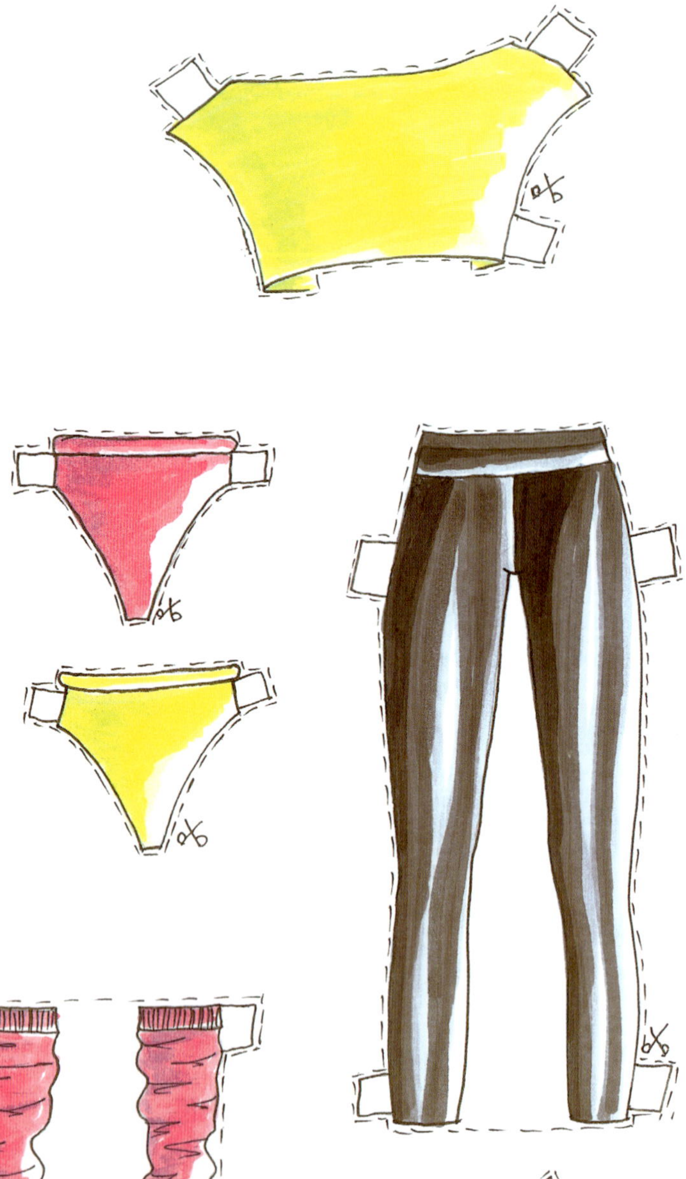

Die Sportliche

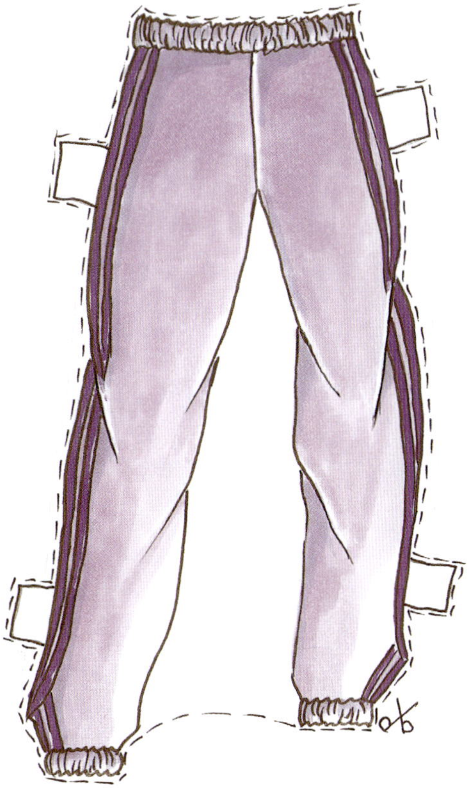

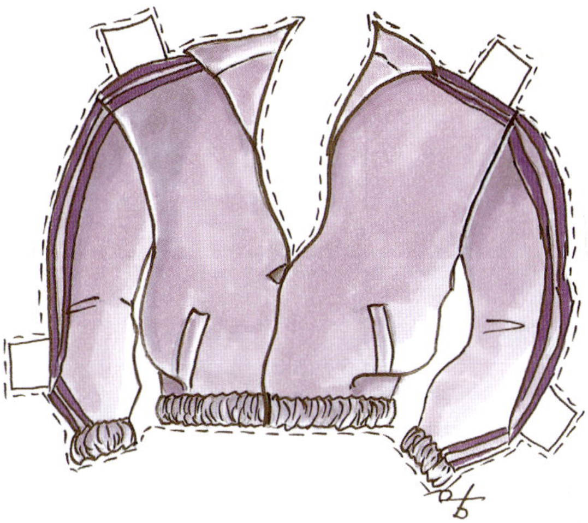

Der Sportliche

Die »Superanimateuse« – das einstige Sexsymbol Jane Fonda (*1937) avancierte in den 80ern durch zahlreiche Aerobicvideos zur Fitnessqueen.

Wald fahren und sich dort an den ganz neu installierten Fitnessgeräten ertüchtigen. Die Kampagne »Trimm dich fit« mobilisierte damals die Massen. Motiviert von der Trimmspirale joggten auf einmal unsere Eltern von der Klimmzugstange zum Balanceparcours und weiter zum Baumstammstemmen – und wir Kinder tobten hinterher. Klar, denn die Turn- und Übungsgeräte machten nicht nur straffer und beweglicher, sondern vor allem Spaß. Baumstämme hochheben, sich wie ein Affe von Stange zu Stange hangeln, an Ringen durch den Wald zu schwingen. Yippie! Endlich mal was los beim Sonntagsspaziergang. Wie groß die Sportwelle war, die damals über die Nation schwappte, lässt sich an ein paar Zahlen gut nachvollziehen: Eine Emnid-Umfrage aus dem Jahr 1973 ergab, dass 44 Prozent der Gesamtbevölkerung außerhalb der Vereine Sport trieben. Dazu gezählt noch die rasant ansteigende Zahl der Vereinssportler – dann waren Mitte der 70er demnach über 70 Prozent der Bevölkerung sportlich aktiv! Und wir mittendrin!

Sportlich war auch das Auftreten dieser Jahre. Wer up to date sein wollte, der trug Turnschuhe mit Klettverschluss. Und dazu: weiße Sportsocken! Diese modische Sünde datiert aus jenen Jahren. Leute, gebt es zu: Auch ihr habt sie – außerhalb des Sports – zu Jeans getragen! Wir Mädels trugen dazu die hautengen Leggings, die Jane Fonda mit ihrer Aerobic-Welle eingeschleppt hatte. So richtig ernsthaft damit trainiert haben nur zwei Mütter meiner Schulfreundinnen. Für meine Freundinnen und mich war das eher was zum Kichern und Herumhüpfen. Wir fanden die Klamotten witzig. Vielleicht kommt es daher, dass für viele von uns die Hemmschwelle heute nicht mehr ganz so groß ist, wenn wir uns, um »was zu tun«, wieder in Leggings zwängen und beim Zumba, Bodywork und Bauch-Beine-Po die leicht lädierte Hüfte schwingen.

Weniger witzig fanden wir allerdings die Typen, die in die Muckibude gingen. Im Ernst: Das gab's damals schon. Die archaischen Vorläufer heutiger Hightech-Fitnessstudios dienten vorwiegend jungen Männern dazu, ihre Leiber nach Maßgabe von Arni (diesem skurrilen Österreicher, der es später zum Gouverneur von Kalifornien brachte) oder Sylvester Stallone alias Rocky zu formen. Bodybuilding hieß dieser Trend, der für viele von vornherein etwas Anrüchiges hatte. Wer so was machte, dem war auch zuzutrauen, dass er sich tätowieren lassen würde. Und das war damals alles andere als gesellschaftlich akzeptiert. Kaum jemand wäre zu unserer Zeit auf die Idee gekommen, sich ein Arschgeweih stechen zu lassen – ganz zu schweigen von Piercings oder dergleichen. Der Körper als Kunstwerk war noch nicht erfunden. Und der Stress, dieses Kunstwerk trendgerecht umzubauen, auch nicht. Fitness bedeutete damals – außerhalb der Muckibude – Spaß und keineswegs Arbeit.

Herrje, da fällt mir noch ein anderer Sporttrend dieser Jahre ein: Rollschuhe! Und zwar die Teile, an denen die Rollen nicht mehr an die Schuhe geschnallt wurden, sondern wie Schlittschuhe fest mit ihnen verbunden waren. Rollerskates hießen sie. Und die zogen sogar die Erwachsenen an. Unser junger Englischlehrer wurde damit gesehen, wie er mit Teilnehmerinnen seiner English-for-beginners-Truppe der Volkshochschule über die Sträßchen rund um unseren Ort rollte. War der Typ cool! (Oder wie sagten wir damals?) Solche Teile musste man haben. Ich bekam die Rollerskates meiner Mutter, nachdem sie sich damit ein paarmal ordentlich aufs Hinterteil gesetzt hatte … Als dann Anfang der 80er das Musical »Starlight Express« Furore machte, wussten wir immerhin, wie schwierig es war, sich auf den Teilen zu bewegen und dabei auch noch gut auszusehen.

Nicht aus Amerika eingeschleppt, sondern endemisch im eigenen Land gewachsen kam während unserer Pubertät noch ein weiterer Sporttrend auf: Tennis! Ich sage nur: Boris Becker, Wimbledon 1985. Noch nie hatte ein Deutscher im Tennis etwas Nennenswertes gerissen. Bis das Bobbele kam – rothaarig, nicht sehr wortgewaltig, aber dafür mit gewaltigem Bums. Bum-Bum-Boris war unser Held und Steffi Graf schon bald die gleichrangige Heldin. Der Ansturm auf die Tenniskurse explodierte. Bis zu Boris und Steffi hatten nur wenige Leute Tennis gespielt. Tennis galt in jenen Jahren eher als elitäres Vergnügen, denn hauptsächlich trafen sich die Söhne und Töchter der »besseren« Familien in unserem Ort am Nachmittag auf dem Tennisplatz. Sie blieben auch außerhalb des Tennisvereins eher unter sich, auf dem Pausenhof oder im Freibad. Aber man konnte sie relativ leicht an ihren Poloshirts mit Fila-Schriftzug erkennen. Das war die Marke, die auch bald jeder Nicht-Tennisspieler haben musste, passend zu den nunmehr hinlänglich bekannten weißen Socken. Der Dresscode derer, die sich jenseits von Öko-Outfit und Schlabberlook kleideten.

Kommen wir aber auf die wirklichen Champions dieser Jahre zurück. Für mich war das Thomas aus unserer Clique. Er leistete Unglaubliches: Leichtathlet, Mittelstrecke, daher ging er mindestens dreimal die Woche zum Vereinstraining. Weil das aber nicht reichte, um ganz vorne mitzumischen, lief Thomas. Und zwar jeden Tag und überall hin. Seine Freundin wohnte etwa zehn

Cool damit rumsitzen war einfach. Cool damit fortbewegen konnten sich nur die wenigsten: Rollerskates.

Kilometer von unserer Kleinstadt entfernt. Um sie nachmittags zu besuchen, joggte Thomas einfach zu ihr und am Abend wieder zurück. Und wenn es ihn überkam, dann lief er auch noch bei einem Kumpel in einem anderen Dorf vorbei … Thomas war mein Held. Aber nicht der einzige Läufer. Wie er trainierten auch Michael und Stefan, später dann Martin und Olly. Sie alle rannten und rannten, scheinbar ohne Zweck und Ziel, bis zu dem Tag, als die magische Zahl ins Spiel kam: drei Stunden.

Zunächst konnte keiner von uns damit etwas anfangen. Drei Stunden wofür und wozu? Dass es dabei um einen Marathon ging, verstand kaum einer. Denn Marathonläufe waren Anfang der 80er noch eine äußerst exotische Veranstaltung. Man hatte mal einen im Fernsehen gesehen, in New York vielleicht oder bei den Olympischen Spielen, aber da gab es ja auch so skurrile Wettbewerbe wie 50-Kilometer-Gehen. Das alles war weit weg und nicht wirklich auf unsere Lebensrealität anwendbar. Wir kannten bestenfalls Volksläufe, bei denen Männer mit Hut und Stock zehn Kilometer wanderten und am Ende eine Medaille oder ein Abzeichen dafür erhielten. (Es gibt zumindest ein Foto bei uns zu Hause, das meinen Papa als jungen Mann zeigt, wie er auf einem solchen Volkslauf neben einem älteren Herrn durchs Ziel kommt.) Diese »Jedermannläufe« hatten keinen übermäßig sportlichen Anspruch. Durchkommen war das Ziel, die Zeit, die man dafür brauchte, war nicht so wichtig.

Und nun also auf einmal Marathon. Tatsächlich gab es bereits einige solcher Veranstaltungen in Deutschland, allerdings mit noch überschaubarem Starterfeld. Deshalb glaube ich, sagen zu dürfen: Es ist unsere Generation, die die Marathonläufe für sich entdeckt und kultiviert hat. Wir sind diejenigen, die Laufen zu einem mehr oder weniger ambitionierten Volkssport gemacht haben.

Schauen Sie sich nur mal das Starterfeld des Berlin-Marathons an. Da treten ganz viele Durchtrainierte unseres Alters an: die Zahnärzte, Heizungsbauer und Architekten unserer Generation. Sie hecheln bestens ausgestattet und noch besser trainiert nach persönlichen Bestzeiten. Und lassen manch jüngeren Teilnehmer hinter sich, weil sie seit Jahren mit ihrer Laufgruppe nach professionellen Kriterien Laufpläne ausarbeiten und beinhart durchziehen. Viele Spätberufene sind dabei. Menschen, die erst Anfang bis Mitte 40 wieder mit dem Sport begonnen haben. Und die, je älter, desto ehrgeiziger sind – Frauen übrigens immer vorneweg!

Manche laufen sogar unfassbar lange Strecken. Promis vorneweg. Comedian Wigald Boning – Jahrgang 67, also auch einer von uns – brachte mit 44 Jahren seinen ersten 100-Kilometer-Lauf hinter sich. Leider sind das aber auch die Leute, die beim Orthopäden schon Rabatt bekommen und beim Physiotherapeuten Anteile der Praxis besitzen. Aber dafür lassen sie die lebensbedrohlichen Herz-Kreislauf-Erkrankungen aus. Und letztlich ist ein gesundes Herz für die Lebenserwartung wichtiger als ein intaktes Knie. Also Leute: Ihr habt noch eine gute Strecke des Lebens vor euch! Ihr habt alle Anlagen, den zweiten Teil gesund und fit erleben zu dürfen. Mit uns ist noch eine Weile zu rechnen. Dies nur mal so als Ansage an all jene, die unsere Generation mal wieder unterschätzen wollen!

VANILLETEE UND RÄUCHERSTÄBCHEN

Wie man sich von »Reli« abmeldet und trotzdem den Sinn des Lebens findet

Im Kindergottesdienst haben wir gelitten. Und auch später sind wir mit der Kirche nie richtig warm geworden. Trotzdem reicht unsere religiöse Sozialisation so weit, dass wir uns als Erwachsene auf die Sinnsuche gemacht haben. Wir entwickelten uns zu spirituellen Nomaden, die sich ihre eigene Patchwork-Religion zusammengeklaubt haben – eine merkwürdige Mischung aus Exotischem und Vertrautem. Nicht anders halten wir es mit der Medizin. Wie beim geistigen, so setzen wir auch bei unserem leiblichen Wohl auf Integration. Jeder Form von Dogmatismus schwören wir ab. Und das ist gut so.

Kirche war langweilig. Immer die gleichen, schwarzgewandeten Trauerklöße, die einen auf fröhlich machten. Immer die gleichen Lieder aus dem blauen Kirchengesangbuch, deren Texte kein Mensch verstehen konnte. Immer dieselbe ölige Ernsthaftigkeit, die allenfalls unterbrochen wurde, wenn man uns Kinder während der Predigt rausschickte, um mit der Jugendgruppenleiterin zur Klampfe ein Liedchen zu singen. Puh, der Sonntagmorgen war ein Angang. Für einen Jungen aus gutprotestantischem Elternhaus eine harte Schule in Selbstdisziplin und Triebkontrolle.

Schon im Kindergottesdienst war das so. Da saßen wir Steppkes brav aufgereiht auf den hölzern-harten Bänken der evangelischen Dankeskirche und wurden auf angeblich kindgerechte Weise in die zeitlosen Wahrheiten des lutherischen Katechismus eingeführt. Von der Decke blickten mit strengen Augen die verblichenen Helden der Vergangenheit auf uns herab: Luther, Calvin, Melanchthon und noch ein Vierter, den ich vergessen habe. Und unsere Kinderköpfchen wurden mit Himmel und Hölle, Adam und Eva, Jesus und den Jüngern vollgestopft. Bis zum Erbrechen. Das war Kirche. Da ging man hin. Da musste man hin. Die Eltern wollten das. Uff. Manchmal wäre ich lieber katholisch gewesen. So wie meine Co-Autorin Evelin. Da gab's immerhin so ein aufregendes Ereignis wie die Erstkommunion mit großer Party und Verkleiden …

Bei uns gab es dafür Familiengottesdienste und Beatmessen. Das sollte einen neuen Wind in die alten Gemäuer bringen. Die Lieder klangen plötzlich anders, und die Leute, die sie einem vorsangen, hatten einen Vollbart oder trugen kurze bunte Kleider. Die Eltern fanden das nicht toll, glaubten aber, uns könnte das gefallen. Tat es aber nicht. Denn die Songs, die sie trällerten, waren genauso unverständlich wie die alten Lieder von Sünderblut und Höllenpein. Da ging es irgendwie um Politik und Freiheitskampf, um »rotes Meer« und »grüne Welle« – was mein schwelendes, vorpubertäres Herzelein auch nicht zu erwärmen vermochte. Höchstens bei »Herr, deine Liebe ist wie Gras und Ufer« kam etwas in Wallung. Aber das hat's dann auch nicht mehr

Kurzer Rock und lange Kerze. Erstkommunion in den frühen 70ern.

LEXIKON FÜR NACHGEBORENE: JUNGSCHAR

Im evangelischen Milieu schickten fromme Eltern ihre Kinder gern zur **Jungschar.** Es handelte sich dabei um regelmäßig organisierte Treffen einer Gruppe von Kindern, um diese in ihrer Freizeit mit dem christlichen Glauben vertraut zu machen. Die Leitung wurde oft den Jugendlichen übertragen, die auf diese Weise stärker an ihre Kirchengemeinde gebunden werden sollten. Ob das immer funktionierte, bleibt ungewiss.

rausgerissen. Das Label »langweilig« blieb dem evangelischen Sonntagsgottesdienst unauslöschlich eingebrannt. Und der katholischen Messe dem Vernehmen nach auch. Jedenfalls habe ich mir glaubhaft versichern lassen, dass katholische Kinder Ähnliches zu erdulden hatten. Dort dominierte das Gefühl der Bedrohung, weil jeden Sonntag ein Donnerwetter auf die versammelte Gemeinde niederging. So wurden wir mit Kirche nicht wirklich warm. Und das, obwohl die Eltern ihr Möglichstes gegeben hatten, ihren Jüngsten an diese Kultur heranzuführen, die ihnen so wichtig war.

Und nur erfolglos waren sie nicht. Das muss – um der Wahrheit die Ehre zu geben – auch gesagt sein. Denn so ganz habe ich mich nach der Konfirmation von der Kirche dann doch nicht abgewendet. Es gab ja das Jugendheim. Und im Jugendheim gab's einen Kicker. Und weil es da einen Kicker gab, traf man andere Leute, zu denen auch ein paar nette Mädchen zählten. Also ging ich ins Jugendheim – und das sogar mit elterlichem Segen. Der Preis, den man für Kicker, Mädchen und Afri-Cola mit Strohhalm zahlen musste, war gerade noch vertretbar: ein paar Lieder singen, ein paar fromme Geschichten hören, das Vaterunser beten, manchmal beim Aufräumen helfen. Das war okay. Und so wurde ich hintenrum doch noch religiös sozialisiert. Nicht durch den Pfarrer, sondern durch die Gemeindehelferin; nicht in Gottesdiensten, sondern in der Jugendgruppe und bei den Freizeiten.

Freizeiten – geiles Wort. Frei war man dabei eigentlich nicht, relativ frei allenfalls, denn man war immerhin der elterlichen Aufsicht entzogen. Und man war im Freien: Zeltlager, Freizeitheim – einmal sogar ein kirchliches Cottage in Schottland. Das war meine erste Fernreise. Ich verliebte mich in

Früh übt sich … Erste meditative Sitzversuche bei einer Jugendfreizeit.

Christina, trank meinen ersten Whisky und erbrach das schottische Nationalgericht namens Haggis. Ansonsten wurde viel gebetet und gesungen. Auch das war okay. Ich geb's zu: Mit 16 oder 17 war ich ziemlich fromm, machte sogar innerkirchliche Karriere und wurde Jungscharleiter. Bei alldem versuchte ich verzweifelt, meine Jugendheimidentität mit meiner Begeisterung für Deep Purple und Genesis unter einen Hut zu kriegen; und mit der Tatsache klarzukommen, dass mich die Mädels meiner Clique weit mehr interessierten als der liebe Gott, dessen sonntägliche Feiern mir so arg verleidet waren.

Wie war das bei den anderen? Ähnlich, glaube ich. Der Großteil meiner Kumpels hatte mit Kirche nichts am Hut. Einige waren katholisch, deshalb bekam man sie im Jugendheim nur selten mal zu Gesicht. Aber im Großen und Ganzen tickten sie ähnlich. Andere waren mit mir beim Konfirmandenunterricht gewesen: Alex und Sven, Corinna und Birgit. Die kamen mit auf Freizeit, die standen mit am Kicker. Aber in der Kirche traf man auch sie nur in Ausnahmefällen.

Dafür haben wir im Jugendheim das eine oder andere Mal über Gott und die Welt diskutiert. Richtig engagiert, vorzugsweise bei Räucherstäbchen und Vanilletee aus henkellosen Tassen. (Unvergessen: die obligatorischen versifften bräunlichen Öko-Teesiebe, die damals unbedingt verwendet werden mussten.) Im Stövchen flackerte ein Teelicht, und im Herzen brannte eine Ahnung davon, dass irgendetwas doch dran sein müsste an dem, was wir da ständig von Jesus, Gott und dem Geist der Liebe erzählt bekamen – auch wenn uns die Art und Weise, wie davon gesprochen, gepredigt, gesungen und gebetet wurde, ziemlich anödete.

Deshalb stand für mich fest: Wenn ich erst mal in die Oberstufe komme, melde ich mich von Reli ab. Lieber Philosophie pauken. Ich konnte das ganze Gelaber einfach nicht mehr hören. Was aber nicht bedeutete, dass ich mich nicht mehr für Religion interessiert hätte. Das tat ich, doch sie musste irgendwie anders verpackt werden. Damals stieß ich auf die Bücher von Ulrich Schaffer. »Ich will dich lieben«, hieß eines. Darin fand ich die Sprache, die ich suchte. Schaffer sprach von Religion genauso wie von der Liebe zu einem Mädchen. Das verstand ich. Oder die Bücher von Heinz Körner, die damals in Mode kamen. Um Gottes willen! Was für ein Zeug! Heute würde ich so was nicht mehr anfassen, aber es war ein Stück spirituelle Prägung, die sich einige von uns damals reinpfiffen.

Und wo wir gerade bei der Literatur sind: Hermann Hesse wurde für mich – wie für so viele – zu einem Schlüsselerlebnis: »Unterm Rad«, »Narziß und Goldmund«, »Der Steppenwolf«. Oder Salinger mit seinem »Fänger im Roggen«. Das waren die Bücher, die mich damals anmachten. Da tönte eine Sprache, die ich in der Kirche nicht fand, die aber irgendwie vom Sinn des Lebens erzählte, die dieses ganze Gerede von Sünde, Auferstehung und ewigem Leben irgendwie in ein Denken übersetzte, das ich verstehen konnte.

Und dabei ist es geblieben. Wenn ich heute mit Leuten über Gott und Kirche, Religion und Spiritualität rede, dann bekomme ich unterm Strich immer dasselbe zu hören: »Ja, an Gott glaube ich schon, aber die Kirche – ne, da kriegt mich keiner hin, höchstens an Weihnachten und Ostern. Wenn's eine Hochzeit gibt – oder (was leider immer häufiger passiert) eine Beerdigung.« Mir scheint, das ist charakteristisch. Wir gehören einer Generation an, die auf Goethes gute alte Gretchenfrage eine sehr eigene Antwort gefunden hat: Wie hältst du's mit der Religion? – Keine Ahnung, weiß nicht.

Unsere Antwort auf die Gretchenfrage: Wie hältst du's mit der Religion? – Keine Ahnung, weiß nicht.

Im Klartext: Einerseits haben wir nichts gegen die Kirche. Der Laden ist zwar zäh, vertrocknet und nervig, aber trotzdem: Irgendwie wär's dann doch schade, wenn's das alles nicht mehr gäbe. Deshalb findet man in unserer Generation immer noch erstaunlich viele, die brav ihre Kirchensteuer zahlen und gelegentlich »Brot für die Welt« oder »Misereor« ein hübsches Sümmchen überweisen. Andererseits muss man lange suchen, bis man einen Mittvierziger bis Mittfünfziger findet, der einem mit leuchtenden Augen davon vorschwärmt, wie sensationell super seine Kirchengemeinde ist oder wie irrsinnig inspirierend die Predigten sind, die er dort jeden Sonntag hört. Schwierig bis unmöglich – es sei denn, man hat so viel Dusel wie Co-Autorin Evelin, die mir von einem Priester in ihrer Gemeinde erzählt hat, der wie ein Mensch spricht, im Fußballverein mitkickt und Glaube nicht als

Expertenhearing bei Joachim Kunstmann: Woran glaubt unsere Generation – und woran glaubt sie nicht mehr?

Die Gretchenfrage treibt uns um. Und weil wir uns an diesem Punkt nicht allein auf unseren persönlichen Eindruck verlassen wollen, haben wir beschlossen, einen Experten in Sachen religiöser Kultur zu konsultieren, der die gegenwärtige spirituelle Großwetterlage bestens kennt: Joachim Kunstmann, Professor für Religionspädagogik in Weingarten. Wir wollten von ihm wissen, woran unsere Generation eigentlich glaubt – und woran nicht.

»Woran glauben wir heute? An uns selbst. Nicht direkt mit Emphase, aber doch ganz selbstverständlich. An wen oder was auch sonst? Wir haben uns, und zwar sicher. Alles andere ist nicht wirklich verlässlich. In unserer Generation hat es sich endgültig herumgesprochen, dass es keine übernatürlichen Dinge gibt, die unser Leben bestimmen. Alles ist messbar, fast alles ist kalkulierbar, und die Dinge, die sich nicht messen und kalkulieren lassen, kann man nicht an eine jenseitige Adresse delegieren. Gerade die nicht. Wen ich liebe, was ich aus meinem Leben mache, was ich glaube oder nicht – das bestimme ich selbst. Wer auch sonst?
Also: Selbstentfaltung und Initiative, um unsere Wünsche und Träume vom Leben zu realisieren. So leben heute ja fast alle. Das nötige Kleingeld dafür haben wir und die technische Ausrüstung dazu (Auto, MacBook, Handy) auch. Wir haben unser Leben zum Projekt gemacht. Erfolg, also Geld und Publicity, und viele möglichst intensive Erlebnisse sind die Messlatten, glauben wir. Echte Alternativen zu dieser Lebensorientierung gibt es

eigentlich gar nicht mehr.
Unser Glaubensbekenntnis lautet: Jeder ist seines Glückes Schmied. Wer das in Frage stellen würde – etwa indem er uns einen Lebensplan oder einen bestimmten Partner diktierte –, beginge das einzige übrig gebliebene Sakrileg.
Früher mal haben wir an ganz andere Sachen geglaubt – an den Glauben halt. Erbsünde? Trinität? Auferstehung? Das war für unsere Generation schon damals gar nicht mehr so einfach. Beispiel Erlösung: Verstanden habe ich das nie, warum Jesus meine Sünden (so schlimm war ich doch eigentlich gar nicht?) ans Kreuz getragen hat. Im Rucksack? Wurden die dort sozusagen ausgekreuzt? Und warum sollte das alles was mit mir zu tun haben? Und war es nun Fakt, oder musste man es erst noch glauben?
Glauben war anstrengend. Ich habe mich ziemlich abgemüht damit, kam aber nicht wirklich weit. Ständig hatte ich ein schlechtes Gewissen, weil ich keine alten Leute im Krankenhaus besucht habe. Ehrlich, so dachte ich damals! Wer es mit dem Glauben ernst nahm, der musste auch etwas dafür tun. Und ernst war es mir, denn meine Eltern waren kirchlich geprägt, und mein gedanklicher Horizont war es auch.
Später hatte ich meine pietistische Phase, allerdings schon mit ziemlich poppigen Elementen durchmischt. In einer Jugendgruppe haben wir die Bibel gelesen, zusammen gebetet, uns aber irgendwann auch einmal von der Bibelschwester getrennt, die jede zweite Woche mit uns fromme Andacht hielt. Das war religiöse Emanzipation! Und wir waren stolz auf diesen Schritt. Dann kam die Erfahrung mit der Osternacht, die ich als Student in einer kleinen holsteinischen Dorfkirche erlebt habe. Eine Nacht in einer Kirche, schweigend, mit Schlafsäcken, zum Stundenschlag Lesungen bei Kerzenschein und Taizé-Gesänge – das war eine religiöse Prägung. Überhaupt wurde mir mit der Zeit immer klarer, dass eher die religiösen Erfahrungen wichtig sind als der Glaube.
Für unsere Generation sind nicht mehr dogmatische Inhalte von Bedeutung, sondern – wenn überhaupt – die religiösen Erfahrungen. Die jahrhundertealte Tradition der Glaubensreligion ist mit uns an ihr Ende gekommen. Autonomie, kritische Überprüfung und das Recht der subjektiven Ansicht sind für uns so selbstverständlich geworden, dass der alte Erlösungsglaube nicht mehr funktioniert.
Also, woran wir nicht mehr glauben: an die Jungfrau Maria, die Erlösung von Sünden, den Richtergott und irgendwelche Schuldverfallenheit. Nein, das sicher nicht. Woran glauben wir: an uns selbst? Das ist gar nicht so falsch, wie manche religiösen Traditiona-

listen vielleicht meinen. Hat aber Problemfolgen – denn niemand sagt uns mehr, welche Lebensentscheidungen eigentlich sinnvoll sind und was wir tun können, wenn unsere Pläne nicht aufgehen.
Wir glauben eigentlich gar nicht(s) (mehr). Religion ist zur Sehnsucht geworden. Da ist etwas verloren gegangen. Es gibt keine Gewissheit mehr, was vielen aber schon gar nicht mehr auffällt. Allerdings lassen wir uns ganz gern einmal berühren. Was an der Religion nach wie vor interessant ist, das ist ihre sinnliche Seite: die Musik, die Sakralräume, heilige Prozesse – genau das also, was Religion eigentlich immer sein wollte: waches Bewusstsein, Lebenssteigerung. Davon dürfte es mehr geben in unserem Leben.«

Last, sondern als Freude vermittelt. Selbst dem Rosenkranzgebet kann sie inzwischen etwas abgewinnen. Galt ihr das monotone Gemurmel der alten Frauen vor dreißig Jahren noch als Inbegriff der Langeweile, so empfindet sie das »Gegrüßet seist du Maria …« heute, vor dem Hintergrund einschlägiger Yogaerfahrung, nachgerade als Meditationspraxis.

Was man hingegen findet, sind reichlich Mittvierzigerinnen bis Mittfünfzigerinnen, die voller Enthusiasmus ihre Yogastunde preisen oder gerade mal wieder ein langes Wochenende im Zen-Sesshin bei Meister Hastenichtgesehen absolviert haben. Spiritualität? Warum nicht. Dafür muss man sich nicht schämen, und dafür gibt's ein reiches Angebot: von indianischer Schwitzhütte über Sufitanz bis zum Schweigefasten-Retreat; vom Tantrakurs für Paare über meditatives Singen bis zum Zen-Bogenschießen. Da ist für jeden was dabei. Und wer mehr will, kann sich im Esobuchladen mit der einschlägigen Literatur über Heilsteine, Astrologie, Channeling und – neuerdings – allerlei Quantensachen eindecken. Na bravo! Mit unseren Buchkäufen und Seminarbesuchen haben wir schon eine Menge merkwürdige Leute reich gemacht, will mir scheinen.

Ja, ja, für spirituelle Anbieter auf dem großen Markt der Sinnstifter sind wir eine willkommene Zielgruppe. Wir halten einen ganzen Geschäftszweig der deutschen Verlagslandschaft am Leben. Wir verschlingen Paulo Coelho und lauschen ehrfurchtsvoll dem Dalai-Lama, was gut ist. Aber wir füttern auch so manche selbst ernannten Gurus und endemische Feld-Wald-und-Wiesen-Schamanen. Wobei nicht unterschlagen werden sollte, dass tatsächlich viele seriöse, ernstzunehmende – ach was, einfach nur großartige – spirituelle Lehrer, geistige Führer und Vordenker in unserer Welt unterwegs sind (siehe Dalai-Lama und Paulo Coelho): Leute, von denen ich viel gelernt habe und die ich anderen umstandslos weiterempfehlen würde. Aber darum geht es hier nicht. Hier geht's darum, ein signifikantes Merkmal unserer Generation herauszuarbeiten. Und das heißt: *Wir sind spirituell, aber nicht religiös.* Wir sind nicht gegen die Kirche, aber auch nicht für sie. Wir sind auf der Sinnsuche, aber meiden Bekenntnisse.

Woran man das deutlich erkennen kann, das ist die Art und Weise, wie wir das Thema Religion bei der Erziehung unserer Kinder angehen. Denn – alle Eltern wissen das – irgendwann holen einen die Fragen ein: taufen oder nicht taufen lassen? Kindergottesdienst – ja oder nein? Biblische Geschichten erzählen? Beim Zu-Bett-Bringen beten? Religionsunterricht? Kommunion? Firmung oder Konfirmation? Anders gesagt: Muten wir unseren Kindern das Programm zu, das unsere Eltern uns als Kindern aufgedrückt haben? Oder halten wir es lieber mit unseren 68er-Lehrerkumpels, die uns ihre Pädagogenweisheiten einimpfen wollten: Nix da, religiös erziehen! Die Kinder müssen das selbst entscheiden, wenn sie erwachsen sind!

Tja, wie lösen wir dieses Problem? Sehr »Kinder der 80er«-typisch: durch einen Kompromiss. Ob faul oder nicht, müssen unsere Nachkommen entscheiden. Fest steht, dass die meisten von uns ihren Kindern eine gewisse religiöse Grundversorgung angedeihen lassen wollen, sie deshalb zum Religionsunterricht schicken und an hohen Festtagen mit in die Kirche schleppen. Fest steht aber auch, dass die meisten von uns den Sonntagvormittag mit ihren Zwergen lieber beim Eltern-Kind-Brunch im Stadtcafé verbringen als beim üblichen Familiengottesdienst in der Kirche. Zwar besuchen wir mit unseren Kindern immer mal wieder ein Gotteshaus – vorzugsweise aber dann, wenn gerade KEIN Gottesdienst oder KEINE Messe stattfindet. Den heiligen Raum sollen sie schätzen lernen, gerne auch mal eine Kerze für die verstorbene Großtante anzünden, aber die Tortur der schnarchigen Rituale, unter denen wir selbst schon gelitten haben, wollen wir ihnen dann doch ersparen.

Lieber nehmen wir sie dann mal mit, wenn ein echtes spirituelles Event zu erwarten steht. Zum Beispiel eine Marienprozession mit Kerzen und Fackeln, wenn man gerade im Sommerurlaub in den Cinque Terre ist. Oder eine Osternachtsfeier in stockfinsterer Kirche mit Kerzenschein und gregorianischen Gesängen. Will sagen: Immer wenn's bei Kirchens wirklich mal was gibt, was einen selbst berühren könnte, dann sollen auch die Kinder dabei sein. Denn es könnte ja sein, dass auch in ihnen dann diese verborgene spirituelle Saite der Seele angeschlagen wird, die in so vielen von uns heimlich still und leise schwingt, auch wenn sie nur selten so richtig Gehör findet.

Der Philosoph Georg Lukács prägte mal das Wort von der »transzendentalen Obdachlosigkeit« des modernen Menschen. Das passt hier nicht schlecht. Mir kommt es so vor, als seien wir eine Generation spiritueller Nomaden, die auf der kontinuierlichen Suche nach geistlichen Weideplätzen und inspirierenden Quellen sind, dabei aber nirgends dauerhaft Wurzeln schlagen oder heimisch werden. So pilgern wir durchs Leben und tragen die einzelnen Versatzstücke zusammen, von denen wir uns eine gewisse Befriedigung spiritueller Sehnsüchte versprechen.

Eigentlich spricht man ja nicht darüber, aber jetzt, wo wir uns schon ein bisschen näher kennen, will ich es wagen, Ihnen mal einen Blick in meine höchst persönliche Devotionaliensammlung zu gewähren: Da wäre eine meditative Nacht in der romanischen Dorfkirche der ökumenischen Kommunität von Taizé, ein Sonnenaufgang über dem Mittelmeer, ein »Ave Maria« in einem belgischen Trappistenkloster, der Sternenhimmel in einer alpinen Winternacht, eine *Sacred Fire Ceremony* nebst schamanischer Schwitzhütte in Grönland, der brummelige Mönchsgesang in einer Einsiedelei am Berg Athos, eine regennasse Männerinitiation in Österreich, ein sufistischer Sikr mit tanzenden Derwischen in Konja, ein Heilungsritual koreanischer Schamaninnen in einem Keller in Oberbayern … Eckpfosten meiner Patchworkspiritualität, Schätze im Acker meiner Seele – zugegeben teilweise etwas exotisch, was sicher mit meiner persönlichen Biografie und Profession zu tun hat. Trotzdem glaube ich, dass jeder von uns so ein Schatzkästlein mit sich durchs Leben trägt. Und mir scheint, dass es einer der unschätzbaren Vorzüge unserer Generation ist, dass wir uns die Freiheit zu nehmen gelernt haben, für uns so ein individuelles, buntes Sträußlein spiritueller Blumen auf unserem Lebensweg zusammenzustellen.

Spiritueller Schmelztiegel. In Taizé traf man Gleichgesinnte.

Die Kirchenleute mögen das nicht, diffamieren unsere spirituellen Nomadenschätze als »Synkretismus« oder »Patchworkspiritualität«. Was Quark ist. Man kann die Sache nämlich auch umdrehen und von »integraler Spiritualität« reden (was heute in einschlägigen Kreisen sogar ziemlich en vogue ist) – also von einer inneren Haltung, deren Charme darin besteht, unterschiedliche religiöse und spirituelle Traditionen in ihrem Wert anzuerkennen und sich aus ihnen die

Kleinodien einzuverleiben, die zu einem passen. Denn so viel steht fest: Leute, die Bücher vom Dalai-Lama lesen, einen indianischen Sonnentanz mitgemacht haben, in der Karwoche die Matthäuspassion hören und zweimal die Woche Kundalini-Yoga üben, sind vergleichsweise tolerant. Religiöser Fundamentalismus liegt ihnen für gewöhnlich genauso fern wir jeder andere -ismus, jede andere Ideologie. Und genau das ist die große Stärke von uns Kindern der 80er, die eben zu einem gar nicht so kleinen Teil längst nicht mehr die ewig pubertierenden egomanischen Hedonisten der Generation Golf sind, sondern weitgereiste nomadische Sinnsucher, spirituelle Jäger und Sammler, die Dank ihrer Kinder sogar mit der guten alten Kirche irgendwie ihren Frieden gemacht haben.

Darauf dürfen wir stolz sein. Und sollten uns nicht einreden lassen, dass wir konturlos und in lascher Unverbindlichkeit das Leben verdösen. Klar, wer es sich – wie so viele der Generation vor uns – schon zu Jugendzeiten in seiner Weltanschauung oder Ideologie heimelig eingerichtet hat und von dieser sicheren Warte aus nun seine Bekenntnisse in die Welt hinausposaunt, der mag spöttisch auf unser nomadisches Treiben in der Wüste blicken. Aber solche Leute werden andererseits nie erfahren, wie bereichernd es sein kann, experimentell zu leben und immer mal was Neues auszuprobieren – über die eigene Grenze zu gehen und dem Unbekannten nicht auszuweichen. Dass wir als Jugendliche den Kirchen den Rücken kehrten, trotzdem aber neugierige, spirituelle Sinnsucher geworden sind, scheint mir für ein gelingendes Miteinander in unserer globalen, multikulturellen Welt nicht die schlechteste Voraussetzung zu sein. Und dass wir den ganzen Schmarrn der religiösen Fanatiker, die heiligen Kriege und all das dumme Zeug, nicht mehr ausstehen können, adelt unsere Generation geradezu.

Wir sind aufgebrochen – sind über die Grenzen der engen bürgerlichen Religiosität gegangen, die wir in den Sonntagsschulen und Kindergottesdiensten eingetrichtert bekamen. Und wir sind wirklich neue Wege gegangen. Gut, es gab schon vor uns, in den 70ern, ein paar Hippies oder orange gewandete Vögel, die singend und tanzend durch die gerade entstandenen Fußgängerzonen hüpften. Aber das waren die Aussteiger, die noch weit davon entfernt waren, das Land mit einem flächendeckenden Netzwerk von Yogaschulen zu überziehen oder dafür zu sorgen, dass unter der Rubrik »Religion« im Bahnhofsbuchladen mehr buddhistische Titel zu finden sind als christliche – geschweige denn einen Trend losgetreten hätten, in dessen Folge der meditierende Buddha (Made in China, welche Ironie!) nunmehr zu den Accessoires so mancher Kinder-der-80er-Wohnzimmer gehört.

Meditieren war zu unserer Jugendzeit ähnlich apart wie vegetarisch essen. Und

Expertenhearing bei Wolf Schneider: Was ist eine Bhagwan-Disco?

Beim Stichwort Bhagwan-Disco bekommen viele Kinder der 80er leuchtende Augen. Bhagwan-Discos waren anders als die verrauchten Schuppen der Altvorderen. Da gab es gute Mucke und gute Laune. Aber warum eigentlich? Wir haben Wolf Schneider dazu befragt. Er ist Herausgeber der Zeitschrift »connection« und war zu unserer Zeit begeisterter Sannyasin – oder »Bhagwan-Jünger«, wie unsere Eltern damals sagten.

»Anfang der 80er Jahre kam Bewegung in die deutsche Discoszene: Die ›Bhagwan-Discos‹ machten auf, die meisten von ihnen unter dem Namen ›Far Out‹ (abgefahren). Verglichen mit den bisherigen dunklen Höhlen, in denen frustrierte Städter sich zu später Stunde ein bisschen betrinken konnten, um dann vielleicht jemand ebenso Frustrierten und Alkoholisierten abzuschleppen, waren diese Discos Tempel des Tanzes. Osho hieß damals noch Bhagwan, und er lehrte die Kunst, das Leben zu feiern, insbesondere auch in der Liebe und der Ekstase des Tanzes. Dieser andere Geist im Umgang mit Körper, Bewegung und zwischenmenschlicher Begegnung beeinflusste auch den Stil dieser neuartigen Discos. Das waren nun keine schummrigen Höhlen mehr, in denen man zwecks Abbau von Hemmungen möglichst auch in Sachen Bewusstsein nur Dämmerlicht zuließ. Die Bhagwan-Discos waren hell und sauber, die Tanzflächen groß und gut beleuchtet, so dass man die anderen Besucher und Mittänzer gut sah. In einigen dieser Discos wurden die Gäste sogar mit einem indischen ›Namasté‹ begrüßt: Da stellte sich das ganze Team in die Mitte der Tanzfläche, grüßte mit vor der Brust gefalteten Händen und stillem, intensivem Blick die früh eingetroffenen Gäste, erst dann war die Bar eröffnet, und die Musik ging los.

Ich war damals Sannyasin, trug als solcher rot-orange Kleidung und verdiente mein Geld als Taxifahrer in München. Besonders die Nachtschichten waren für uns Taxifahrer inter-

essant, da verdiente man mehr und sah von den Menschen Seiten, die sie tagsüber nicht zeigten – Rilke beschreibt das sehr schön in seinem Gedicht ›Menschen bei Nacht‹. Aber man musste durchhalten, denn so eine Schicht hatte zehn bis zwölf Stunden, und in der zweiten Hälfte der Nacht packte einen die Müdigkeit. Mir halfen dabei diese Discos. Sie waren Anlaufstellen, in denen ich Tanzpausen machte, Freunde traf und mich regenerierte von den langen Stunden im Autositz. Der Eintrittspreis wurde uns Taxifahrern oft erlassen, wir waren ja auch Zubringer von Gästen.
Manchmal habe ich meine Schicht in einer solchen Disco begonnen. Zu Anfang war die Luft dort noch besser als zu später Stunde, denn auch in diesen Tanztempeln gab es damals noch kein Rauchverbot. Ich war dort oft der Erste, der auf die Tanzfläche ging, ganz allein in diese weite Fläche hinein, ins helle Licht. Das war die Zeit, in der die früh Gekommenen noch am Rand herumstanden und auf einen ›Eisbrecher‹ warteten, sie wollten nicht die Ersten sein, die dann beobachtet wurden, so allein in der Weite. Ich gab mir einen Ruck, überwand meine Scheu und warf mich trotz der verstohlenen oder direkten Blicke hinein in die Lust an der Bewegung, die stampfenden oder zuckenden Rhythmen, die Klänge der Musik, die hier so kulturell vielfältig war und ganz überraschend wechselte zwischen Pop, Rock, Ethno und Oldies, manchmal wurde sogar ein Walzer eingespielt oder Ravels ›Boléro‹.
Ja, es waren Tanztempel. Die Architektur des Raums war auf die Tanzfläche ausgerichtet, und die Beleuchtung folgte dieser Struktur. Die Bar war hier nur am Rand, nicht im Zentrum, wie in den Discos des alten Stils. Hier wurde der Umsatz über den Eintrittspreis fürs Tanzen gemacht, nicht in erster Linie über das, was die Gäste an der Bar konsumierten. Wir Tänzer liebten diese Orte, und wie nebenbei genossen die Sannyasins unter uns es auch, dass sich dort ein Hauch von unserem Lebensgefühl in deutschen Landen ausbreitete und manch andere(n) ansteckte.
Die Kirchen waren beunruhigt. Sie fürchteten die Ansteckungsgefahr der Jugend durch diese ›Sekte‹ – die ja gar keine solche war, wie Gerichte Jahre später entschieden. Auch war das Durchschnittsalter der Gäste eher gehoben, jedenfalls nicht jugendlich. Sektenberater warnten dennoch, dass es an solchen Orten zu einem Erstkontakt mit dem Guru kommen könnte, dem man dann irgendwann hörig würde: Der Discogenuss als Ein-

stiegsdroge, die härteren Sachen würden folgen. Tatsächlich waren diese Discos jedoch eher Stätten der Begegnung zwischen Sannyas-Bewegten und lebenslustigen Normalos, die in mitteleuropäischen Großstädten (auch Amsterdam hatte eine Disco; Zürich und Kopenhagen hatten ›Zorba the Buddha‹-Restaurants) Räume eröffneten für eine neue Kultur des Tanzes und der entspannten Begegnung mit Fremden.
Sich hier in Ekstase tanzen zu können, ohne alkoholisiert zu sein oder sonst welche Drogen genommen zu haben, darum ging es hauptsächlich. Aber auch um die Begegnung mit den Menschen. Und manchmal um eine Mutprobe. Eine Zeitlang wohnte ich in Freising, im S-Bahnbereich von München. In der großen Stadt hatte ein Vorläufer der Sannyasin-Tanztempel eröffnet, aber er war zu so später Stunde offen, dass ich dann nicht mehr mit der S-Bahn heimkommen würde. Was sollte ich tun? Ich hatte kein Auto und wollte doch unbedingt dorthin, zum Tanzen. Fantasien haben wir ja viele – hier die meine, die mir das Problem zu lösen schien: Ich wollte hingehen und einfach die Frauen beobachten, die mir beim Tanzen gefielen. Wie sie sich bewegten, wie sie mit dem Rhythmus mitgingen, wie sie lachten, so wären sie auch im Bett – ist doch logisch. Sie würden ja auch mich beim Tanzen sehen, Transparenz also auf beiden Seiten. Ich müsste mich nur trauen, eine anzusprechen und ihr meinen Spruch aufzusagen: ›Du, ich hab dich beim Tanzen gesehen, und … meine letzte S-Bahn ist schon abgefahren.‹ Wenn ihr das zu weit ginge, mit einem Fremden, könnte sie sich einfach geschmeichelt fühlen (ich an ihrer Stelle wäre es gewesen) und Nein sagen. Ich versuchte es, und – oh Wunder – es klappte! So wurde auch die zweite Hälfte dieser Nacht noch sehr ekstatisch.«

eine der wenigen Schnittstellen, wo wir »Normalos« mit den Guruexoten in Berührung kamen, war die Bhagwan-Disco in der Innenstadt. Bei der Klassenfahrt nach Berlin etwa durfte der Besuch des dortigen Tanztempels nicht fehlen. Bhagwan-Disco war aber wirklich abgefahren. Gute Mucke, gute Stimmung, bacchantischer Taumel ohne Schuhe. Ein bisschen der Spirit des reizenden Films »Sommer in Orange«, der sehr charmant das Bhagwan-Milieu darstellt (siehe Szenenfoto auf Seite 218). Mit 18 bin ich sogar mal zu einer Meditationsrunde bei den Bhagwans gegangen und war tief beeindruckt, dass sie am Ende des Abends ihre roten Klamotten von sich warfen und in Unterwäsche durch die Gegend hüpften. Warum das eine religiöse Veranstaltung sein sollte, habe ich protestantischer Jungscharleiter erst nicht kapiert – dafür aber zum ersten Mal junge Frauen in roter Unterwäsche tanzen gesehen. Hatte sich gelohnt, ich bin aber trotzdem nicht mehr hingegangen. Das war mir dann doch zu exotisch.

Warum erzähle ich das alles? Weil es mir so charakteristisch erscheint, dass wir – die Generation InterRail – auch in spirituellen Dingen auf Fernreisen gegangen sind. Das hat unser integrales Lebensgefühl potenziert. Denn gerade das ist ja so typisch für uns: dass wir das Sowohl-als-auch lieben. Sowohl beim Griechen essen als auch beim Schwaben. Sowohl nach Thailand fliegen als auch nach Husum radeln. Sowohl die Grünen wählen als auch die Schwarzen. Sowohl zur Kirche gehen als auch zum Yoga. Sowohl den Hausarzt konsultieren als auch den Heiler.

Womit wir schließlich bei einem anderen, verwandten Thema wären, das hier noch Erwähnung finden sollte. Denn wir sind ja nicht nur auf der permanenten Suche nach unserer geistlichen Heimat, sondern ebenso von der Sehnsucht getrieben, in unserem Körper zu Hause zu sein. Und da genügt uns längst nicht mehr, was das alte Gesundheitswesen zu bieten hat: Genau wie die Pfarrer in Schwarz haben auch die Götter in Weiß für uns ihre einstmals unumschränkte Autorität komplett eingebüßt. Die Lehren der Schulmediziner schmecken auf unseren Zungen ähnlich fad wie die der kirchlichen Theologie. Man nimmt sie in Kauf, weiß ihre Qualitäten zu schätzen und beansprucht

Meister mit Mütze. Osho alias Bhagwan.

da, wo es nottut, dankbar ihren Dienst: Taufe, Hochzeit, Begräbnis – Antibiotika, Knie-OP, Kernspintomographie. Aber das Herz schlägt woanders.

Auch auf dem medizinischen Feld sind wir Kinder der 80er stets für die Alternativen zu haben: Bachblüten und Akupunktur, Naturheilverfahren und Homöopathie, Geistheilung und TCM. Was haben wir nicht alles erprobt! Obwohl unsere Eltern uns seinerzeit jeder vom Arzt empfohlenen Impfung unterzogen und der meist vorschnell angeordneten Mandel-OP zugestimmt haben. Und wie willig springen wir noch immer auf alles an, was nicht im Verdacht steht, am Ende doch wieder nur ein neues profitables Produkt der Pharmaindustrie zu sein, das kein Schwein braucht, aber in der großen Geldvermehrungsmaschine namens Gesundheitswesen etabliert werden soll.

Klar, oft sind auch wir ängstlich und faul und schlucken am Ende dann doch die Pillen, die der Hausarzt uns verschreibt.

Obwohl wir wissen, dass sie uns allenfalls kurzfristig helfen, die eigentlichen Krankheitsursachen aber gar nicht angehen. Klar, auch ich nehme ein Aspirin, wenn mir der Schädel brummt. Aber irgendwie steckt trotzdem tief in unserer Generation das Wissen, dass das eigentlich nicht sein kann. Dass es eigentlich besser wäre, die Grippe daheim auszukurieren und mit Naturmitteln zu lindern – statt sie mit Antibiotika plattzuhauen.

Was übrigens zu unserer Zeit nicht unüblich war. Ich habe noch blasse Erinnerungen an Masern, Mumps und Windpocken. Da wurden wir ins Bett gesteckt, durften Comics lesen, Fernsehen schauen und uns von Mama verwöhnen lassen. Auch bei Fieber war es nicht anders. Bettruhe, Wadenwickel und Holundersaft, bis alles vorbei war. Und wenn das Fieber weg war, noch zwei Tage zum Gesundwerden. So schlecht war das auch nicht. Wir blieben zwar eine oder zwei Wochen von der Schule fern, aber niemand wäre auf die Idee gekommen, dass uns das auf unserem Karriereweg schaden könnte. Auskurieren war wichtig, und die heute gebräuchlichen Impfstoffe, die einen gar nicht erst in die Verlegenheit bringen, Kinderkrankheiten durchzustehen, gab's noch nicht. Tja, irgendwie scheinen wir's überlebt zu haben. Und es könnte sein, dass diese Erinnerung an den einerseits der Schulmedizin hörigen, andererseits aber auch entspannten Umgang mit Kinderkrankheiten unsere verbreitete Neigung zu einer natürlicheren, komplementären Medizin beflügelt hat.

Und so erproben wir auch in Sachen Gesundheit gern die Quadratur des Kreises: Wir vertrauen auf Großmutters Wadenwickel und haben trotzdem ein Breitspektrumantibiotikum im Arzneischrank, setzen auf ayurvedische Entschlackung, schlucken aber trotzdem auch mal einen Schlauch, wenn wir per Magenspiegelung wissen wollen, was in unserem Bauch schiefläuft. Und wenn sich unsere Zwerge eine Beule geholt haben, dann probieren wir's erst mit homöopathischen Arnika-Kügelchen, bevor wir mit ihnen zum Kinderarzt laufen.

Wobei es – wie immer – natürlich auch die andere Seite gibt. Wenn ich mich in unserem Bekanntenkreis umschaue, stelle ich fest, dass es tatsächlich zwei Fraktionen gibt: die einen, die unumwunden an die Schulmedizin und die Krankenkassen glauben; und diejenigen, die keine Hemmungen haben, ihr sauer verdientes Geld zum Naturheiler zu bringen, sobald sie eine Malaise plagt, von der sie meinen, sie auch ohne die üblichen chemischen Präparate angehen zu können. Letztere sind schon ein Stück weitergekommen – aufgebrochen auch hier. Es gibt also nicht nur spirituelle Nomaden, sondern auch medizinische. Sie haben den Rucksack voll mit Altbewährtem, sind dabei aber stets auf der Suche nach dem Neuen, Natürlichen, Authentischen. Komplementärmedizin heißt ihr Credo. Und sie sind im Kommen. Sie bringen einiges voran.

Auch hier würden wir sagen: Gut so! Gut, dass wir Kinder der 80er einerseits konservativ, andererseits aber so flexibel und experimentierfreudig sind. Gut, dass wir uns (in der Breite wenigstens) weder von der Autoritätsgläubigkeit unserer Eltern haben vereinnahmen lassen noch von dem ideologischen Entweder-oder-/Schwarz-weiß-Denken unserer Lehrerkumpels. Gut, dass wir das bunte Sowohl-als-auch gelernt und Freude daran entwickelt haben, mit unserem geistigen InterRail-Pass die Länder unterschiedlicher spiritueller Kulturen und medizinischer Schulen zu durchreisen. Gut, dass wir immer noch nicht so ganz sesshaft geworden sind und als romantische Pragmatiker noch immer von der Sehnsucht nach einem natürlicheren, authentischeren, echteren Leben bewegt sind. Gut, dass wir nicht glauben, dafür alles andere in Stücke hauen zu müssen, sondern die Bereitschaft mitbringen, all das, was gut und kostbar an der Welt von gestern war, mitzunehmen in die künftige Welt der Digital Natives, und wenn es nur ein Briefkuvert und ein Tagebuch sind. Einfach gut, dass es uns gibt!

Da kommt mir eine Zeile von Georg Danzer in den Sinn: »Ich hab so Sehnsucht nach mir selbst.« Das passt auf uns. Ja, wir sind Individualisten, die das in uns schlummernde Potenzial entfalten wollen. Deshalb sind wir auf der Suche, deshalb haben wir unsere Träume – und deshalb sollten wir sie auch immer wieder ins Bewusstsein rufen und ihnen folgen.

Aber es wäre falsch zu glauben, wir seien Egomanen. Wir sind tatsächlich Ich-Arbeiter, die auf ihrem Lebensweg immer wieder an ihrem Körper und an ihrer Seele gearbeitet haben. Aber wir tun das – bei Licht besehen – nie allein um unserer selbst willen, sondern immer auch, weil wir nicht aufgehört haben, die Welt verbessern zu wollen. Oder wenigstens doch vor dem Untergang zu retten – diese Welt, die wir bereist und liebgewonnen haben, nach deren Sinn wir suchen. Und die wir irgendwann als einen lebenswerten Ort unseren Kindern überlassen wollen. Diese Sehnsucht steckt in uns drin. Stehen wir dazu, liebe Leute! Machen wir was draus! Wir sind dran. Wer, wenn nicht wir? Wann, wenn nicht jetzt?

Wir und die anderen

Epilog in drei Akten

1 Die fetten Jahre sind vorbei. Wir und unsere Eltern

Neulich waren wir zu einem Fünfzigsten eingeladen: bedeutender Anlass, runder Geburtstag. Da darf man schon mal feiern – da darf man schon mal ordentlich was losmachen, dachten wir. Aber dann schauten wir uns die Einladungskarte genauer an. »Die Gäste werden gebeten, einen Salat zum Büfett beizusteuern oder einen Nachtisch mitzubringen.« Daraufhin folgender Dialog:

Sie: »Ja, fass ich's denn, da wird die fünfzig und lädt ein, als ob's um ihren Dreiundzwanzigsten ginge!«

Er: »Nein, das wird sicher so 'ne Retrofete! Pass auf, wir sollen bestimmt in 80er-Jahre-Fummeln erscheinen!«

Sie: »Von wegen. Da steht nix von Retro. Die meint das ernst!«

Er: »Haben die Geldprobleme, oder was? Ich meine ja nur. Es könnte doch sein, dass die sich nicht wegen einer Geburtstagsparty verschulden wollen.«

Sie: »Hör mir doch auf. Geld ist bei denen kein Thema. Beide berufstätig, zwei Autos. Die könnten sich locker 'nen ordentlichen Caterer leisten.«

Er: »Also Geiz ist geil, oder wie?«

Sie: »Weiß nicht, aber irgendwie ist das doch traurig. Da wird man fünfzig und feiert wie zu Studentenzeiten. Irgendwann muss doch mal Schluss sein mit in Mayo ertränkten Nudelsalaten und matschigem Tiramisu. Irgendwann müssen die doch auch mal erwachsen werden.«

Womit es raus war, das schlimme Wort: *erwachsen*. Dieses Wort, das in unseren Ohren so einen subtilen Vorwurf mitschwingen lässt. Erwachsen – das ist das, was wir jetzt, so um die Fünfzig, sein sollten, aber oft nicht sind. Und vielleicht auch gar nicht sein wollen. Was aber von uns erwartet wird. Oder wenigstens erwartet werden dürfte. Und selbst das geschieht nicht so häufig. Denn es gibt, so scheint es, einen heim-

Wir können auch feiern.
Die unterschätzte Generation wird 50 …

lichen gesellschaftlichen Konsens darüber, dass unsere Generation nicht erwachsen geworden ist, weil sie nicht erwachsen werden will. Aber vielleicht liegt das ja gar nicht an uns, sondern daran, dass unsere Generation nicht erwachsen werden *darf*. Weil man uns nicht vertraut. Weil man glaubt, dass wir es nicht packen, weil man uns nicht zutraut, endlich aus dem Schatten unserer Eltern herauszutreten und unser Leben selbst in die Hand zu nehmen. Weil man uns unterschätzt.

Oder auch nicht. Denn Geburtstagseinladungen wie oben beschrieben sind keine Seltenheit. Wir kennen eine ganze Reihe von Generationsgenossen, die bis heute nicht ihren jugendlichen Habitus abgelegt haben – die immer noch den Lebensstil ihrer Studienzeit pflegen, trotz Kindern und Karriere, trotz schütterem Haar und ersten Falten. Es ist wahr, der Typus des auf Dauer gestellten ewigen Jugendlichen ist in unserer Generation signifikant häufig anzutreffen. Ja, es gibt sie wirklich, diese von Florian Illies einst (im Jahr 2000) als »Generation Golf« beschriebenen unpolitischen Hedonisten, die nichts anderes tun, als den von ihren Eltern geerbten Wohlstand zu genießen, diese, wie Illies sie nannte, »stillen Teilhaber der Deutschland AG«, die nichts Eigenes auf die Beine stellen. Es hilft nichts: Wir können und wollen nicht bestreiten, dass es in der Tat Angehörige unserer Generation gibt, die sich bislang nicht gerade durch besonderes Engagement oder ein entschiedenes Einfordern ihrer Position hervorgetan haben. Und wir wollen gestehen, dass auch wir lange die Kunst des Sich-Durchwurschtelns, Klein-Beigebens, Nett- und Kompromissfähigseins erprobt haben – dass auch wir lange gebraucht haben, um erwachsen zu werden.

Und trotzdem unterschätzt man uns. Weil auch die »Generation Golf« älter geworden ist; weil sich viele von uns infolge der großen gesellschaftlichen Krisen in den Vierzigern inzwischen doch ein Stück weit aus der behüteten Langzeit-Sohn- bzw. -Tochterschaft herausgewunden haben, weil die Fünfzigerpartys mit Selfmade-Büfett eben doch eher die Ausnahme sind. Und weil selbst die vielen, die immer noch im verschlafenen Hedonismus-Modus dümpeln, besser sind als ihr Ruf. Denn man mag über sie denken, was man will, eines sollte man nicht außer Acht lassen: Sie machen die Arbeit. Sie und wir. Unsere Generation macht die Arbeit. Vor allem wir. Nur noch 37 Prozent der arbeitsfähigen Bevölkerung über 55 Jahre geht in Deutschland noch einer Erwerbsarbeit nach. Hallo? Es gibt uns doch! Nur bekommt man wenig von uns mit, weil wir ziemlich viel an der Backe haben. Weil wir uns gerade damit abrackern, die Renten unserer lieben Eltern und die Zukunft unserer lieben Kinder zu erwirtschaften.

Wobei das mit dem »Abrackern« nicht einfach so dahingesagt ist. Wir schuften wirklich, denn die fetten Jahre der Konjunktur sind lange schon vorbei. Die in unserer Kindheit ausgehandelten Tarifverträge und Regelarbeitszeiten haben nur noch wenig mit der heutigen Arbeitswirklichkeit gemein. Gleichzeitig ist der Druck gestiegen. Die Schlagzahl normaler Bürojobs hat in den letzten 20 Jahren ständig zugenommen, die vielen netten Vergünstigungen und Arbeitsplatzausstattungen, die unsere Eltern genießen durften, sind umgekehrt proportional zum gesteigerten Arbeitsvolumen kontinuierlich geschwunden. Wir können ein Lied darauf singen: Egal, welchen Job ich antrat, jedes Mal war die Ausstattung nur noch halb so toll wie bei meinem Vorgänger. Der hatte einen Dienstwagen – nun gab's nur noch 'ne Monatskarte. Der durfte in der Bahn 1. Klasse fahren – jetzt gab's nur noch 2. Klasse. Der hatte eine eigene Sekretärin – neuerdings musste eine für alle reichen. Gleichzeitig wurde die Arbeit immer mehr und immer schneller. Aber egal, mit uns konnte man es ja machen.

Oh ja, die fetten Jahre sind vorbei. Und sie waren es schon, als wir von den Schulen und Universitäten kamen. In der Generation unserer Eltern war es noch gängig, in der Lebensmitte – auf Kassenkosten, versteht sich – eine nette vierwöchige Kur nebst Kurschatten und allem Drum und Dran zelebrieren zu dürfen. Wir dagegen sind schon froh, wenn wir mal übers Internet ein erschwingliches Wellnesswochenende hinbekommen – gezahlt aus der eigenen Sparbüchse, versteht sich. Neid? Ja, ein bisschen, denn das Arbeitsleben war allem Anschein nach früher wirklich angenehmer, langsamer, entspannter. Man denke nur an diese langjährigen Beschäftigungsverhältnisse, an die vielen Beamtenjobs, diese unglaubliche Sicherheit: ein Leben lang bei der gleichen Firma, jedes Jahr etwas mehr Lohn, eine nette Betriebsrente, Weihnachtsgeld, Urlaubsgeld, vermögenswirksame Leistungen – welch ein Luxus! Und wie schön für diejenigen, denen diese Segnungen ungekürzt zuteilwurden!

Aber das alles sind Fremdwörter für diejenigen, die nach uns kommen werden. Und selbst in unserem Vokabular tauchen sie nur noch zusammen mit Wörtern wie »nicht mehr« oder »früher« auf. Unser Berufsleben steht von Anfang an im Zeichen von

»einsparen«, »abbauen«, »streichen«. Oder: »effizienter«, »schneller«, »flexibler«. Wenn man das bedenkt, haben wir uns eigentlich ganz wacker geschlagen. Die »stillen Teilhaber der Deutschland AG« sind längst zu den eigentlichen Machern geworden – zu den Arbeitstieren, die in der Stille schaffen, während sich ihre Gründerväter und -mütter auf Kreuzfahrtschiffen räkeln oder auf Mallorca chillen.

Erwischt! Doch Neid! – Nein, nur ein nüchterner Blick darauf, dass die Sache mit dem Generationenvertrag einfach nicht so gut funktioniert, wie man sich das früher mal vorgestellt hat. Ansonsten aber gibt es keinen Grund, neidisch zu sein. Unsere Eltern haben ihren Ruhestand verdient. Auch wenn sie anders arbeiten konnten als wir, haben auch sie gerackert. Immerhin haben sie wesentlich dazu beigetragen, unser Land nach dem Krieg wieder aufzubauen. Sie haben das Wirtschaftswunder möglich gemacht und sollen nun auch seine Früchte ernten dürfen. Bitte schön! Kein Problem. Nur sollen sie uns – bitte schön! – nicht mehr länger davon abhalten, auch endlich erwachsen zu werden. Was aber leider oft geschieht. Unwissentlich, klar. Unbewusst, aber nachhaltig!

Bei der Party mit dem Selfmade-Salatbüfett saßen auch die Eltern der Gastgeberin herum. Und sie saßen nicht einfach nur mit dabei, sondern beanspruchten die halbe Aufmerksamkeit für sich. Das Geburtstagskind mühte sich redlich, es ihren Erzeugern recht zu machen. Was ja nett und rührend ist, irgendwie aber auch wehtut. Immer noch den Eltern gefallen wollen! Bei ihrem eigenen Fünfzigsten! Verdammt, da kann doch irgendwas nicht stimmen! Natürlich kann man sagen: ein Einzelfall. Aber so ist es nicht. Es gibt so viele Familienbetriebe, bei denen die alten Patriarchen einfach nicht abtreten und den Jüngeren das Ruder übergeben wollen. Das ist symptomatisch: Sie lassen uns machen und übergeben uns nicht die Verantwortung. Sie glauben nicht an uns, bezweifeln, dass wir in ihren Fußstapfen gehen können. Sie enthalten uns ihren Segen vor und wundern sich dann, dass wir nicht zu Potte kommen und uns mit der »stillen Teilhaberschaft« bescheiden. Sie trauen es uns einfach nicht zu. Und behandeln uns deshalb gar zu oft so, als wären wir immer noch die Kleinen, um deren Wohlergehen *sie* sich zu kümmern haben – *sie* und nicht *wir*.

Vielleicht liegt das daran, dass sie selbst oft keine Eltern hatten, dass sie als junge Menschen Deutschland im Alleingang aufbauen mussten. Gut möglich und aller Ehren wert. Aber trotzdem nicht gut. Das muss sich ändern. Wir fordern ihren Segen ein – und ihre Aufmerksamkeit und ihre Anerkennung. Denn die haben wir verdient. Wir arbeiten, wir ziehen unsere Kinder groß, wir halten die Deutschland AG am Laufen. Und das unter verschärften Bedingungen.

Wir bekommen nicht viel Unterstützung, dafür sind wir belastbar und ausdauernd. Wir begehren nicht auf und gehen unseren Weg. Und wir tun es sogar gern. Nur soll bitte keiner von uns erwarten, dass wir darüber hinaus auch noch hier ein Ehrenamt bekleiden, da einen Vereinsvorsitz übernehmen und dort eine Bürgerinitiative starten. Leute, wir sind am Limit – und oft schon weit darüber hinaus! Und zwar nicht, weil wir uns zu Tode amüsieren, sondern weil irgendjemand hierzulande nun mal die Arbeit machen muss. Wir erwarten keinen Dank dafür, das ist selbstverständlich. Aber besteht bitte nicht darauf, bei unserer Fünfzigerparty dabei sein zu müssen.

Und ihr, die ihr zu unserer Generation gehört und schon überlegt habt, wie ihr euren Fünfzigsten so feiern könnt, dass Mama und Papa auch ihre Freude daran haben: Vergesst es! Lasst es krachen, und ladet sie am Tag danach zum Essen ein. Es ist an der Zeit, aus dem Schatten zu treten. Es ist Zeit, erwachsen zu werden und die Eltern in Liebe, Achtung und Wertschätzung ins Altenteil zu entlassen! Am Ende wird das uns allen guttun.

2 Der lange Schatten der verpassten Party.

Wir und die 68er

Im Sommer '68 wurde ich vier. Das war auf Juist – Insel ohne Autos, dafür aber mit Pferdekutschen. Ich glaube, es war warm und sonnig. Omi und Tantchen waren auch mit. Mein Bruder starrte in das Maul eines ausgestopften Fisches und stürmte schreiend aus dem Heimatmuseum. Ansonsten kann ich mich an nichts erinnern. Das war mein 1968. Aber ich war ja auch noch klein.

Die Welt war groß, und groß war der Sommer 1968 für die Welt. Das habe ich aber erst später kapiert. Viel später. Dass sich mit diesem Jahr irgendetwas geändert hätte, konnte ich mit meinem Zwergenhirn damals noch nicht begreifen. Höchstens ahnen – dank Axel. Der war ein Schulkamerad meines Bruders und ging beim Karneval '69 als Hippie. Das war neu. Ich fragte meine Eltern, was dieser weiße bemalte Kittel mit den bunten Zeichen – etwa das kaputte Rad mit den drei Speichen – für ein Kostüm sei und erhielt als Antwort irgendetwas von »langhaarigen Nichtsnutzen«, was ich nicht verstand.

Wie gesagt, ich kapierte erst viel später. Und was ich kapierte, war, dass ich die goldenen Tage verpasst hatte: dass die große Party vorbei und der große Tanz getanzt war – dass der »Summer of 69« und wohl auch der von '68 eben nicht »the best days of my life« gewesen sind, sondern die beste Zeit im Leben der anderen. Der Sozialpädagogen, die mich Pubertierenden in der Kirchengemeinde in Empfang nehmen sollten; der Lehrer, die vor lauter Brecht keinen Schiller mehr lesen mochten; der Stars, von denen in der *Bravo* die Rede war. Spätestens mit 17 stand für mich fest: Der Hippiezug war abgefahren, der revolutionäre Reigen ausgetanzt. Wir waren zu spät gekommen. Für uns blieben nur die Reste.

Was sollten wir tun mit unserer Zu-spät-Gekommenen-Identität? Wie damit leben, dass uns all die vollbärtigen Lehrerkumpels ständig von ihrer großen Zeit vorschwärmten: von Woodstock und der freien Liebe, von Uschi Obermaiers Busen und Rudi Dutschkes Courage – während die Eltern in alledem nur Inkarnationen des Bösen erkannten? Klar, dass es zum guten Ton gehörte, die Warnungen der »Alten«, wie man damals sagte (und heute leider auch wieder), in den Wind zu schlagen und es mit den Lehrerkumpels zu halten: sich hinauszuwagen ins wilde Leben, mit Kiffen, Knutschen und Kommunen. Zumindest theoretisch. Die Praxis sah nämlich anders aus, sehr viel braver, wenn wir ehrlich sind. Und ziemlich weit entfernt von den Fantasien der Generation vor uns.

Immerhin fanden wir dann aber doch Gefallen an den großen Mantras der frühen 80er: »Petting statt Pershing«, »Make love not war«, »AKW, Nee!«. Und so deckten wir uns mit dem ganzen Zeug ein, das man bei den fliegenden 68er-Devotionalienhändlern erwerben konnte, die man bis weit in die 80er bei Open Airs und Demos treffen konnte: Jutetasche mit Friedenstaube, »Atomkraft? Nein danke«-Sticker, Arafattuch. Das war der fade Nachtisch, den uns die Altvorderen vom großen Festschmaus übriggelassen hatten. Satt werden konnte man davon aber nicht, was die Lehrerkumpels nicht verstanden. Die hätten uns lieber als kleine Che Guevaras gesehen, denn als Müslis oder Popper. Allenfalls Punks fanden Gnade in ihren Augen.

Es war ein langer und zäher Schatten, den der Geist von '68 auf unsere Jugend geworfen hat. Auf uns lagen so hohe Erwartungen seitens der Sozialpädagogen und Lehrerkumpels, dass wir Nachgeborenen fast gar nicht anders konnten, als unsere eigenen Wege zu gehen. Irgendwie mussten wir damit klarkommen, dass der Geist von '68 nicht in die 80er zu versetzen war. Irgendwie mussten wir unser Ding machen und aus dem Schatten der 68er treten.

Sind wir deshalb 68er-Hasser? Nicht doch. 68er-Hasser sind nicht diejenigen, die – ohne eigenes Verschulden – zu spät zur Party kamen. 68er-Hasser sind die, die damals zur Party hätten gehen können, aber nicht wollten oder durften oder sich nicht trauten. Weil Uschis Busen sie irritierte, weil sie nicht kiffen konnten oder weil sie einfach (um Himmels willen!) konservativ tickten. Diese Leute lernten wir auch kennen. Später, wie sich versteht. Nämlich an der Uni. Da liefen sie en masse herum: als Assistenten oder Professoren. Klar, denn sie hatten ja weiter studiert, während die anderen die Revolution probten (um zuletzt als Sozialpädagogen oder Lehrerkumpels ihr Auskommen zu finden).

Doch die anderen waren auch noch da. Manche hatten in akademischen Nischen überleben können, andere spukten als 100-semestrige Veteranen des SDS (Sozialistischer Deutscher Studentenbund) durch die ehrwürdigen Gebäude. Und dann fielen sie über uns, die armen Erstsemester, her und wiederholten in Endlosschleife ihre politischen Vorträge. Es war so ernüchternd, dass sich jede vermeintlich wissenschaftliche Debatte bei näherem Hinsehen als neue Variation einer uralten Fehde entpuppte: zwischen den Alt-68ern und den anderen. Gähn. Wenn dies das Erbe von '68 war, dann wollten wir damit nichts mehr am Hut haben.

Aber wir wollen nicht vorschnell sein. Es gab ja auch noch die andere Seite von damals. Die Seite, die nicht moralinsauer und politiklastig war. Da waren auch »Hair« und der Prager Frühling, Woodstock und die freie Liebe – »Imagine«! Ja, wenn man dort-

Der fleischgewordene Geist der Utopie: Rainer Langhans und Uschi Obermaier 1969 in der Kommune 1.

hin schaute und die akademischen Epigonen genauso ausblendete wie die guten alten Lehrerkumpels, dann konnte man dem Geist von '68 doch einiges abgewinnen. Denn das musste man den alten Kämpen doch lassen: Sie hatten etwas geschafft, was nur alle Jubeljahre passiert: Sie hatten ein neues Bewusstsein geschaffen. Sie hatten den Muff von tausend Jahren wirklich entsorgt. Sie hatten frischen Wind in die Bude gebracht.

Was ich damit meine? Die freie Liebe und Uschis Busen? Nein, nein, ein bisschen intellektueller darf es schon sein, auch wenn beides dazugehört. Das neue Bewusstsein, das die 68er brachten, war ein Bewusstsein von Freiheit. Es war das Bewusstsein emanzipierter Frauen und Männer, die sich nicht mehr von Traditionen und Traditionswahrern sagen lassen wollten, wie sie zu leben und was sie zu glauben hätten. '68 brachte einen großen Schub der Aufklärung – einen neuen Anlauf zum Ausbruch aus der selbst verschuldeten Unmündigkeit, eine Offenbarung des kritischen Denkens, einen Siegeszug der Freiheit: der politischen, der geschlechtlichen, der geistigen. Wow, so gesehen haben wir den Jungs und Mädels von damals wirklich viel zu verdanken.

Schade ist nur, dass von der Leichtigkeit und Freiheit der späten 60er Jahre nur noch wenig zu spüren war, als wir Spätlinge in den Universitäten aufschlugen. Die Visionäre und Vordenker waren weitergezogen. Zurückgeblieben waren die Nachbeter – diejenigen, die selbst nicht die Kraft hatten, an einer anderen Welt zu basteln und die freie Liebe zu wagen; die dafür aber alles schlechtredeten, was nicht in ihr Weltbild passte. Sie ergingen sich in einer Haltung des »Wider«, wurden zu Dauergegnern von allem, was lustig, fröhlich und lebendig war. Doch mit ihrer klebrigen »Nein danke«-Moral verrieten sie am Ende die andere Seite der 68er-Visionäre: die leichte Seite, die sexy war und spirituell, die Spaß machte und sich um Moral nicht scherte.

Diese Seite war es, die uns anders werden ließ – einfach schon deshalb, weil uns die sauertöpfischen Mienen der 68er-Epigonen zunehmend auf die Nerven gingen, weil wir keinen Bock mehr hatten auf das moralinsaure »Wider«-Getue der Lehrerkumpels und Sozialpädagogen; und auf ihre ewigen Vorwürfe, wir wären so soft und unpolitisch, nur noch allergisch reagieren konnten – und können. Etwa, wenn vor gar nicht langer Zeit Claudia Langer (dem Jahrgang nach eine von uns, dem Duktus nach eine von denen), die Gründerin der Internetplattform Utopia, unlängst in einem Pamphlet meinte beklagen zu müssen, wir seien eine saft- und kraftlose »Generation ›Man müsste mal‹«. Ehrlich gesagt brauchen wir keine Leute, die uns vorrechnen, was für gewissenlose Versager wir doch sind. Wir brauchen Leute, die uns endlich mal in unseren Qualitäten wahrnehmen und uns auf die Schultern klopfen!

Wir haben uns vom Geist der 68er emanzipiert und sind einen Schritt weitergegangen. Vielleicht nicht alle von uns, aber doch viele. Wir schätzen die Tradition ebenso wie die Revolution, die freie Liebe ebenso wie die gebundene, die alten Werte ebenso wie die kühnsten Visionen. Und das nicht aus Beliebigkeit, wie die Alt-68er gebetsmühlenartig gegen uns ins Feld führen, sondern aus der Stärke derer, die den Zwiespalt von Ideologie und Hedonismus in sich beigelegt und ein freieres Bewusstsein entwickelt haben.

Ein heißer Sommertag 2012. Urlaub. Nicht auf Juist, sondern auf Elba – Toskana, klar. Im Sand spielen die Kinder. Werden auch sie mal das Gefühl haben, zu spät gekommen zu sein? Wie werden sie mit uns klarkommen, wenn wir zum alten Eisen gehören? Wovon werden sie träumen? Und was werden sie von uns denken, wenn sie uns in unseren Alten-WGs besuchen?

3 Landlust mit WLAN und Whirlpool. Wir und unsere Kinder

Wenn Sie bei einem geselligen Abend Ihren Freunden nach den ersten zwei Weinflaschen das Thema »Wie wollen wir alt werden?« auftischen, dann können Sie eine überraschende Feststellung machen – fast alle unserer Generation haben den gleichen Traum: mit guten Freunden bei Öko-Strom und maßvollem Wohlstand auf dem Lande leben – im energieeffizienten, hightechmäßig ausgebauten Bauernhof mit Highspeed-Internetzugang. Dazu ein artgerechter Kinderspielplatz für die Enkel, möglichst im Funkloch mit pädagogisch hochwertigen Spielgeräten. Das ist zumindest die Fantasie derer, die in der Stadt wohnen. Die heute schon auf dem Land leben, träumen eher von einem netten Stadthaus in guter Lage, um das urbane Leben mit seinem Kulturangebot genießen zu können, gerne mit angeschlossenem komplementärmedizinischen Ärztehaus sowie einem Bauernwochenmarkt nebst Öko-Bio-Vollwert-Store und netter Italo-Bar um die Ecke. So träumen viele. Aber diese vielen haben alle das gleiche Problem: Sie wissen nicht, wie sie ihren Traum verwirklichen sollen. Und es steht zu befürchten, dass sie ihn nie verwirklichen werden, weil sie dem Gefängnis des Optativs nicht entkommen – wenn es denn stimmt, dass wir die »Generation ›Man müsste mal‹« sind. Aber vielleicht stimmt das ja auch nicht …

Für den Augenblick kann uns das jedenfalls egal sein. Denn jetzt wollen wir uns diese wunderlichen Kollektivfantasien etwas näher anschauen. Egal ob wir sie jemals verwirklichen oder nicht, sie verraten viel darüber, wer wir sind. Sie verraten etwas von unseren großen Sehnsüchten – davon, was uns antreibt und was uns so sehr umtreibt, dass wir uns doch nicht nur mit dem abfinden, was wir schon erreicht haben. Sie verraten etwas von dem, was uns träumen lässt und unserer romantisch-idealistischen Seele unablässig neue Nahrung schafft. Was also ist das für ein Traum?

Es ist der Traum von einem naturgemäßen Leben. Irgendwie sind wir alle Ökos, die eigentlich die Schnauze voll davon haben, den größten Teil unserer Zeit in Büros zu versauern und Lebensmittel aufgetischt zu bekommen, die von einer mafiösen Industrie für uns designt und unter unwürdigsten Bedingungen hergestellt werden. Es ist diese Entfremdung, die uns zu schaffen macht – die Entfremdung vom Ursprünglichen, von unserem eigenen Körper, von den Feldern und Wiesen unserer Jugend. Eigentlich haben wir alle das sichere Gefühl, dass es uns guttäte, öfter mal rauszugehen und den Urlaub in den Bergen zu verbringen. Eigentlich würden wir lieber mit dem Fahrrad zur Arbeit fahren, tun's aber nicht, weil, weil, weil … uns die Zeit dazu fehlt, weil wir bequem geworden (oder geblieben) sind oder es einfach nicht schaffen, aus unseren starren Gewohnheiten auszusteigen.

Eigentlich haben wir auch die Komplexität unserer technisierten Welt satt. Wer hat schon Spaß daran, jede Woche ein bescheuertes Update auf sein iPhone zu laden? Wer freut sich noch darüber, wenn er aus dem zweiwöchigen Urlaub (mehr geht eh nicht) zurückkommt und 467 neue E-Mails in seinem Posteingang findet – aber nicht einen einzigen handgeschriebenen Brief im Briefkasten. Nein, wir sehnen uns nach Einfachheit. »Simplify your life« klingt wie die Verheißung des Paradieses – die Verheißung eines langsameren Lebens, eines Lebens mit Muße und Zeit für Freunde. – Für was? F-r-e-u-n-d-e heißt das Wort, nicht zu verwechseln mit Facebook-Kontakten oder Bekannten. Auch nicht zu verwechseln mit Geschäftspartnern oder Kollegen. Freunde, das sind Menschen, mit denen man Nähe teilen kann – Menschen, auf die man sich verlassen kann, mit denen man lachen und weinen, streiten und feiern kann. Wir sind es müde, alles immerzu allein machen zu müssen. Wir sind die Einzelanstrengung leid, diese selbst gewählte und vielleicht sogar selbst verschuldete Elementarteilchen-Isolationshaft inmitten von Menschen, die wir nicht lieben. Deshalb wollen wir Gemeinschaft. Deshalb wollen wir Einfachheit. Deshalb wollen wir Natürlichkeit. Deshalb träumen wir von der Alten-WG.

Wobei dieser Traum – mal ganz ungeachtet seiner idealisierenden Anteile – auch einen durchaus harten Hintergrund hat, der ihn bei Weitem nicht nur als Idyll erscheinen lässt, sondern als mögliche Antwort auf künftige krisenhafte Herausforderungen. Denn wir alle müssen keine Propheten sein, um die Prognose zu wagen, dass unser heutiger Wohlstand in einigen Jahren nicht mehr selbstverständlich vorausgesetzt werden kann. Ganz einfach deshalb, weil wir viel zu viele Alte sein werden, die von viel zu wenig Jungen versorgt und finanziert werden müssen; weil unsere bewährten polnischen und rumänischen Langzeitpflegekräfte dann ihre eigenen Eltern betüddeln müssen. Und weil sich ALLES in uns dagegen sträubt, eines Tages selbst zu Opfern einer seelen- und würdelosen Satt-und-sauber-Altenpflege zu werden. So gesehen ist die Sache mit der Alten-WG weit mehr als eine Spinnerei, es ist jedenfalls eine mögliche Antwort auf ein Szenario, mit dem wir rechnen müssen.

Aber das ist eben noch nicht alles. Denn bei allem, was wir uns erträumen, wollen wir nicht wirklich auf die Errungenschaften der Spätmoderne verzichten. Ein bisschen Komfort muss schon sein: das Auto abschaffen? Eher ungern – nur umweltfreundlich soll es sein. Die eigenen vier Wände geben wir auch nicht her. Es geht uns ja nicht um

Hippiekommunen. Bloß nicht! Wir brauchen unsere Freiheit, und wir brauchen unsere Rückzugsräume. Zu viel Nähe ist auch keine Lösung. Und eine gemeinsame Kasse erst recht nicht – jeder habe sein eigenes Geld, idealerweise auch in einer alternativen Regionalwährung, denn die elenden Großbanken wollen wir ebenfalls nicht mehr füttern. Ach, wir wollen so vieles: Highspeed-Internetanschluss mit strahlenarmen Sendemasten, Gemüse aus dem Biolandbau, das von gourmettauglichen Köchen in komfortablen Küchen verarbeitet wird. Fußbodenheizung mit Öko-Strom betrieben, den Whirlpool mit biologisch aufbereitetem Wasser etc. – das Leben genießen, ohne ein schlechtes Gewissen zu haben. Ja, das wär's. Das wäre die Welt, in der wir alt werden wollen – und die wir gern unseren Kindern und Enkeln übergeben würden.

Ah, apropos Kinder und Enkel. Die kommen in unseren Zukunftsfantasien selbstverständlich auch vor. Natürlich sind wir für die Enkel da. Unsere Kinder sollen es als Eltern schließlich mal besser haben als wir. Wir werden nicht auf Kreuzfahrtkähnen rumlungern, wenn die Enkelbabys ins Bettchen kotzen. Nein, wir werden die Super-Mega-Vorzeige-Opas und -Omas, die jederzeit in der Alten-WG für die lieben Kleinen unserer gestressten Kinder bereitstehen. Die werden schließlich eine Menge zu tun haben. Die müssen ja unsere Renten erwirtschaften – also diese 43,89 Euro, die monatlich auf unser Konto bei der Öko-Bank tröpfeln. Aber das stört uns nicht, denn wir haben ja unsere Freunde – die eine ist Heilpraktikerin, der andere hat ein Händchen für technische Dinge, die Dritte kennt sich mit rechtlichen Fragen aus. Und noch ein anderer sorgt dafür, dass wir dann doch das letzte Update auf den Rechner gespielt bekommen. »Ach, ein Gott ist der Mensch, wenn er träumt«, notierte einst Friedrich Hölderlin. So ein bisschen das irdische Himmelreich erträumen wird doch wohl erlaubt sein, oder?

Noch einmal: Hier geht's nicht darum, ob unsere Träume je in Erfüllung gehen und ob wir jemals den Mumm aufbringen, sie zu verwirklichen. By the way, ich halte es eher für unwahrscheinlich, denn was wir uns da zusammenfantasieren, hat ein bisschen was von der Quadratur des Kreises: ganz viel Individualität bei ganz viel Verbundenheit; ganz viel Alternatives bei ganz viel Altbewährtem; ganz viel Technologie bei ganz viel Natur. Aber nun, Denksportaufgaben zu lösen dient der Kreativität und geistigen Gesundheit. Das hält uns geistig fit bis ins Alter, was wir erstrebenswert finden. Denn dann wären wir in der Lage, all das nachzuholen, was wir jetzt nicht schaffen, obwohl wir's gerne wollten: den (ehrenamtlichen) Dienst am Gemeinwohl etwa, das politische Engagement. Genug zu tun wird's für uns geben. Darauf können wir wetten.

Zumal einige von uns ja durchaus die Chance haben, ihr Lebensalter als Oma und

Opa zubringen zu dürfen. Und wenn die Zeugungsfreudigkeit unserer Kinder das je zulassen sollte, dann, ja dann, können wir es den jungen Eltern ganz sicher nicht zumuten, zu allem Überfluss auch noch ihre Eltern als demente Tattergreise versorgen zu müssen. Wir wollen doch gesund sterben, stimmt's? Wir wollen doch, dass sie es uns eines Tages danken, wenn wir hinterwäldlerischen IT-Gruftis immer noch so nett und so fit sind, für sie bereitzustehen, wenn sie mit 42 endlich wieder eine Praktikumsstelle bekommen und die Enkelchen nicht vom digitalen Babysitting-Service gehütet werden sollen. In vielerlei Hinsicht lohnt es also, nach Kräften zu hirnen und Wege und Mittel zu ersinnen, wie unser kollektiver Traum von der Alten-WG Wirklichkeit werden kann.

Doch, wie gesagt, was eigentlich spannend ist, das sind die Werte und Ideale, die aus unseren Träumen sprechen. Denn diese Werte und Ideale zeichnen uns aus. Nicht nur, weil es inzwischen keineswegs mehr selbstverständlich ist, überhaupt noch Werte und Ideale zu haben, sondern weil die unsrigen richtig gut sind – richtig gut nach Maßgabe dessen, was heute nottut. Denn brauchen wir nicht wirklich mehr Öko-Bewusstsein? Brauchen wir nicht wirklich mehr Einfachheit? Brauchen wir nicht wirklich Entschleunigung und Konsumverzicht? Brauchen wir nicht wirklich mehr Gemeinschaft und Zusammenarbeit? Brauchen wir

Wir sind am Ende des Buches. Unsere Kinder spielen am Meer. Die offene Zukunft liegt vor ihnen …

das nicht alles, weil unser Leben in Kürze gar nicht mehr anders machbar, geschweige denn finanzierbar sein wird? Brauchen wir das nicht, weil unser Traum bei Licht besehen gar kein Traum, sondern eine gesellschaftliche Aufgabe ist?

Wir sagen: Ja, genau das brauchen wir – und deshalb sind wir mit unserem komischen, irgendwie unzeitgemäßen Lebensgefühl eigentlich ziemlich up to date. Selbst wenn wir uns dessen oft gar nicht bewusst sind – weil wir so vor uns hindümpeln und vergessen haben, was uns in unserer Jugend einmal wichtig war; weil wir uns dabei abstrampeln, mit dem technischen Fortschritt mitzuhalten und es darüber vernachlässigen, unseren Sehnsüchten Aufmerksamkeit zu schenken. Aber das heißt ja nicht, dass das immer so bleiben muss. Wie wäre es denn, wenn wir einfach mal zu unseren Träumen stehen, wenn wir ernst damit machen und wirklich entschlossen an ihrer Umsetzung arbeiteten – jetzt schon und nicht erst in fünfzehn Jahren?

Unsere Kinder wären sicher stolz auf uns. Und wir könnten auch stolz auf uns sein, denn wir hätten so doch noch etwas zur großen gesellschaftlichen Transformation beigetragen. Also Leute: Noch ist es zu früh, aufs Altenteil zu gehen. Packt die Zukunft an! Macht ernst mit euren Träumen. Unsere Visionen sind gut, nur ihre Verwirklichung müssen wir uns noch verdienen. Und das ist möglich. Yes, we can! Wie heißt es doch so schön bei Hélder Câmara: »Wenn einer allein träumt, ist es nur ein Traum. Wenn viele gemeinsam träumen, ist das der Anfang einer neuen Wirklichkeit.«

Zeittafel der prägenden Ereignisse

1969 **21. Juli: Erste Mondlandung von Apollo 11**
Neil Armstrong setzt seinen Fuß in den Mondstaub. Ein großer Schritt für die Menschheit und ein prägender Schritt für unsere Generation. Um das live im Fernsehen zu sehen, dürfen wir Kinder sogar aufbleiben.

15.-18. August: Woodstock-Festival
Dafür darf keiner von uns aufbleiben, und das deutsche Fernsehen zeigt auch keine Live-Bilder von dem Event, das für unsere Lehrer-Kumpel-Generation prägend wird. Wir haben's uns dann später als Spielfilm im Kino reingepfiffen.

1970 **7. Dezember: Willy Brandts Kniefall in Warschau**
Genaue Erinnerungen daran haben wir nicht, aber Willy Brandts Kniefall in Warschau steht symbolisch für den neuen Geist der ersten sozial-liberalen Koalition (1969-1974).

1972 **26. August – 11. September: Olympische Spiele in München**
Großes Kino: 13 Goldmedaillen für Deutschland, 20 für die DDR (so dachten wir damals). Unvergessliche Fernsehbilder. Aber dann wird alles überschattet durch dieses elende Attentat auf die israelische Olympiamannschaft.

1973 **Oktober: Erste Ölkrise**
Ausgelöst durch den Jom-Kippur-Krieg (6. bis 24. Oktober 1973). Die OPEC drosselt die Rohölfördermenge und lässt künstlich den Ölpreis steigen. Die Bundesregierung reagiert darauf mit Fahrverboten auf deutschen Autobahnen. Radeln darf man dort allerdings …

1974 **7. Juli: Deutschland wird im eigenen Land Fußballweltmeister**
Eine Sternstunde unserer Kindheit: das Finale in München, Gerd Müllers Siegtor in der 43. Minute, unvergesslich …

1976 **10. Juli: Chemie-Katastrophe in Seveso**
Erstmals ahnen wir, dass die großen technischen Errungenschaften der Moderne eine Schattenseite haben.

1977 **Deutscher Herbst: Die Rote Armee Fraktion verbreitet Terror**
Plötzlich haben wir Angst. In Deutschland werden Menschen ermordet: Siegfried Buback (7. April), Jürgen Ponto (30. Juli), Hanns Martin Schleyer (19. Oktober).

Dazu die Entführung einer Lufthansa-Maschine. Das Gefühl der Sicherheit ist dahin.

1979 **12. Dezember: NATO-Doppelbeschluss**
Mit ihrer Entscheidung, neue atomwaffenfähige Mittelstreckenraketen u.a. in Deutschland zu stationieren, hebt die NATO die Friedensbewegung aus der Taufe. Erstmals werden wir politisch aktiv.

1980 **12. Januar: Gründungsparteitag der Bundespartei *Die Grünen***
Mit der Gründung der Grünen wird das neu aufkeimende Öko-Bewusstsein institutionalisiert. Wer sich von seinen Eltern emanzipieren will, weiß jetzt, wen er wählen muss. In der Schweiz und in Österreich formieren sich 1982 und 1983 vergleichbare Parteien.

1981 **20. Januar: Ronald Reagan wird als US-Präsident vereidigt**
… und wir bekommen eine Hassfigur. Aber nicht nur das: Mit der Wahl des Ex-Schauspielers geht unser Vertrauen in die USA verloren. Das ist nicht mehr das Land von J.F. Kennedy, von dem unsere Eltern schwärmten.

1981 **1. Dezember: AIDS wird als epidemische Krankheit erkannt**
Ab sofort hängt eine dunkle Wolke über dem großen Faszinosum unserer Pubertät: Beim Sex muss man nicht mehr allein auf die Empfängnisverhütung achten.

1982 **1. Oktober: Helmut Kohl wird deutscher Bundeskanzler**
Nun beginnt die bleierne Zeit. »Birne« wird Kanzler und prägt den neuen Politikstil des Aussitzens. Das Wort »Politikverdrossenheit« wird erfunden.

1983 **6. März: Bundestagswahl**
Natürlich wird Helmut Kohl wiedergewählt, aber mit 5,6 Prozent Stimmen und 27 Abgeordneten ziehen jetzt »Die Grünen« in den Bundestag ein.

1983 **24. April: Nicole gewinnt den Grand Prix Eurovision de la Chanson**
Sie ist die Erste unserer Generation, die so richtig groß rauskommt. Nicole singt von »Ein bißchen Frieden« und setzt damit unserem Lebensgefühl ein Denkmal.

1983 **22. Oktober: Friedensdemo im Bonner Hofgarten**
Der Höhepunkt unserer Friedensbewegung: 500 000 Menschen gehen in Bonn auf die Straße, 400 000 in Hamburg. Und zwischen Stuttgart und Ulm bildet sich die längste Menschenkette aller Zeiten. Die Message: Wir wollen in unserem Land keine Atomwaffen!

1983 **Herbst: Durchsetzung des NATO-Doppelbeschlusses**
Es war alles umsonst. Trotz aller Demos beginnt die NATO mit der Stationierung der neuen Mittelstreckenraketen.

1985 **8. Mai: Rede von Richard von Weizsäcker zum 40. Jahrestag der Beendigung des Krieges in Europa und der nationalsozialistischen Gewaltherrschaft**
Endlich mal ein Politiker, zu dem wir aufblicken können. Als Bundespräsident hält Richard von Weizsäcker eine bewegende Rede.

1985 **7. Juli: Wimbeldon-Sieg von Boris Becker**
Mit gerade mal 17 Jahren gewinnt das Bobbele in Wimbeldon das wichtigste Tennisturnier der Welt. Wieder hat es einer von uns nach oben geschafft.

1986 **28. Januar: Challenger-Katastrophe**
Vor laufenden Kameras explodiert die Raumfähre Challenger beim Start. Der Mythos unserer Kindheit, Raumfahrt, ist endgültig verblasst.

1986 **26. April: Atomreaktor-Katastrophe in Tschernobyl**
Jetzt wissen wir, dass es doch passieren kann: dass die atomare Gefahr real ist. Mit der Reaktorkatastrophe von Tschernobyl werden wir tief in unseren Herzen zu Ökos.

1989 **4. Juni: Massaker auf dem Platz des Himmlischen Friedens in Peking**
»Der Wind of Change« geht um die Welt. Doch in China wird er brutal unterdrückt. Das Massaker auf dem Platz des Himmlischen Friedens kostet Tausende von friedlichen Demonstranten das Leben.

1989 **9. November: Fall der Berliner Mauer – Maueröffnung**
Das, womit keiner von uns mehr zu rechnen wagte, geschieht: Die Mauer fällt, und Deutschland ist wiedervereinigt. Wer kann, fährt in diesen Tagen nach Berlin.

Dank

… an alle, die dazu beigetragen haben, unsere unterschätzte Generation mit diesem Buch ein wenig aufzuwerten – allen voran an unsere Partner Christine Teufel und Michael Wirbitzky sowie unsere Familien und Freunde, die uns auf unserem Weg durch die Jahre begleitet und bei diesem großen Projekt tatkräftig unterstützt haben. Dank auch an Stefanie Ehrenschwendner für ihr sorgfältiges und einfühlsames Lektorat.

Christoph dankt Evelin für ihre Anmerkungen und Anregungen. Evelin dankt Christoph für das kongeniale Einarbeiten der Anmerkungen und Anregungen. Und wir beide danken den Verfassern der Gastbeiträge für ihre schönen Texte. Und dafür, dass sie – statt Honorar zu verlangen – allesamt eine Bücherspende des Verlags an den Bundesverband Leseförderung akzeptiert haben. Vielleicht ein kleiner Beitrag dazu, dass die kommende Generation eine Chance darauf hat, als die »Generation Schlau« in die Geschichte einzugehen.

Darüber hinaus danken wir all denen, die in diesem Buch Erwähnung finden. Ob sie es nun wissen oder nicht: Auf ihre Weise haben sie uns dabei geholfen, das Profil unserer Generation zu erkennen. Und sie haben es uns ermöglicht, dieses Buch mit lebendigen Geschichten anzureichern.

Baden-Baden, Fulda, im August 2013

Bildnachweis

Tanja Abeln-Bil: 55, 56/57, 82/83, 212/213

Action Press, Hamburg: 24 (Rexfeatures), 32, 42 (NANA Productions/SIPA), 84 (Greenpeace international)

Jacqueline Amirfallah: 167

Martina Baldauf, Herzblut02: 17, 21, 34, 93, 108

BRAVO/www.bravo.de: 37

Bummi/www.bummi.de: 126

Collection Christophel , Paris: 132

Corbis Images: 144 (Owen Franken), 214 (Steve Schapiro), 233 (JP Laffont/Sygma)

ddp Images, Hamburg: 48 (United Archives), 131 (defd), 164 (dapd)

Deutsches Historisches Museum, Berlin: 88 u. (S. Ahlers, Inv.Nr. A96/64)

Frank Elstner: 178

Freunde historischer Fernmeldetechnik Bielefeld e.V.: 198 o. und u., 199 o.

Silvia Frank: 63

Monika Fritz: 71, 72

Getty Images, München: 14 (Mondadori), 202 (Simon Bruty), 209 o.li. (Hulton Archive), 209 u. (Terry O'neill/Contributor)

Heiner Grysar: 94

Haus der Geschichte, Baden-Württemberg: 100 o.

Christian Hartmann/Roxy Film: 218

Reinhard Hellmann: 111

Imago, Berlin: 204 u. (Werek)

Interfoto, München: 28, 46, 151 (NG Collection), 40 (Mary Evans), 104 (Sammlung Rauch), 170 (Maxl D.), 175 o. (Ferdo), 175 u. (SB)

InterTOPICS, Hamburg: 29, 39, 176 u.

Keystone, Hamburg: 156 (Volkmar Schulz)

Vincent Klink: 159

Knorr/www.knorr.de: 163 o.

Evelin König: 23, 75, 107 o., 152, 162, 205, 208, 220

Joachim Kunstmann: 224

Laif, Köln: 154, 163 u. (Henrik Spohler)

Frank Laufenberg: 25

Mädchen/www.maedchen.de: 36

Mauritius Images, Mittenwald: 148 (Michael Weber), 216

Verena Mösrath: 211

Münchenwiki: 157

Picture Alliance, Frankfurt: 53, 86, 90 li., 90 r., 95, 98, 100 u. , 122, 172, 204 o. (dpa), 76 (Ap/Heinz Ducklau), 102 (Heinz Wieseler), 109 (Jan Haas), 134 (Pressefoto UL), 137 (Wolfgang Kumm), 138 (Konrad Giehr),174 (Fotoreport), 182 (Frank Rumpenhorst), 189 (Jens Kalaene), 199 u. (Tobias Felbert), 209 o.r. (Sven Simon)

Christoph Quarch: 18, 20, 22, 41, 50, 58, 65, 68/69, 70, 81, 106, 107 u., 112, 124, 125 o., 140, 145, 146, 149, 150, 161, 180, 184, 193, 194/195, 206, 207, 222, 228, 248

Michael Schneider: 127

Wolf Schneider: 231

Nicole Seibert: 99

Jürg Streuli: 142, 143

Süddeutsche Zeitung Photo, München: 176 o. (Rue des Archives/RDA)

TITANIC-Magazin : 96 (Magazin 3/94)

Stefanie Tücking: 27

Wikipedia: 60, 74, 89, 147

Michael Wirbitzky: 117, 238

123RF.com: 186